CLEMENCEAU JOURNALISTE
(1841–1929)

ISBN : 2-7475-8475-5
EAN : 9782747584753

Gérard Minart

CLEMENCEAU JOURNALISTE
(1841-1929)

Les combats d'un républicain pour la liberté et la justice

L'Harmattan
5-7,rue de l'École-
Polytechnique
75005 Paris
FRANCE

L'Harmattan Hongrie
Kossuth L. u. 14-16
1053 Budapest
HONGRIE

L'Harmattan Italia
Via Degli Artisti, 15
10124 Torino
ITALIE

OUVRAGES DU MÊME AUTEUR

Pierre DAUNOU, l'anti-Robespierre, éditions Privat, 2001

Les opposants à Napoléon, éditions Privat, 2003

Frédéric BASTIAT, le croisé du libre-échange, éditions de l'Harmattan, 2004

Jean-Baptiste SAY, maître et pédagogue de l'Ecole française d'économie politique libérale, éditions Charles Coquelin, 2005

PRÉFACE

> **« J'ai été journaliste. Je le suis, je le serai toujours.**
> **Avec du papier, de l'encre et une plume,**
> **que ne fait-on pas, depuis le compte rendu**
> **d'une conférence, jusqu'au livre du penseur isolé**
> **par qui germera la révolution. »**
> **Clemenceau**

A Paris, sur l'avenue des Champs-Elysées, à mi-chemin entre l'Etoile et la Concorde, surgissant à l'orée d'un bosquet de platanes et de châtaigniers, il y a une statue de Clemenceau devant laquelle, parfois, s'arrêtent les passants. C'est le Clemenceau de la légende qui a été fixé là dans le bronze ; celui de 1917, le soldat, le combattant, le Vendéen tenace ; celui que ses proches appelaient familièrement *le Vieux* et que les Français, vainqueurs, nommeront *le Père la Victoire.*

Tous les attributs du mythe ont été représentés par le sculpteur : la capote et le cache-col qui flottent au vent mauvais, le curieux chapeau pareil à un casque, les guêtres militaires, les lourds brodequins sortant de la glaise, la canne familière aux Poilus.

Et, enfin, la célèbre moustache qui donne à la face projetée en avant le profil d'un tigre.

C'est dans les couleurs de l'automne que cette statue est la plus émouvante. Sans doute parce que l'automne fut la saison de Clemenceau. N'est-ce pas à l'automne de son âge – à soixante-seize ans ! – qu'il devient chef de guerre ? N'est-ce pas à l'automne de 1917 qu'il accède au pouvoir ? N'est-ce pas à l'automne de 1918 qu'il reçoit la reddition des Allemands et qu'il rend à la France l'Alsace et la Lorraine ?

C'est ce Clemenceau-là qui est imprimé à jamais dans la mémoire collective des Français.

Et pourtant il y a eu, avant cet instant inoubliable et suprême de la victoire finale, beaucoup d'autres Clemenceau : le médecin des pauvres à Montmartre, le disciple du révolutionnaire Blanqui, l'ami de Louise Michel, le défenseur des Communards, le radical partisan puis adversaire de Gambetta, l'anticolonialiste, le boulangiste déçu, l'ardent Dreyfusard, le briseur de grèves, le ministre de l'Intérieur qui se qualifiait de « premier flic de France » et qui créa les Brigades du Tigre, le président du Conseil qui le premier institua en France un ministère du Travail.

Et, surtout, aspect souvent méconnu, l'infatigable journaliste.

Car cet homme a dépensé son trop-plein d'énergie de multiples façons : la politique, la chasse, l'escrime, le tir, l'équitation, les voyages, les femmes.

Et, bien sûr, le journalisme.

Avec la politique, le journalisme fut son activité la plus prenante, la plus pressante, la plus constante. Son premier article date de 1862 : il a vingt et un ans. Son dernier de 1917 : il a soixante-seize ans. Entre ces deux dates, en plus de ses occupations de député, de sénateur, de ministre, de chef de gouvernement, il a vécu la plume à la main. Ce fantassin de la politique, ce voltigeur du Parlement, ce tombeur de ministères avait besoin de l'artillerie de la presse pour préparer, accompagner, soutenir ses assauts.

Il a tout fait dans le journalisme : lancé des quotidiens, créé des périodiques, dirigé des rédactions, découvert des talents. Il fut administrateur, directeur, rédacteur en chef, éditorialiste. Et même technicien de la maquette. Une anecdote : en avril 1910 il lance un quotidien en province, *Le Journal du Var*. Il reçoit les premiers numéros alors qu'il fait sa cure annuelle à Carlsbad, en Bohème. Sa réaction est prompte et véhémente. « Le journal n'a pas d'œil, comme on dit en argot de métier, écrit-il, rageur, au principal responsable. Mauvais papier, encre pâle, impression défectueuse, mise en page inférieure [...] Il faut une responsabilité. A mon avis ce devrait être Longuet qui est un professionnel. Dirigez la politique du journal mais laissez le côté métier à l'homme de métier. »

Ce nouveau quotidien lui semble tellement mal bâti que l'image fuse pour mieux faire comprendre sa pensée : « C'est une maison sans escalier ! » [1]

Toutefois, c'est surtout dans la fonction d'éditorialiste que son énergie s'est déployée avec le plus d'intensité, de talent, de puissance.

Dans ce domaine, ce fut un titan !

Sait-on que pour la seule affaire Dreyfus ses éditoriaux dans les quotidiens *La Justice* et *L'Aurore*, republiés quelques années plus tard par l'éditeur Pierre-Victor Stock, représentent sept gros volumes, soit un total de trois mille trois cents pages ? Sait-on qu'il a rédigé seul, pendant soixante numéros, toutes les pages – politiques, diplomatiques, sociales, littéraires, artistiques – d'un hebdomadaire, *Le Bloc*, qu'il avait fondé pour se redonner une tribune après avoir démissionné de *L'Aurore* ? Cette dernière performance a arraché ce cri d'admiration à Daniel Halévy : « C'est un des exploits du journalisme français ! »

Son ami le plus constant et le plus proche, Gustave Geffroy, a calculé que la totalité de l'œuvre de presse de Clemenceau formerait plus de cent volumes de trois cent cinquante pages in-8° chacun [2].

Cette œuvre journalistique immense constitue d'ailleurs la substance principale de ses nombreux livres. Lui-même a relevé ce fait : « Souvenez-vous, a-t-il écrit à une amie, que je n'ai jamais rien publié qui n'ait passé par la presse d'abord et qu'aucun éditeur ne s'en est jamais plaint. » [3]

Le journalisme a permis à Georges Clemenceau de disposer d'un énorme pouvoir, hors même du pouvoir.

« Il montra, souligne Gustave Geffroy, que pour exercer son influence sur les événements sa plume de journaliste pouvait suffire. » [4]

C'est là un cas unique dans notre histoire. Nul homme politique avant lui, pas même pendant la Révolution où la presse fut foisonnante, et nul homme politique après lui, n'a à ce point utilisé le journalisme comme un véritable instrument non seulement de pression, mais surtout de pouvoir.

C'est ce Clemenceau journaliste, véritable personnage de roman, que nous voudrions montrer à l'œuvre dans ce livre, en soulignant à la fois ses talents d'écriture, sa passion pour les journaux et son attrait pour les hommes et les métiers variés de la presse.

Georges Clemenceau humait l'odeur du papier fraîchement imprimé avec la même ardeur, la même impatience que le jeune taureau celle du sable brûlant avant de pénétrer dans l'arène. Sa vie politique et son activité journalistique, aussi fébriles, aussi intenses l'une que l'autre, s'entrecroisent en permanence pour tisser sur la trame de la Troisième République le destin d'un personnage d'exception.

Dans la politique comme dans la presse, entre 1860 et 1918, Clemenceau a incarné, pour la conquête des libertés, pour la promotion de la justice, pour la défense de la patrie, cette « fureur française » dont a parlé le général de Gaulle dans un discours de Londres quand il a placé ce Vendéen têtu, ce combattant indomptable sur le même plan et dans la même lignée que Jeanne d'Arc et que Danton. [5]

PROLOGUE

En cette soirée du 15 janvier 1880, il est radieux, volubile, impatient, chaleureux, Georges Clemenceau. Depuis le temps qu'il le voulait son propre journal ! Enfin il le possède : le premier numéro paraît demain.

Ce soir, dans la fumée du tabac et les vapeurs de l'absinthe, l'équipe des rédacteurs qu'il a constituée se penche sur les dernières épreuves – les morasses en terme technique – et procède, dans la hâte, aux ultimes corrections.

Mais avant d'en arriver à cette soirée animée et anxieuse, que d'obstacles, que de démarches, que de nuits blanches !

Il a fallu réunir des fonds, constituer un capital, rassembler des actionnaires, louer et aménager des locaux.

Il a fallu trouver des journalistes et souscrire aux obligations en matière de presse.

Il a fallu, enfin, démarcher des imprimeurs.

Benjamin Clemenceau, soixante-dix ans, le vieux père de Georges, ancien médecin et important propriétaire foncier en Vendée, a cédé l'une de ses fermes pour aider son fils.

Pour finir, il a fallu donner un titre à ce nouveau journal :

- Ce sera *La Justice*, a proclamé Georges.

Mais un débat s'est instauré parmi les rédacteurs. Certains craignaient que *La Justice* soit considérée par le public comme une feuille consacrée exclusivement aux informations judiciaires. Clemenceau a tenu bon. Dans son vocabulaire d'homme politique radical il existe des mots auxquels il tient, qui sont presque sacrés et qui claquent comme des étendards : République, Révolution, Egalité, Droit, Laïcité... Et, évidemment, Justice.

Va donc pour *La Justice*.

Si Georges Clemenceau est propriétaire et directeur, il a trouvé son rédacteur en chef au journal républicain radical *Le Rappel*. Un homme déjà connu dans la presse. Et bourré de talents. Un démocrate hugolien héritier des idées de 1848 et qui fut, comme Hugo, un implacable adversaire du Second Empire. Un homme de cœur aussi qui a milité, par des articles retentissants, en faveur de l'amnistie des Communards.

Il s'appelle Camille Pelletan.

Au physique, Clemenceau et Pelletan, c'est l'alliance des contraires.

Autant le premier est de mise stricte, autant le second est d'allure négligée. Clemenceau, qui va avoir trente-neuf ans, est mince, imberbe, musculeux, passionné d'escrime et d'équitation. Il a le profil et l'élégance du cavalier. Camille Pelletan est barbu, chevelu, mal peigné, peu soigné. C'est un poète, ou plutôt un saltimbanque. Clemenceau est un buveur d'eau qui soigne sa forme, se livre tôt le matin à des exercices de gymnastique et ne prend jamais une goutte d'alcool. Camille Pelletan a besoin du redoutable poison de l'absinthe pour écrire ses éditoriaux.

L'équipe rédactionnelle qu'ils vont animer regroupe des novices et des journalistes confirmés. Parmi eux, Stephen Pichon, spécialiste de politique internationale qui sera, plus tard, le ministre des Affaires étrangères de Clemenceau. Viendront bientôt rejoindre le noyau initial : Alexandre Millerand, Charles Longuet le gendre de Karl Marx, Maxime Vuillaume, Nadar…

Le novice – il a vingt-cinq ans – qui observe les acteurs de cette soirée d'un regard attentif et qui rencontre Clemenceau pour la première fois s'appelle Gustave Geffroy. Il va tenir la rubrique artistique. Les frères Goncourt disent de lui que c'est « un grand découvreur de neuf ». C'est lui qui fera connaître au public les peintres impressionnistes. Il mettra en relation Georges Clemenceau et Claude Monet, sur qui il écrira un livre. Plus tard, Clemenceau, Monet et Geffroy seront trois amis inséparables.

Mais ce soir-là, ce qui fascine le novice Gustave Geffroy, c'est son nouveau patron. Depuis dix ans, depuis ces terribles années 1870-1871 où il est entré en politique en devenant maire de Montmartre en pleine Commune de Paris, Clemenceau s'impose de plus en plus comme le chef intraitable de ces républicains radicaux dont l'audace réformatrice se heurte à l'immobilisme politique des républicains opportunistes. C'est d'ailleurs pour combattre ces derniers regroupés autour de Gambetta et de son journal *La République Française* que Clemenceau lance *La Justice*.

Pour Gustave Geffroy, Clemenceau incarne une république jeune, généreuse, dynamique, entreprenante, novatrice, sociale.

Il représente l'avenir.

Comment ne pas suivre, ne pas servir un tel homme qui rayonne de conviction et d'énergie ? Comment ne pas souscrire aux idées qu'il défend avec une telle ferveur ? Et puis, cet homme qui sait tout faire – parler, écrire, chasser, monter à cheval, se battre en duel à l'épée ou au pistolet – aime les journaux, aime les nuits passées à refaire des maquettes, aime les articles de dernière minute écrits dans la fièvre, aime le bourdonnement des salles de rédaction et la bruyante agitation des imprimeries quand les presses se mettent à rouler et font trembler tout le quartier.

Bref, il aime les journalistes.

Il se considère comme l'un d'eux. Il sait leur parler, les animer, les convaincre, les entraîner. Et même les faire travailler avec méthode, précision, efficacité, ponctualité. Et il le fait sans trop se prendre au sérieux, presque à la blague, surtout avec humour, seul moyen de se faire entendre de cette corporation très individualiste et scrupuleusement hostile à toutes les formes de l'autorité.

D'ailleurs, il ne va pas tarder à faire afficher dans les couloirs de son nouveau journal, en grandes lettres bien dessinées, bien lisibles, son premier ordre de patron de presse :

« Messieurs les rédacteurs sont priés de ne pas partir avant d'être arrivés ! »

PREMIÈRE PARTIE

COMBAT POUR LA LIBERTÉ

« Depuis plus de trente ans,
je suis un républicain de bataille,
au premier rang pour recevoir
les coups comme pour en donner. »
Clemenceau

1

Une formation médicale qui prédispose à la politique et au journalisme

Dans l'ascendance de Georges Clemenceau, rien ne l'incitait à se tourner vers le journalisme. C'est la médecine et la politique qui étaient en honneur dans la famille, et depuis plusieurs générations. La médecine surtout. Arrière-grand-père, grand-père, père : tous médecins. Il le sera aussi. A la fois par tradition et par conviction personnelle.

Quand il entre, en novembre 1858, à l'Ecole préparatoire de médecine de Nantes, Georges Clemenceau a dix-sept ans (il est né le 28 septembre 1841 à Mouilleron-en-Pareds, dans le bocage vendéen).

Déjà son père, qui est un admirateur de la Révolution, un ardent républicain, un violent anticlérical, bref un « Bleu » de Vendée, par opposition aux royalistes qui étaient les « Blancs », lui a transmis très tôt le virus de la politique en lui racontant, lors de longues promenades dans les chemins tortueux et encaissés du bocage, la lutte des troupes républicaines contre les insurgés royalistes.

En politique, et dans beaucoup d'autres domaines, Georges sera le décalque de son père : héritier de la Révolution, comme lui ; promoteur de la République, comme lui ; ennemi acharné de Napoléon III et de l'Empire, comme lui ; athée et adversaire de l'Eglise catholique, comme lui ; observateur désabusé de la nature humaine, volontiers misanthrope et presque anarchiste, comme lui.

« Sauf, écrit Gustave Geffroy, qu'il y a chez le fils ce qu'il n'y a pas eu chez le père, le sentiment, le goût, la volonté de l'action. »[1]

Cette volonté de l'action, en cette époque où la République va triompher, puis s'enraciner, puis s'imposer, se déploiera rapidement dans les deux domaines qui permettent le mieux de peser sur les événements et d'infléchir le cours des choses : la politique et le journalisme.

Le rayonnement du père est d'autant plus fort sur le fils que Benjamin Clemenceau a été arrêté deux fois sous Napoléon III.

La première fois, ce fut après le coup d'Etat du 2 décembre 1851 : il a été interné à Nantes. Georges avait dix ans.

La seconde fois, c'est en janvier 1858. Benjamin est arrêté comme républicain, emprisonné un mois à Nantes, condamné à la déportation en Algérie. Devant toute sa famille, menottes aux poignets, il est expédié à Marseille pour prendre le bateau pour Alger. Georges a dix-sept ans :

- Je te vengerai, dit-il à son père au moment du départ.

- Si tu veux me venger, travaille, réplique Benjamin Clemenceau qui, finalement, est relâché à Marseille sous l'effet des protestations de la population nantaise.

Plus tard, en 1906, alors qu'il a soixante-cinq ans et qu'il vient d'être nommé ministre de l'Intérieur, Clemenceau, en visite officielle dans sa Vendée natale, racontera, lors d'un banquet, ce drame de son adolescence :

« J'ai travaillé, dira-t-il, et aujourd'hui quand je vois tous les républicains me faire l'honneur de m'acclamer bien au-delà de mes mérites, je ne puis m'empêcher de me tourner vers celui à qui je dois tout, et de vous dire : c'est lui qu'il faut honorer. » [2]

Le jeune Clemenceau a donc construit sa personnalité non point en opposition à celle de son père mais en étroite conformité avec elle. Il s'est coulé dans ce rude moule aux arêtes saillantes. Nombre d'observateurs qui, comme Gustave Geffroy, ont fréquenté le milieu familial ont été frappés par cette ressemblance du fils au père. Mais avec cette différence capitale : dans le domaine de la communication et des rapports humains, le père restera un provincial solitaire, bourru, renfermé et méditatif alors qu'à l'inverse le fils sera un parisien hyperactif, un extraverti toujours en mouvement, un politique fort répandu dans les salons et les journaux.

A dix-sept ans, Georges Clemenceau entame donc ses études de médecine.

A l'époque, la médecine est un métier à forte coloration politique. La médecine, c'est la science. Et la science est la pointe avancée de la philosophie des Lumières dans sa lutte contre le passé incarné par l'Eglise catholique et son « obscurantisme ».

Clemenceau sera un scientiste enthousiaste :

« La science, s'écrira-t-il un jour avec la foi du néophyte, la science seule pourra tout éclairer [...] La méthode scientifique est un instrument que l'homme commence à peine à manier. Elle amasse lentement et laborieusement des faits, mais elle procède sûrement, et le succès ne peut pas lui faire défaut. » [3]

Finalement cet athée sera un grand croyant : il croira aux vertus miraculeuses de la science. Chez lui, la science aura remplacé Dieu. Gustave Flaubert, qui écrit dans ces années-là et qui est un observateur féroce des mœurs de ses contemporains, dénoncera avec ironie, dans *Madame Bovary*, cette foi scientiste à travers le personnage anticlérical de Monsieur Homais, qui exerce lui aussi une profession médicale, ou plutôt para-médicale, puisqu'il est pharmacien et dont la philosophie est d'être « toujours guidé par l'amour du progrès et la haine des prêtres ».

Scientiste donc, mais aussi, ce qui, à cette époque, va souvent de pair : matérialiste.

Fait révélateur : comme directeur de thèse, Clemenceau va choisir le plus scientiste et le plus matérialiste des grands professeurs de médecine, Charles Robin, qui professe avec éclat la génération spontanée et qui, par-là, se trouve être l'adversaire principal de Pasteur.

La pensée française, en ces années 1860, est tout imprégnée du positivisme d'Auguste Comte, qui est mort en 1857 et dont l'influence est considérable sur le milieu intellectuel et universitaire. Autre fait révélateur : c'est en 1865, année où Clemenceau passera sa thèse, que Claude Bernard publiera son célèbre livre : *Introduction à l'étude de la médecine expérimentale*.

Par son éducation familiale, par ses études, par ses goûts personnels, par son orientation politique, Georges Clemenceau est bien de son temps. Il va incarner ces années où la République et la Science triomphent conjointement, se soutiennent l'une l'autre, veulent l'une et l'autre l'instruction pour tous, visent l'une et l'autre à répandre dans les masses les lumières du savoir.

La République, par le suffrage universel et la confrontation des idées ; la Science, par l'esprit critique et la méthode expérimentale, appellent les intelligences à s'émanciper des contraintes tutélaires des théologiens, des prêtres, des traditions, de la religion pour qu'advienne enfin le règne de ce qu'Auguste Comte à nommé « l'Esprit positif ».

Ce temps se résume par des mots qui lui appartiennent en propre : scientisme, matérialisme, positivisme, athéisme, anticléricalisme et, surplombant et couronnant le tout : républicanisme. Clemenceau sera tout ça. Il aura reçu tout ça d'un double héritage : son père d'abord, ses études de médecine ensuite. Avec, en plus, l'apport régional, à savoir : le caractère bien trempé du Vendéen intraitable.

Une telle armature intellectuelle, en conformité avec l'air du temps et jointe à beaucoup d'autres dons, vont lui permettre d'exceller non point dans la médecine, qu'il va abandonner assez vite, mais dans la politique et le journalisme qui, à ce moment de notre histoire, ne sont que les deux facettes d'une même vocation : la lutte pour des idées.

Et c'est avant même de passer sa thèse de médecine que Georges Clemenceau va faire ses premières armes dans la presse.

En décembre 1861, à vingt ans, il fonde un hebdomadaire politique au titre – ô combien ! – clemenciste : *Le Travail*.

2

Journaliste avant d'être parlementaire

Après trois années passées à Nantes, c'est à Paris que Georges Clemenceau va terminer sa médecine.

Il arrive dans la capitale pour la rentrée de 1861.

Son père l'y accompagne. Il le présente à l'un de ses vieux amis, Etienne Arago, qu'il a connu à la bibliothèque municipale de Nantes quand ce dernier rédigeait un livre sur les guerres de Vendée. C'est à cette même bibliothèque que Benjamin Clemenceau avait fait la connaissance de l'historien Jules Michelet à l'époque où celui-ci travaillait à son histoire de la Révolution.

Georges Clemenceau sera toujours un grand admirateur de Michelet.

Etienne Arago, alors âgé de cinquante-neuf ans, est un personnage considérable dans le milieu républicain. Jeune frère de l'astronome François Arago, Etienne, qui est né en 1802 à Perpignan, a d'abord été préparateur, à Paris, du chimiste Gay-Lussac. Toutefois, ce n'est pas la chimie mais les Lettres qui le passionnent. Il se lance dans le théâtre et écrira de très nombreux mélodrames, comédies et surtout vaudevilles. Dès l'âge de vingt ans il participe à la Charbonnerie et, en 1826, fonde *Le Figaro*. Il est sur les barricades en 1830 et encore en 1848. Il est élu député des Pyrénées-Orientales à l'Assemblée constituante de 1848 puis s'oppose à Napoléon III et doit s'exiler. Il réside tour à tour en Belgique, en Hollande, en Angleterre, en Suisse, en Italie. Quand il fait la connaissance du jeune Clemenceau, dont il sera l'un des protecteurs, il est rentré en France depuis deux ans – ayant profité de l'amnistie décrétée par Napoléon III en 1859 - et s'occupe de critique théâtrale.

Georges Clemenceau se lie donc à un grand aîné qui fut un proscrit et qui est à la fois un politique, un écrivain et un journaliste.

Que Benjamin accompagne son fils à Paris et profite de ce voyage pour l'introduire sans tarder dans le milieu des hommes de l'opposition prouve, s'il en était besoin, que le père et le fils sont en parfaite harmonie de pensée. D'ailleurs, la vie de Georges à Paris va s'organiser tout de suite en deux parties bien distinctes : ses études de médecine d'un côté, le militantisme républicain de l'autre. Ainsi entre-t-il en contact, au Quartier Latin, avec un groupe d'étudiants hostiles au Second Empire. Ces jeunes gens se lient entre eux par une proclamation pleine d'ardeur juvénile où ils écrivent :

« Les soussignés regardent comme un devoir de rompre en fait avec des doctrines qu'ils rejettent en principe ; ils déclarent s'engager à ne jamais recevoir aucun sacrement d'aucune religion : pas de prêtre à la naissance, pas de prêtre au mariage, pas de prêtre à la mort. Ils constituent sous ce titre : « Agis comme tu penses » une association qui a pour loi la science, pour condition la solidarité, pour but la justice. » [2]

Anticléricalisme militant, éloge de la science, de la solidarité, de la justice : tout Clemenceau se trouve déjà dans cette proclamation.

Et c'est sous l'égide de cette fière déclaration de principes, et avec ce même groupe de jeunes gens que le 22 décembre 1861, en plein Second Empire et moins de trois mois après son arrivée dans la capitale, il lance un hebdomadaire républicain d'opposition : *Le Travail.*

Georges Clemenceau est le plus jeune de l'équipe – vingt ans – et si l'on trouve à ses côtés des noms aujourd'hui oubliés de l'histoire – Germain Casse, Eugène Carré, Ferdinand Taule – il y a aussi dans ce groupe Jules Méline, futur ministre et chef de gouvernement de la Troisième République et un jeune écrivain plus âgé d'une année que Clemenceau et qui, à ce moment, rédige surtout des vers : Emile Zola.

Toutes les rubriques de cette publication – sciences, Lettres, arts, morale, philosophie – sont prétextes à des combats politiques. Ainsi Georges Clemenceau, qui occupe les fonctions de critique littéraire et théâtral, s'attaque-t-il avec véhémence à l'écrivain Edmond About.

Ce dernier, auteur de nombreux romans dont, entre autres, *l'Homme à l'oreille cassée*, *Le Roi des montagnes* et *Germaine*, est très en cour auprès de Napoléon III. C'est surtout ce que lui reproche Clemenceau qui s'en prend avec vivacité à sa pièce *Gaëtana* donnée au théâtre de l'Odéon. Chaque soir, les rédacteurs du *Travail*, accompagnés de nombreux étudiants, perturbent les représentations jusqu'à ce qu'elles soient suspendues. Ils imitent en cela leurs aînés qui, quelques mois plus tôt, en mars 1861, avaient troublé les représentations du *Tannhäuser* de Richard Wagner pour la seule raison que Napoléon III avait ordonné de monter cette œuvre.

Quand Edmond About, excédé, se plaint, dans une lettre à un quotidien de province, des agissements irrespectueux des « polissons de Paris », c'est évidemment Clemenceau qui trempe sa plume dans le vitriol pour lui répliquer vertement dans *Le Travail* :

« Nous tenons à honneur de nous ranger au nombre des polissons dont parle M. About dans son inqualifiable lettre. Nous renvoyons à son auteur tout le mépris qu'elle nous inspire, mépris que partagera certainement toute la jeunesse des écoles. M. About n'est qu'un drôle outrecuidant et rageur ; nous le méprisons et nous le lui disons. » [3]

Avec Edmond About, Georges Clemenceau journaliste inaugure sa galerie de têtes de Turcs. Elles seront nombreuses. Plus tard, elles s'appelleront Jules Ferry, Briand, Poincaré... et bien d'autres.

En feuilletant les divers numéros de cet hebdomadaire on relève aussi, de la plume de Clemenceau, un article sur Michelet où il se recommande de cet historien pour qui « l'histoire n'est pas une narration mais une résurrection » et où il rejette les « doctrines fatalistes » de Guizot et de Thiers.

Surtout, dans le dernier numéro traitant de 1789 apparaît pour la première fois l'esquisse de ce qui sera sa doctrine sur la Révolution française, à savoir qu'elle est « un bloc » à prendre en totalité, sans pouvoir rien en soustraire :

« Il ne manque pas de gens, écrit-il, qui se croient très avancés et qui nous disent sérieusement : « Nous acceptons, avec toutes leurs conséquences, les principes de 1789, mais nous rejetons avec horreur les violences de la Révolution. Or ceux qui parlent ainsi sont des niais, ou des hommes de mauvaise foi ; ils ne savent donc pas que ces violences ne sont que des conséquences fatales de l'apparition de ces principes sur la scène politique. » [4]

Cependant, l'action de Georges Clemenceau ne s'arrête pas aux articles du *Travail.*

Avec d'autres étudiants, il tient des réunions dans des cafés et placarde des affiches de propagande dans Paris. Il va de soi que tout ce remuant petit monde est fiché et surveillé par la police de Napoléon III. Cette dernière intervient de manière autoritaire le 23 février 1862 quand Clemenceau et ses amis appellent les ouvriers du faubourg Saint-Antoine à une grande manifestation pour l'anniversaire de la proclamation de la Deuxième République le 24 février 1848.

Georges Clemenceau, Germain Casse, Ferdinand Taule sont arrêtés, condamnés pour délit de provocations directes et incarcérés. Clemenceau se retrouve à Mazas, célèbre prison de l'époque.

Il en sort le 12 mai 1862, après soixante-dix-sept jours de détention.

Evidemment, l'hebdomadaire *Le Travail* avait été supprimé par le gouvernement après l'arrestation des rédacteurs.

Il avait duré de décembre 1861 à mars 1862.

Clemenceau y avait publié au total sept articles, tous fortement engagés contre la politique ou les hommes de Napoléon III.

Un mois après sa sortie de prison, il relance cette publication mais sous un autre titre, *Le Matin*, qui sera un hebdomadaire aussi éphémère que son prédécesseur puisqu'il ne durera que de juin à août 1862 et ne comptera au total que huit numéros.

Dans *Le Matin*, Clemenceau ne rédige qu'un seul article : le compte rendu du livre de son ami et protecteur Etienne Arago, *Les Blancs et les Bleus*, relatant sous forme de roman historique l'insurrection de la Vendée.

« Oui, quoi qu'on en ait dit jusqu'à ce jour, proclame Etienne Arago dans la préface de ce livre, la guerre de la Vendée fut la conséquence, non du dévouement chevaleresque des nobles, mais des menées ténébreuses des prêtres. Nous prouverons que les paysans, contrairement aux assertions de la plupart des historiens, furent poussés à l'insurrection par le fanatisme religieux ; et que l'amour de la monarchie ne fut pas leur mobile. » Et, plus loin, d'affirmer que la Révolution française a été « une ère immortelle d'héroïsme et de grandeur ». [5]

De tels propos, de surcroît concernant sa Vendée natale, ne pouvait que faire vibrer Clemenceau :

« Pour moi, écrit-il, un des plus grands mérites de cet ouvrage, c'est l'enthousiasme ; on ne peut convaincre qu'à la condition d'être soi-même convaincu, et chaque page respire la conviction. L'on y sent cet amour des grandes choses qui, pour être caché au fond de nos cœurs, n'en est pas moins vivace. » [6]

Ce début dans la presse d'opposition et ce séjour en prison contribuent à insérer un peu plus le jeune Clemenceau dans le milieu républicain. Après son père, il commence à s'y faire un nom. Ou plutôt un prénom. De surcroît, il agrandit le cercle de ses relations.

Deux rencontres vont suivre, qui marqueront durablement son existence : celle du révolutionnaire Blanqui et celle du républicain alsacien Auguste Scheurer-Kestner.

3

« De notre correspondant à New York »

C'est en rendant visite à son ami Ferdinand Taule qui avait été incarcéré non point à Mazas mais à Sainte-Pélagie, autre célèbre prison de Paris, que Georges Clemenceau fait la connaissance d'Auguste Blanqui.

Agé alors de cinquante-neuf ans, acteur de toutes les révoltes et révolutions qui se sont succédé depuis 1830, intraitable jacobin, théoricien de la lutte des classes, révolutionnaire professionnel, partisan de la lutte armée, le vieux Blanqui est l'image même du fanatique qui a consumé la moitié de sa vie en prison parce qu'il n'a jamais voulu fléchir et qui inspire, plus que tout autre, horreur et effroi aux classes bourgeoises.

Dans ses *Souvenirs,* l'un des représentants de ces classes, Alexis de Tocqueville, raconte l'effrayante vision qu'il eut de Blanqui le 15 mai 1848 quand une foule menée par le parti révolutionnaire envahit la salle des séances de l'Assemblée constituante :

« C'est alors que je vis paraître à la tribune, écrit-il, un homme que je n'ai vu que ce jour-là, mais dont le souvenir m'a toujours rempli de dégoût et d'horreur ; il avait des joues hâves et flétries, des lèvres blanches, l'air malade, méchant et immonde, une pâleur sale, l'aspect d'un corps moisi, point de linge visible, une vieille redingote noire collée sur des membres grêles et décharnés ; il semblait avoir vécu dans un égout et en sortir ; on me dit que c'était Blanqui.»[1]

Le jeune Clemenceau est fasciné par le caractère, la force intérieure, la flamme dévorante de ce personnage à la fois attirant et inquiétant, de ce prêcheur d'apocalypse pour qui le monde et l'histoire se résument à une lutte incessante entre les riches et les pauvres.

C'est Germain Taule qui introduit Clemenceau dans la cellule de Blanqui :

- Voici un ami qui vous admire et veut vous connaître, déclare-t-il.

Et comme le vieux révolutionnaire ne répond pas il ajoute :

- Il s'appelle Georges Clemenceau, il sort de Mazas...

Et alors Blanqui :

- Il sort ! Il n'a donc pas encore mérité d'y rester ? [2]

Une telle boutade ne peut que réjouir Clemenceau qui, lui aussi, affectionne ces jugements à l'emporte-pièce. Puis Blanqui se souvient que naguère, en fuite à travers la France, il a été accueilli et caché, dans la région nantaise, par un médecin républicain, un certain Benjamin Clemenceau : il n'en faut pas plus pour que le dialogue s'établisse entre les deux hommes.

Trente ans plus tard, dans un article du quotidien *Le Journal*, Georges Clemenceau racontera ce premier contact avec Blanqui :

« Je garde en moi, se souviendra-t-il, d'inoubliables visions de Blanqui à Sainte-Pélagie, où je reçus le premier choc des brûlants rayons noirs qui dardaient de la blanche face amaigrie. Dans les temps que nous traversons, cette vie de désintéressement total, dans une auréole de héros, ne découragera que les lâches du grand combat pour la justice et pour la vérité. » [3]

Sainte-Pélagie avait été, sous l'Ancien Régime, un couvent qui accueillait les filles de mauvaise vie. Puis elle était devenue prison d'Etat en 1792 et, depuis 1831, elle recevait les détenus politiques. Paul-Louis Courier, Béranger, Lamennais et beaucoup d'autres y avaient précédé Blanqui.

De plus, Sainte-Pélagie est située à proximité de l'hôpital de la Pitié où loge le futur médecin Georges Clemenceau : il n'a qu'à traverser la rue pour s'y rendre. Du coup, ses visites à Blanqui sont quasi quotidiennes. C'est au cours de l'une d'elles qu'il fait la connaissance d'un autre détenu : Auguste Scheurer, devenu Scheurer-Kestner après son mariage avec l'une des filles de la grande famille Kestner, propriétaire en Alsace d'une fabrique de produits chimiques.

De huit ans plus âgé que Clemenceau, Scheurer-Kestner, adversaire lui aussi du Second Empire, avait été arrêté en Alsace, puis transféré, jugé et incarcéré à Paris. Sa route croisera souvent celle de Clemenceau. Les deux hommes joueront un rôle considérable lors de l'affaire Dreyfus.

Comme on le constate, Clemenceau mène de front, à cette époque, une triple existence : futur médecin le matin à l'hôpital, étudiant l'après-midi à la Faculté, journaliste et militant politique le soir. Quand il aura définitivement abandonné la médecine et qu'il sera devenu parlementaire, il gardera cette vie à trois temps : travaux personnels le matin, Chambre des députés ou Sénat l'après-midi, salles de rédaction la nuit. Parfait exemple de cette énergie surabondante qui ne demande qu'à s'investir dans de multiples activités et qui caractérise aussi bien le Clemenceau jeune que le Clemenceau âgé.

A partir de 1863, il donne la priorité à la préparation de sa thèse de médecine qu'il présente en mai 1865.

Elle porte comme titre : *De la génération des éléments anatomiques* . Il s'y montre, comme son maître Charles Robin, ardent matérialiste et fervent défenseur, contre Pasteur, de la génération spontanée. Cette thèse sera publiée une première fois dès 1865 et une seconde fois, avec une introduction de Charles Robin, en 1867. Ce sera son premier livre. [4]

Va suivre un violent chagrin d'amour qui va le foudroyer et le pousser à s'embarquer d'abord pour l'Angleterre, ensuite pour l'Amérique.

Son nouvel ami Auguste Scheurer-Kestner a une belle-sœur, Hortense, dont il s'éprend follement. Mais l'austère famille Kestner refuse d'accorder la main d'Hortense à ce jeune homme de vingt-quatre ans aux qualités intellectuelles indéniables mais qui, déjà, sent le soufre. Clemenceau remue ciel et terre pour fléchir cette famille, fait intervenir relations et amis, entre autres Etienne Arago, somme Hortense de s'expliquer mais en vain. Il est rejeté, courtoisement mais fermement, non seulement par le père mais par Hortense elle-même.

Alors, pour oublier, il se précipite en Angleterre, où il arrive le 25 juillet 1865, et, de là, part pour l'Amérique.

En Angleterre, où son père l'accompagne, il a formé le projet de s'entretenir avec deux illustres philosophes : Herbert Spencer et John Stuart Mill. De ce dernier, il veut traduire en français l'un des livres : *La philosophie positive d'Auguste Comte*.

Ces rencontres faites, il s'embarque à Liverpool pour l'Amérique avec l'accord de son père qui, cette fois, ne l'accompagne pas, mais finance son voyage et son séjour.

Il débarque à New York le 28 septembre 1865.

Que va-t-il faire dans une Amérique qui sort, épuisée, d'une terrible guerre de Sécession qui s'est terminée quelques mois plus tôt par la victoire des Nordistes sur les Sudistes ?

« Je n'en sais rien, dit-il, je pars, voilà tout. Le hasard fera le reste, peut-être chirurgien dans l'armée fédérale, peut-être autre chose, peut-être rien ! »[5] N'est-ce pas là le propos amer d'un jeune homme blessé et désorienté par une cruelle épreuve personnelle ?

Heureusement, ce jeune homme connaît et pratique la langue anglaise. Il ne va pas tarder à se ressaisir. Le journalisme, autrement dit sa plume, va lui permettre de se stabiliser et même de se créer un réseau d'amis à New York.

D'abord, il retrouve l'une de ses relations parisiennes : le critique dramatique Edward Howard House, qui travaille au *New York Tribune* et le présente à son patron, le célèbre journaliste Horace Greeley. Ensuite, il fait la connaissance du bibliothécaire de la colonie française. Les Français sont assez nombreux à cette époque dans la grande ville américaine et résident dans les parages de Greenwich Village. Là s'installe donc Clemenceau, dans une chambre qu'il partage avec un ami. Il fréquente la colonie française, travaille dans les bibliothèques, élargit son réseau de relations américaines. Infatigable marcheur, il découvre New York et ses quartiers. Il s'est attaqué à la traduction du livre de Stuart Mill, qui paraîtra en 1867. Surtout, sur le conseil d'un de ses ami, Lafont, resté en France, il a commencé d'envoyer à Paris, au journal *Le Temps*, des « Lettres d'Amérique » qui vont faire de lui le correspondant à New York de ce grand quotidien. Cette collaboration, d'abord épisodique et gratuite, s'intensifie au fil des mois pour devenir régulière et rétribuée. De plus, grâce à un ami américain, il trouve, à la fin de 1867, un poste d'enseignant dans un collège de jeunes filles, à Stamford, dans le Connecticut. Et non content d'apprendre l'histoire et la littérature françaises à ces charmantes demoiselles, il leur enseigne aussi l'équitation. Si bien que dès 1868, trois ans après son arrivée en Amérique, il dispose d'une situation stable avec une double rémunération : celle de professeur et celle de journaliste.

Entre 1865 et 1869, Georges Clemenceau va envoyer au total soixante-seize lettres de six à sept feuillets chacune au journal *Le Temps*. [6]

Il faut dire que l'actualité américaine lui fournit durant cette période une matière riche et variée.

Il est arrivé à New York cinq mois après la fin de la guerre de Sécession qui a opposé pendant quatre ans les états du Nord à ceux du Sud dans de terribles batailles qui ont fait des milliers de victimes. La dernière a été le président Lincoln, assassiné par un Sudiste trois jours avant la fin des hostilités. Après ce conflit, l'Amérique entame une politique dite de « Reconstruction » qui consiste à relever les ruines et à réintégrer progressivement dans l'Union les états rebelles du Sud.

Pendant que Clemenceau se trouve à New York, vont être discutés et votés trois des principaux amendements à la Constitution :

- Le 13ème, qui abolit l'esclavage purement et simplement et que les états du Sud doivent ratifier pour être réadmis dans L'Union ;

- Le 14ème, qui stipule que toute personne née ou naturalisée aux Etats-Unis - et sujette à leur juridiction - est citoyen des Etats-Unis et de l'Etat dans lequel elle réside. C'était là reconnaître la citoyenneté des milliers de Noirs sortant de l'esclavage.

- Le 15ème, conséquence des deux précédents, qui confère le droit de vote aux anciens esclaves.

Les débats sur ce 15ème amendement passionnent tellement Clemenceau qu'il leur consacre plusieurs « Lettres d'Amérique » dont les dernières seront écrites à Nantes, après son retour. La raison en est simple : cet amendement capital entre en vigueur en mars 1870 alors qu'il sera rentré en France depuis le mois de juin précédent.

A propos de la question de l'émancipation des Noirs et de leur place dans la future société américaine, il écrit :

« L'occasion est unique, en effet, pour régler cette question tant controversée de la couleur et faire disparaître à jamais les derniers vestiges de l'esclavage. Egalité absolue de tous les citoyens, sans exception, devant la loi, tel doit être le dernier mot de cette guerre de quarante ans que Harrison ouvrit en 1831 et que le Congrès terminera, nous l'espérons bien, en 1867.

« Si, par malheur, le président réussissait, appuyé par le Sud, par la Cour suprême et par le parti démocrate du Nord, à ajourner encore cette solution conforme à la justice, s'en est fait de la paix intérieure du pays pour de longues années. On sait par expérience combien est précaire l'apparente tranquillité qui repose sur la négation du droit. » [7]

Mais Clemenceau est bien conscient que des amendements à la Constitution, aussi solennels soient-ils, ne suffiront pas à résoudre le problème social des Noirs :

« L'égalité civile et politique une fois obtenue et fixée dans la loi, reste la grande et difficile question de l'égalité sociale que la loi est impuissante à résoudre [...]

« Si les Noirs veulent être les égaux des Blancs, qu'ils le deviennent. Les dernières barrières sont maintenant tombées qui gênaient leur libre expression. Ils ont le droit au travail dans les mêmes conditions que les Blancs, qu'ils travaillent ; ils ont enfin les droits civils et politiques qui sont une arme efficace et puissante, qu'ils se défendent. Ils sont des affranchis, qu'ils deviennent des hommes [...]

« Ce qui autorise à dire que la révolution émancipatrice est aujourd'hui terminée, c'est que l'imprudente violation du droit qui l'avait rendue fatale est à la fois expiée et réparée. » [8]

Quand, douze ans plus tard, Clemenceau s'opposera avec fermeté à la politique colonialiste de Jules Ferry, notamment à propos de l'affaire égyptienne, il se souviendra de son séjour en Amérique :

« Croit-on que les hommes de l'Egypte, demandera-t-il, soient inférieurs aux esclaves nègres des plantations de l'Amérique ? Je les ai vus, ces hommes, ils paraissaient absolument incapables d'éducation, et cependant, aujourd'hui, délivrés de l'esclavage, l'Amérique n'a pas craint d'en faire des citoyens. Ils remplissent dignement leurs fonctions politiques et savent très bien respecter leurs droits. » [9]

Autre événement qui l'intéresse au plus haut point : la campagne électorale et l'élection à la présidence du général Grant. Il suit la campagne avec passion et admire « la liberté absolue de parler et d'écrire, de se moquer, d'insulter, de médire, d'exciter à la haine et au mépris de qui et de quoi que ce soit ; non pas une liberté platonique, mais une liberté réelle et vivante dont chacun use à ses risques et périls et dans la mesure qui lui convient ». [10]

On sent poindre dans cet éloge l'admiration du journaliste français, qu'il est en train de devenir, pour la liberté américaine. Toute sa vie il défendra une telle conception de la liberté, même au début de la Grande Guerre quand il s'opposera avec détermination à la censure militaire.

Pendant qu'il se trouve à New York Clemenceau assiste aussi – fait exceptionnel – à la mise en accusation, en février 1868, du président de l'époque, Andrew Johnson, selon la fameuse procédure de l'impeachment qui est mise en œuvre pour la première fois dans l'histoire des Etats-Unis. Relatant cette affaire, il ne peut s'empêcher d'admirer la puissance du pouvoir législatif :

« Contrairement, écrit-il, à ce qui s'est vu, se voit et se verra dans certains pays, la force est du côté du pouvoir législatif : c'est le trait caractéristique de la situation, ou plutôt de ce gouvernement. Le Congrès peut prendre le président par l'oreille et le déposer quand bon lui semble sans que celui-ci puisse rien faire, sinon se débattre et crier [...]

« Il y a des procédés indiqués par la Constitution pour amener le président à la barre des représentants du peuple, l'obliger à rendre compte de sa conduite et à le faire déposer ou absoudre, suivant le cas. On sait encore que ces procédés sont tous pratiques et ne troublent en rien le pays lorsqu'on vient à les appliquer. » [11]

Ici, c'est l'admiration non plus du journaliste mais du futur parlementaire qui transparaît à propos de la place que la constitution américaine réserve au pouvoir législatif.

Ce qui frappe dans ces « Lettres d'Amérique », c'est une autre facette du journaliste. Etudiant, Clemenceau avait été, dans ses articles du *Travail* et du *Matin*, un journaliste militant où le militant, d'ailleurs, l'emportait sur le journaliste. A New York, c'est le chroniqueur qui se révèle : impersonnel, curieux de tout, attentif aux faits, et superbement documenté.

Le souci d'une documentation abondante, précise, à jour, sera l'une des grandes qualités de Clemenceau journaliste.

En Amérique, sur le terrain, avant d'écrire sur cette jeune démocratie, il fréquente les bibliothèques et dévore de nombreux ouvrages. Mais il ne se contente pas de ce premier niveau d'information : il voyage. Ainsi se rend-il dans plusieurs états du Sud pour visiter des colons. Et, quand il le peut, il rencontre les acteurs de l'histoire récente. Ainsi s'entretient-il longuement avec le général Grant avant son élection à la Présidence.

Quand il quitte définitivement l'Amérique, le 26 juin 1869, accompagné de l'une de ses élèves, Mary Plummer, qui est devenue son épouse – le mariage (civil) a été célébré six jours plus tôt – Georges Clemenceau a vingt-huit ans.

Après quatre années passées à New York, il emporte avec lui une solide connaissance de ce pays neuf et plein d'avenir et une bonne pratique de la langue anglaise. Plus tard, beaucoup d'Anglo-Saxons souligneront la perfection avec laquelle il parle et écrit cette langue.

Toutefois, l'apport le plus important réside en ceci que l'Amérique lui a enseigné les vertus du pragmatisme, qualité qui va, très heureusement, tempérer son penchant au dogmatisme :

« il y a heureusement aux Etats-Unis, écrit-il, je ne sais quelle facilité à se plier aux circonstances, à accepter les leçons de l'expérience, à changer rapidement de voie, grâce à laquelle les prophéties pessimistes reçoivent presque toujours de prompts démentis. On commettra des fautes, mais on saura très vite les réparer ; on se perdra longtemps dans le vague des solutions incomplètes, incertaines, mais on finira pas saisir la vérité et la justice, quand elles auront pris corps, en quelque sorte, et éclateront à tous les yeux. Ce qui s'est passé depuis quatre ans m'a appris à ne jamais désespérer de ce pays» [12]

Cette leçon américaine ne sera pas oubliée.

D'autant qu'à peine rentré en France Clemenceau va être plongé dans la fournaise de la Commune de Paris, cette autre guerre civile où, pendant quelques semaines, Paris va faire sécession…

4

1870 : Paris entre famine et révolution

Quand ils rentrent en France à la fin du mois de juin 1869, Georges Clemenceau et sa jeune épouse s'attardent quelques jours à Paris puis rendent visite à des amis à Gravelines et, enfin, gagnent la Vendée.

Ils s'installent au château de l'Aubraie, domaine ancestral de la famille Clemenceau où réside Benjamin.

Cette propriété est située à Féole, sur la commune de La Réorthe, à vingt kilomètres à vol d'oiseau de Mouilleron-en-Pareds où est né Georges. C'est le premier contact de l'américaine Mary Plumer avec sa belle-famille. C'est au château de l'Aubraie que le jeune ménage aura son premier enfant, Madeleine, qui y naîtra le 6 juin 1870.

Quand il retrouve sa Vendée natale en ce mois de juillet 1869 Georges Clemenceau va avoir vingt-huit ans. Docteur en médecine, il décide d'exercer comme praticien dans les environs (l'un de ses biographes, Jean Martet, a retrouvé son carnet de consultations pour le mois de novembre 1869). Toutefois cela ne l'empêche pas de rester en étroite relation avec ses amis parisiens. Ni de suivre avec attention les événements politiques nationaux et internationaux.

En janvier 1870, Napoléon III veut assouplir les règles de fonctionnement interne de l'Empire. Il demande à une personnalité libérale, Emile Ollivier, de former un gouvernement. En mai, l'Empereur soumet à plébiscite le sénatus-consulte qui instaure l'Empire libéral. Ce dernier est approuvé à une majorité de 7 359 000 oui contre 1 572 000 non. Mais – signe révélateur – Paris le rejette par 184 000 non contre 138 000 oui.

En juillet, les relations entre la France et la Prusse se dégradent rapidement à propos de la candidature au trône d'Espagne de Léopold de Hohenzollern-Sigmaringen, soutenue par Bismarck mais combattue par la France. Le 14 juillet au soir, Paris prend connaissance d'une dépêche prussienne insultante pour la France, la dépêche d'Ems. La fièvre monte et des manifestations s'organisent aux cris de « A bas la Prusse ! » et « Vive l'Empereur ! »

Dans l'entourage de Napoléon III le parti des bellicistes composé de l'Impératrice, du duc de Gramont, nouveau ministre des Affaires étrangères et des « Mameluks » du Parlement (ainsi appelle-t-on les adversaires de l'Empire libéral) l'emporte et, le 19 juillet, la France déclare officiellement la guerre à la Prusse. Après avoir confié la régence à l'Impératrice, Napoléon III quitte la capitale et gagne Metz où il prend le commandement de l'armée du Rhin.

Alors les événements se précipitent : le 4 août, les Prussiens s'emparent de la forteresse de Wissembourg puis brisent les résistances françaises à Froeschwiller en Alsace et à Forbach en Lorraine. Ils pénètrent sur le territoire national. Le 2 septembre, Napoléon III capitule à Sedan et se constitue prisonnier. Le 3 septembre, il est transféré en Westphalie.

A la mi-août, Georges Clemenceau a été rappelé à Paris par ses amis politiques. Il a laissé sa jeune épouse et leur petite fille âgée de deux mois en Vendée, loin des remous de la capitale. Il loge chez son ami Lafont qui, lors de son séjour en Amérique, lui avait procuré ses chroniques au quotidien *Le Temps.* Avec le journaliste Arthur Ranc, tous trois suivent heure par heure l'agonie de l'Empire. Le 4 septembre, à la nouvelle du désastre de Sedan, ils se joignent à la foule qui s'assemble place de la Concorde et se porte au Palais-Bourbon pour exiger la déchéance de Napoléon III. Georges Clemenceau, coiffé d'un képi de garde national, est au premier rang des manifestants qui envahissent la cour, les couloirs, les tribunes et l'hémicycle du Corps législatif. On le voit même donner l'assaut au fauteuil présidentiel pour presser les députés d'abattre l'Empire et de voter la République.

Finalement, Gambetta réussit à entraîner la foule à l'Hôtel de ville, haut lieu parisien des révolutions. C'est là que la République est instituée et dotée d'un gouvernement de Défense nationale présidé par le général Trochu, gouverneur militaire de Paris et composé principalement des députés républicains de la capitale : Etienne Arago, Jules Favre, Adolphe Crémieux, Garnier-Pagès, Léon Gambetta, Jules Ferry, Alexandre Glais-Bizoin, Eugène Pelletan, Jules Simon, auxquels se joint le polémiste Henri Rochefort que la foule vient de faire sortir de prison.

Et c'est au palais des Tuileries, dans l'emblématique salle du trône, que la République est proclamée.

En ce dimanche 4 septembre 1870, il n'a fallu que quelques heures et pas un seul coup de fusil pour passer du Second Empire à la République. A la grande joie des républicains, au premier rang desquels le grand proscrit Victor Hugo qui constate : « L'Empire est mort. C'est bien. Nous n'avons rien de commun avec ce cadavre. » [1]

Dès le lendemain Etienne Arago, qui a été désigné par ses collègues du gouvernement comme maire de Paris, nomme des responsables à la tête de chacun des vingt arrondissements de la capitale.

Georges Clemenceau est nommé maire du XVIIIe, c'est-à-dire de Montmartre.

A vingt-neuf ans, c'est son entrée officielle en politique.

Elle s'effectue par la grande porte du malheur : l'armée française est en déroute, le pays est envahi, bientôt Paris sera en état de siège, réduit à la famine et déchiré par une sanglante guerre civile.

Le soir même de ce lundi 5 septembre, Victor Hugo est de retour en France après dix-neuf ans d'exil. Pendant toutes ces années passées loin de son pays le célèbre écrivain, réfugié sur son rocher de Guernesey, a lancé la foudre sur ce Second Empire détesté et sur son chef « Napoléon le Petit ». Ses *Châtiments*, imprimés à Bruxelles en 1853, ont pénétré en France clandestinement. Les textes composant cet ouvrage ont été copiés, recopiés, lus, relus, appris, récités. A lui seul, le poète a été l'étendard de la liberté dressé contre Napoléon III. A elle seule, sa parole a soutenu la vaillance des républicains pourchassés. A eux seuls, ses poèmes ont été les signes de reconnaissance et de ralliement des adversaires de l'Empire.

A soixante-huit ans, l'imprécateur de Guernesey est devenu le symbole de la résistance au despotisme.

Avec lui, c'est la République qui rentre à Paris.

Son train qui l'amène de Belgique arrive en gare à 21h30. Il raconte :

« Une foule immense m'attendait. Accueil indescriptible. J'ai parlé quatre fois. Une fois du balcon d'un café, trois fois de ma calèche. On chantait la *Marseillaise* et le *Chant du départ* . On criait : « Vive Victor Hugo ! » A chaque instant, on entendait dans la foule des vers des *Châtiments* [...] On voulait dételer ma voiture. Je m'y suis opposé. Une femme a tenu tout le temps la bride d'un des chevaux [...] Un bataillon de soldats passait sur le boulevard. Les soldats se sont arrêtés et m'ont présenté les armes. » [2]

Pendant que Victor Hugo se réinstalle à Paris, Georges Clemenceau prend possession de sa mairie. Ses premières décisions – réflexe de journaliste – sont celles d'un élu qui attache la plus grande importance à la communication. Pour faire connaître à la population de Montmartre ses orientations et ses directives il va user de trois supports propres à l'époque : l'affiche, le bulletin municipal, la lettre circulaire.

Le 23 septembre, il fait afficher dans tout l'arrondissement une proclamation brève mais nette. C'est un appel à l'énergie nationale à l'instant même où les Prussiens encerclent Paris :

« La France doit-elle s'abîmer et disparaître ou reprendre son ancien rang à l'avant-garde des peuples ?

« Cette question se pose aujourd'hui, et c'est à nous qu'il appartient de la résoudre.

« L'ennemi est aux portes de la Cité. Le jour n'est pas loin peut-être où nos poitrines seront le dernier rempart de la patrie.

« Chacun connaît son devoir.

« Nous sommes les enfants de la Révolution. Inspirons-nous de l'exemple de nos pères de 1792, et comme eux nous vaincrons. » [3]

Dans le *Bulletin de la municipalité*, créé au même moment et qui aura au total quatorze numéros, il donne à la population des informations pratiques concernant la vie quotidienne, entre autres l'état des subsistances et des approvisionnements. Cela est d'autant plus justifié que la tactique de Bismarck est de priver Paris de tout secours militaire et de tout ravitaillement pour mieux l'isoler et l'affamer en vue d'obtenir sa reddition sans avoir à combattre.

Dans ce même *Bulletin*, Clemenceau annonce la création d'écoles de filles et de garçons conformément à une directive du maire de Paris.

C'est en organisant et en visitant ces écoles communales qu'il fait la connaissance, en octobre 1870, de Louise Michel.

Extraordinaire personnage que cette institutrice révolutionnaire qui sera qualifiée tour à tour de « Vierge Rouge », de « Grande Citoyenne », d' « âme ardente » ou, par ses ennemis qui sont nombreux, de « louve avide de sang » et qui, toute sa vie, sera brûlée par une sorte de dévorante charité laïque.

Née en 1830 en Haute-Marne, Louise Michel est la fille naturelle d'un châtelain (ou de son fils) et d'une jeune servante, Marianne Michel. Elevée avec tendresse par ce couple de châtelains, qu'elle appelle grand-père et grand-mère, elle reçoit une solide instruction et, très jeune, dévore tous les livres qui lui tombent sous la main. A dix-sept ans, c'est en larmes qu'elle lit les *Paroles d'un croyant* de Félicité de Lamennais. Elle obtient son brevet d'institutrice mais refuse de prêter serment à l'Empire. Déjà rebelle, elle fonde en Haute-Marne plusieurs écoles privées laïques. En même temps, elle écrit des poèmes qu'elle adresse à Victor Hugo qu'elle appellera toute sa vie « Maître ». Ce dernier lui répond et l'invite, en 1851, à venir le voir à Paris. C'est la première rencontre – il y en aura beaucoup d'autres – entre le poète qui a alors quarante-neuf ans et son ardente admiratrice de vingt et un ans.

En 1855, elle s'installe à Paris et commence d'écrire dans les journaux d'opposition. Elle a pris comme pseudonyme « Enjolras », du nom de l'un des personnages des *Misérables* que Hugo dépeint comme l'incarnation de la logique de la Révolution et l'héritier de Robespierre et de Saint-Just.

En 1865 elle fonde à Montmartre un externat. Elle organise une cantine pour ses élèves, met en place de nouvelles méthodes d'enseignement, plaide pour des écoles professionnelles, réclame des orphelinats laïcs et se porte sur tous les fronts pour donner assistance aux pauvres.

En 1870, lors de sa rencontre avec Georges Clemenceau, elle a quarante ans. Elle est révolutionnaire, anticléricale, bientôt anarchiste. Comme Clemenceau, elle a exécré le Second Empire. Comme lui, elle pousse son amour de la liberté à son point le plus extrême. Comme lui, elle connaît et admire Blanqui. D'ailleurs elle s'est éprise de Théophile Ferré, l'un des lieutenants du vieux révolutionnaire.

Le courant passe immédiatement entre le maire de Montmartre et cette « rouge petite sœur des pauvres ».[4] Une longue amitié suivra que les divergences politiques ne réussiront jamais à briser. A la fin de sa vie, le Tigre parlera encore avec émotion de sa vieille amie Louise Michel.

Le 26 octobre, Clemenceau adresse à tous les instituteurs du XVIIIe arrondissement une lettre circulaire où il leur ordonne de refuser de conduire leurs élèves à une cérémonie religieuse pour laquelle ils ont été sollicités. Il définit là, en quelques phrases, ce que doit être la laïcité de l'enseignement. Cette attitude ne peut que satisfaire Louise Michel.

« Il faut, écrit-il, que la liberté de conscience de chacun soit scrupuleusement respectée. En convoquant les enfants de votre école pour se rendre en corps dans un lieu quelconque affecté à l'exercice d'un culte quelconque, sans tenir compte de leurs opinions individuelles ou de celles de leurs parents, vous exerceriez ou sembleriez exercer une regrettable pression sur les consciences. La municipalité a le devoir de mettre un terme à ces abus [...] Il est de votre devoir étroit d'éviter jusqu'à l'apparence, la plus légère pression sur les consciences de vos élèves ou de leurs parents [...] Les principes de liberté individuelle doivent être notre règle et notre loi. » [5]

Pendant toute cette période, la situation politique s'est dramatiquement détériorée.

Après l'encerclement de Paris, les 19 et 20 septembre, Gambetta a quitté la capitale en ballon pour créer une armée nouvelle issue des régions qui ne sont pas occupées par l'ennemi. Il appelle à la guerre à outrance, à la levée en masse et, à force d'énergie, réussit à constituer une armée de 600 000 hommes. Sa stratégie consiste à combiner une attaque par l'extérieur des troupes prussiennes qui encerclent Paris avec une attaque de ces mêmes troupes par l'intérieur de la capitale. Des combats ont lieu en banlieue : à Bagneux, Malmaison, Le Bourget. Mais Gambetta est trahi par l'attitude de Bazaine qui, notoirement antirépublicain, a refusé de se rallier au gouvernement de Défense nationale et, enfermé dans Metz, capitule sans combattre, livrant à l'ennemi trois maréchaux, six mille officiers, cent-soixante-treize mille soldats, plus de quinze cents canons, trois millions d'obus et vingt-trois millions de cartouches. [6]

Surtout, Bazaine, par sa reddition, permet aux troupes prussiennes fixées autour de Metz de venir renforcer celles qui encerclent Paris.

Après ce terrible revers des rumeurs circulent sur l'ouverture de négociations entre le gouvernement de Défense nationale et Bismarck en vue d'un armistice.

Le 31 octobre 1870, Clemenceau et ses adjoints font afficher une proclamation sans équivoque :

« La municipalité du XVIIIe arrondissement proteste avec indignation contre un armistice que le gouvernement ne saurait accepter sans trahison. »

Le même jour, les révolutionnaires Flourens et Blanqui profitent du désarroi suscité par les échecs de Gambetta pour lancer la garde nationale de Belleville, acquise à leur cause, à l'assaut de l'Hôtel de ville aux cris de « Vive la Commune ! » Ils proclament la déchéance d'un gouvernement incapable de défendre Paris et réclament la mise en place d'un Comité de salut public. Mais ils sont délogés dans la nuit par Trochu et Ferry qui, à la tête de bataillons de gardes nationaux restés fidèles, soumettent les rebelles.

Après cette insurrection, le gouvernement consulte les Parisiens pour savoir s'il a toujours leur confiance. Il reçoit une réponse positive qui désavoue les insurgés : 321 373 oui contre 53 584 non. Et pour couper court à toute nouvelle tentative d'instauration d'une Commune révolutionnaire il décide d'organiser des élections municipales. Elles ont lieu du 5 au 7 novembre. Treize des vingt maires nommés le 5 septembre – dont Clemenceau – sont élus. Les révolutionnaires sont battus partout sauf dans deux arrondissements : le XIXe (Belleville) où est élu le jacobin Delescluze et le XXe (Ménilmontant) où est élu le blanquiste Ranvier.

Les échecs de Gambetta, la trahison de Bazaine, l'encerclement de la capitale n'ont en rien démoralisé la population. Au contraire celle-ci est plus que jamais déterminée à se battre. La preuve : une grande souscription pour l'achat de canons est lancée parmi les habitants.

Clemenceau, en tant que maire, est parmi les premiers à la soutenir. Il fait savoir par voie d'affiches qu'il ouvre sa mairie aux souscripteurs.

Même soutien de la part de Victor Hugo qui annonce dans le journal *Le Siècle* qu'il verse à cette souscription ses droits d'auteur de l'édition française des *Châtiments* qui vient de sortir. Et lui aussi appelle les Parisiens à la résistance :

« Tous au feu, citoyens ! Quelle est la question d'aujourd'hui ? combattre. Quelle est la question de demain ? vaincre. Quelle est la question de tous les jours ? mourir. » [7]

D'octobre 1870 à janvier 1871 des lectures publiques des *Châtiments* sont organisées dans tous les théâtres. La recette est versée à la souscription pour les canons. En remerciement, l'un d'eux est baptisé *Victor Hugo* et un autre *Châtiments.*

Mais tout cela ne sert à rien. Le combat est trop inégal. Privé d'approvisionnement, Paris est en proie à la famine. « On fait des pâtés de rats. On dit que c'est bon », écrit Victor Hugo dans ses carnets à la date du 27 novembre 1870. Et au 3 décembre : « Hier nous avons mangé du cerf ; avant-hier, de l'ours ; les deux jours précédents, de l'antilope. Ce sont des cadeaux du Jardin des Plantes. » Et le 30 décembre : « Hier, j'ai mangé du rat. » [8]

A la mi-décembre, les Prussiens s'étaient mis à bombarder Paris. A la faim, au froid - cet hiver est l'un des plus rigoureux du siècle – s'ajoute la peur. Bismarck veut écraser la capitale sous un déluge de fer. Toujours Victor Hugo, à la date du 4 janvier 1871 :

« De mardi à dimanche, les Prussiens nous ont envoyé vingt-cinq mille projectiles. Il a fallu pour les transporter deux cent vingt wagons. » [9]

Le 19 janvier, Trochu tente une nouvelle sortie mais échoue à Buzenval. Cette ultime bataille a coûté cinq mille morts. Ce nouvel échec, ajouté à la misère et aux privations qui résultent d'un siège de quatre mois, incitent les révolutionnaires à tenter une nouvelle insurrection. Le 22 janvier, des gardes nationaux des arrondissements les plus populaires gagnent la place de l'Hôtel de ville. Ceux de Montmartre sont animés par un groupe de femmes à la tête desquelles se trouve Louise Michel, armée et habillée en soldat. C'est son baptême du feu. Aux cris de « Vive la Commune ! Guerre à outrance ! » cette insurrection se heurte aux troupes gouvernementales qui, cette fois, ouvrent le feu. La manifestation se disperse, laissant derrière elle cinq morts et une vingtaine de blessés. Le lendemain, plusieurs meneurs sont arrêtés et incarcérés.

La voie est libre pour des négociations avec les Prussiens.

Le 28 janvier, à Versailles, dans la Galerie des Glaces où, quelques jours plus tôt, Bismarck a proclamé l'Empire allemand, un armistice de vingt et un jours est signé en vue d'élire et de réunir une Assemblée nationale qui devra se prononcer sur la poursuite ou la cessation de la guerre.

Le même jour, Paris capitule.

Pendant cette période tragique du siège, Georges Clemenceau s'est dépensé sans compter au service de ses administrés dans une capitale nerveuse, colérique et instable, en proie à la double étreinte de la famine et de la révolution.

Il a ouvert des écoles communales. Malgré les immenses difficultés de l'heure, elles ont vite été remplies. A un point tel que le 29 novembre il fait apposer sur les murs de son arrondissement l'affiche suivante :

« Les écoles communales sont pleines. Le temps manque pour en créer de nouvelles. Cependant il importe que les enfants puissent recevoir gratuitement l'instruction à laquelle ils ont droit. La municipalité du XVIIIe arrondissement vient de conclure un arrangement avec un très grand nombre d'instituteurs et d'institutrices libres qui, moyennant une subvention municipale déterminée, s'engagent à recevoir gratuitement un certain nombre d'élèves. Que les parents dont les enfants n'ont pu être placés dans les écoles communales se hâtent donc de venir chercher leur carte d'inscription à la mairie. Tous les enfants qui se présenteront seront immédiatement dirigés sur une école libre où ils seront reçus gratuitement. »

Avec des écoles, il a ouvert des dispensaires. Il a prodigué ses soins de médecin aux blessés, aux malades, aux enfants, aidé en cela par Louise Michel.

Il a organisé la garde nationale de son arrondissement, a réquisitionné pour elle des vêtements et lui a ouvert un stand de tir où elle peut s'exercer à heures et jours réguliers.

Il a livré une chasse sans merci aux spéculateurs, agioteurs, profiteurs qui voulaient faire fortune sur les malheurs du peuple :

« Le XVIIIe arrondissement, raconte Louise Michel dans ses *Mémoires,* était la terreur des accapareurs et autres de cette espèce. Quand on disait : Montmartre descend ! les réactionnaires se fourraient dans leurs trous, lâchant comme des bêtes poursuivies les caches où les vivres pourrissaient, tandis que Paris crevait de faim. »[10]

Ce jeune maire de trente ans est donc, à ce moment de son existence, proche des révolutionnaires. D'ailleurs, il a comme adjoints un blanquiste, Jaclard, et un membre influent de l'Internationale des travailleurs, Dereure.

L'Association Internationale des Travailleurs (AIT), dont Karl Marx avait été l'inspirateur, avait été fondée en 1864 à Londres. Dans les trois années qui avaient suivi, des sections avaient été lancées en France. A Paris, l'AIT avait son siège rue des Gravilliers. Après avoir été influencée par les disciples de Proudhon, qui défendaient le développement des coopératives et des mutuelles, l'AIT, au congrès de Bâle de 1869, s'était orientée vers le socialisme, plaidant pour la propriété collective. En 1870, les adhérents, en France, dépassent le nombre de 100 000 et elle compte une trentaine de membres au conseil de la Commune.

Les deux adjoints de Clemenceau, Jaclard et Dereure, seront tous deux membres de cette Commune.

S'il soutient Louise Michel dans toutes ses activités, le maire de Montmartre a aussi fait élire Blanqui comme commandant du 169e bataillon des gardes nationaux.

Comme tous ces révolutionnaires, il est anticlérical. Comme eux, il veut défendre Paris et poursuivre la guerre. Comme eux, il serait prompt à accuser de trahison le gouvernement de Défense nationale. Mais il se sépare de ses amis sur un point capital : il refuse la violence.

Louise Michel aurait voulu que sa place soit dans la rue. Lui considérera toujours que sa place est dans la légalité républicaine.

Pour Louise Michel, le suffrage universel est une tromperie.

Pour Georges Clemenceau, le suffrage universel sera toujours la loi suprême de la République.

Il s'y est soumis comme maire de Montmartre, il va s'y soumettre de nouveau en étant élu député de Paris à l'Assemblée nationale, laquelle va devoir se prononcer sur la signature de la paix ou sur la poursuite de la guerre.

Là, il va siéger auprès d'un autre républicain légaliste, ami, lui aussi, de Louise Michel : Victor Hugo.

5

1871 : Paris entre Communards et Versaillais

Paris encerclé, une quarantaine de départements occupés par les Prussiens, Napoléon III prisonnier et déchu, un gouvernement de Défense nationale de plus en plus discrédité, Bismarck et le nouvel empereur d'Allemagne, Guillaume Ier, installés à Versailles : voilà la dramatique situation de la France, début février 1871, quand s'ouvrent les élections pour une Assemblée nationale qui devra se prononcer sur la signature de la paix ou sur la poursuite de la guerre.

Pour cette consultation, on revient à la loi électorale de 1849 : suffrage universel ; scrutin de liste départemental ; élection à un seul tour, le candidat arrivé en tête étant proclamé élu ; possibilité de poser une même candidature dans plusieurs départements ; vote au chef-lieu de canton.

La campagne est brève. Il faut aller vite. L'armistice concédé par Bismarck n'est que de vingt et un jours. De surcroît, la nouvelle Assemblée, en raison de l'occupation prussienne, ne pourra siéger ni à Paris ni à Versailles. Elle devra se réunir à Bordeaux.

Des comités électoraux désignent rapidement des candidats. Tout de suite apparaissent deux grandes tendances : d'un côté les listes dites « de la paix », de l'autre, des listes composées en majorité de républicains favorables à la poursuive de la guerre.

A Paris, Clemenceau figure sur la liste des républicains d'extrême gauche, encore appelés « radicaux » selon la terminologie de l'époque.

Les élections se déroulent le 8 février. Quarante-trois sièges sont à pourvoir pour le département de la Seine. Sur ces quarante-trois, les listes favorables à la paix n'enlèvent que sept sièges. Les trente-six autres élus rejettent une paix qu'ils assimilent à une trahison.

Dans le reste de la France la situation inverse prévaut : les listes favorables à la paix l'emportent largement. Signe révélateur : Adolphe Thiers, qui s'était opposé à la guerre avec la Prusse dès le début des hostilités, est élu dans vingt-six départements. Le fossé se creuse donc entre une province rurale favorable à la paix et qui vote à droite en envoyant à l'Assemblée de nombreux monarchistes et une capitale républicaine, jacobine, patriote, qui se prononce pour la gauche, voire pour l'extrême gauche.

Sont élus en tête, à Paris, des hommes comme Louis Blanc (216 000 voix) Victor Hugo (213 000), Gambetta (202 000), Garibaldi, Victor Schoelcher, Edgar Quinet et même des révolutionnaires comme Charles Delescluze et Félix Pyat.

Georges Clemenceau est élu en vingt-septième position. Ainsi se trouve-t-il en compagnie d'anciens quarante-huitards, d'anciens proscrits du Deux-Décembre et même de quelques survivants des Trois Glorieuses.

Aussitôt élu et dûment muni d'un laissez-passer prussien, il se rend à Bordeaux comme ses collègues, entre autres Victor Hugo. « Voyage rude, lent, pénible, écrit ce dernier dans ses *Carnets*. Le salon-wagon est mal éclairé et point chauffé [...] On s'est roulé dans des couvertures et des cabans et l'on a dormi sur les banquettes. » [1]

La première séance de cette nouvelle Assemblée nationale se tient le 12 février.

Sur les 645 sièges qui ont été pourvus – dont 30 pour l'Alsace et la Lorraine - on compte 400 monarchistes, 150 républicains parmi lesquels une quarantaine de radicaux, 80 libéraux et une vingtaine de bonapartistes. Il s'agit donc bien d'une Chambre fortement monarchiste, conservatrice, rurale et, d'entrée, très disposée à signer la paix. Dans les jours qui suivent elle porte à sa présidence Jules Grévy, républicain modéré attaché à la propriété et hostile à Gambetta. Puis elle nomme Adolphe Thiers « Chef du pouvoir exécutif provisoire de la République française ». D'un commun accord, la question des institutions – monarchie ou république – est reportée à plus tard : on appellera cette volonté de mettre entre parenthèses le problème institutionnel, le « Pacte de Bordeaux ».

Après avoir formé un gouvernement libéral avec Jules Favre aux Affaires étrangères, Thiers quitte Bordeaux le 20 février pour aller négocier la paix avec Bismarck à Versailles.

L'Assemblée suspend ses travaux. Clemenceau en profite pour revenir quelques jours à Paris où la situation se dégrade après l'accession au pouvoir de Thiers et de Jules Favre exécrés des Parisiens.

Dans la capitale, la Garde nationale vient de se doter d'un Comité central provisoire qui prêche la poursuite de la guerre et s'oppose au désarmement de Paris.

Le 24 février, les gardes nationaux manifestent pour commémorer la révolution de février 1848. Un agent de police est pris par la foule en flagrant délit de noter le numéro des bataillons qui participent à cette manifestation : il est jeté dans la Seine, on l'empêche de regagner la berge et il se noie.

Le 26 février, Clemenceau est de retour à Bordeaux, de même que Thiers qui présente aussitôt à l'Assemblée les préliminaires de paix qu'il a signés avec Bismarck. Ils sont humiliants : La France abandonne « à perpétuité » à l'Allemagne l'Alsace et une partie de la Lorraine. Elle conserve le territoire de Belfort mais devra payer une indemnité de guerre de cinq milliards. Son versement conditionnera l'évacuation des Prussiens.

« Traité hideux » clame Victor Hugo[2]. Clemenceau et d'autres républicains protestent aussi à la tribune contre cet abandon d'une partie du territoire national. Les élus d'Alsace et de Lorraine démissionnent en signe de protestation. Tout cela est vain. L'Assemblée vote les préliminaires de paix par 546 voix contre 107 et 23 abstentions. Clemenceau, évidemment, est parmi les 107 qui se sont opposés à ce projet de traité.

Comme ces préliminaires stipulent aussi que les Prussiens occuperont plusieurs quartiers de Paris dans le secteur des Champs-Elysées, il rentre immédiatement à Montmartre, devinant l'effet désastreux de cette décision sur la population.

Pour calmer ses administrés il fait apposer le 1er mars cette affiche :

« Une dernière épreuve nous était réservée, épreuve humiliante et terrible : celle de voir l'ennemi entrer dans Paris.

« On nous a livrés à merci.

« Toute résistance a été rendue impossible. Toute agression nous serait fatale.

« S'il est parmi vous des citoyens qui croient encore de leur devoir de mourir et d'ensevelir avec eux sous les ruines de la cité leurs femmes et leurs enfants, qu'ils songent aux résultats stériles d'une lutte désespérée, qu'ils songent surtout à la République.

« La République seule peut venger et réparer nos désastres.

« Citoyens, de votre calme dépend le salut de la France et de la République. »

Cet appel au calme est d'autant plus nécessaire que Paris, maintenant, est livré à lui-même et ne répond plus à aucune autorité. Le gouvernement de Défense nationale, très contesté, a disparu, remplacé par celui de Thiers, très suspecté. Les trois personnalités que Thiers a nommées dans la capitale pour représenter son gouvernement – le général Vinoy, qui a remplacé Trochu comme gouverneur militaire, le général Aurelle de Paladine, nouveau commandant en chef de la Garde nationale et Valentin, nouveau préfet de police – n'ont aucune prise sur le peuple ni sur la Garde nationale et ne disposent que de faibles moyens pour maintenir l'ordre dans ce milieu hostile.

Quant aux maires d'arrondissement comme Clemenceau, ils n'ont guère que leur bonne volonté pour faire face aux innombrables difficultés qui assaillent la population.

Les pouvoirs légaux étant ainsi rejetés ou impuissants, un nouveau pouvoir issu du peuple - et en grande partie aux mains des révolutionnaires - est en train d'émerger : celui de la Garde nationale.

Ici, un rappel historique s'impose.

Ce qu'on appelle la Garde nationale est née sous la Révolution, très exactement le 13 juillet 1789. En effet, pour maintenir l'ordre dans la capitale une force armée de 48 000 hommes, issue directement de la population, avait été instituée . La Fayette en avait reçu le commandement. Ensuite, des milices s'inspirant de ce modèle avaient été formées en province.

Dans les années qui suivirent, la Garde nationale connut des fortunes diverses. Inexistante sous Bonaparte, elle renaît sous Louis-Philippe qui s'appuie sur elle pour prendre le pouvoir en 1830. Après quoi elle épouse les changements politiques de l'opinion : tantôt conservatrice, autrement dit « bourgeoise », tantôt révolutionnaire.

Début septembre 1870, la Garde nationale de Paris joue un rôle prépondérant dans le renversement du Second Empire et la proclamation de la République. Forte de 380 000 hommes armés, elle incarne la volonté du peuple de Paris de poursuivre une guerre à outrance. C'est elle qui, pendant le Siège, lance et soutient la souscription pour l'achat de canons. C'est elle qui, avant l'entrée des Prussiens aux Champs-Elysées, récupère les canons qui se trouvent dans les quartiers avoisinants et les met hors de portée de l'ennemi à Montmartre, à Belleville et place des Vosges. C'est elle qui, dans les arrondissements populaires, appelle les soldats à la fraternisation. Enfin, c'est elle qui, le 10 mars 1871, après plusieurs réunions préparatoires, fonde une « Fédération républicaine de la Garde nationale » dont l'organe exécutif sera un Comité central composé de trente-huit membres, où les ouvriers, avec vingt-sept sièges, ont la majorité.

Deux cent-quinze bataillons sur deux cent-soixante-dix adhèrent à cette Fédération.

Dans les statuts qui en fixent les orientations on peut lire :

« Jurons de tout sacrifier à nos immortels principes. La République française d'abord, puis la République universelle. Plus d'armée permanente, mais la nation tout entière armée, de telle sorte que la force n'opprime jamais le droit. Plus d'oppression, d'esclavage ou de dictature d'aucune sorte ; mais la nation souveraine, mais les citoyens libres se gouvernant à leur gré. En un mot, plus de rois, plus de maîtres, plus de chefs imposés ; mais des agents constamment responsables et révocables à tous les degrés. Alors ce ne sera plus un vain mot que cette sublime devise : Liberté, Egalité, Fraternité.» [3]

La Garde nationale parisienne, qui était jusque là une force, devient un pouvoir. Celui-ci s'élève sur la ruine ou le discrédit des autres pouvoirs. Mais observons bien ceci : il s'agit d'un pouvoir qui ne prône pas seulement la République mais encore, ce qui est tout à fait révolutionnaire, l'autogestion.

Fait révélateur, la Garde nationale proclame que « dans le cas où, comme certains bruits tendent à le faire croire , le siège du gouvernement viendrait à être transporté ailleurs qu'à Paris, la ville de Paris devrait se constituer immédiatement en République indépendante ».[4]

Cette marche vers l'autonomie municipale, donc vers la Commune, va être accélérée par plusieurs décisions maladroites et provocantes pour les Parisiens.

D'abord, l'Assemblée de Bordeaux change le mode de rémunération des gardes nationaux. Leur indemnité est supprimée, sauf pour ceux qui présenteront un certificat d'indigence, ce qui est humiliant pour les intéressés, ainsi obligés d'afficher leur misère.

Ensuite, elle supprime les moratoires qui avaient été précédemment institués à la fois pour les loyers et pour les effets de commerce, ce qui précipite une grande partie des locataires et des artisans et commerçants dans la précarité.

Enfin, elle décide d'aller siéger non à Paris, « chef-lieu de la révolte organisée », aux dires de beaucoup de députés conservateurs, mais à Versailles « loin des pavés de l'émeute ». De surcroît, elle décide de supprimer plusieurs journaux républicains et de traduire en justice certains chefs révolutionnaires, entre autres Blanqui et Flourens.

Toutes ces mesures aggravent les difficultés économiques de la capitale, font monter la tension mais, surtout, soudent les classes populaires – ouvriers, artisans, commerçants, petits patrons de l'industrie – autour de leur Garde nationale. D'autant que beaucoup de bourgeois n'ont pas attendu ces jours difficiles pour fuir Paris et se réfugier en province.

Une sorte de front de classes se constitue donc dans la capitale contre l'Assemblée et contre le gouvernement de Thiers. Deux mondes de plus en plus hostiles se trouvent face à face : d'une part l'Assemblée qui siège désormais à Versailles, que certains républicains qualifient avec mépris « d'Assemblée de ruraux ! » et qui exprime le vœu majoritaire de la province d'en finir avec la guerre, et d'autre part un Paris populaire et souffrant, disposant d'armes et de canons, animé comme en 1792 d'un irréductible patriotisme jacobin – une « fièvre héroïque » dira Victor Hugo - et décidé à mettre en œuvre de profondes réformes sociales.

D'un côté des bourgeois conservateurs, de l'autre des républicains radicaux ou, plus fréquemment, révolutionnaires.

Entre les deux : un fossé, voire un abîme, de haine et d'incompréhension.

Le décor est planté pour que Paris fasse sécession et que s'enclenche, à la moindre maladresse, l'infernale mécanique de la guerre civile.

Entre Paris et Versailles, quelques hommes de bonne volonté vont se dépenser pour tenter une impossible conciliation : les maires d'arrondissement et, à leur tête, Clemenceau. Mais une ultime – et grave – maladresse du gouvernement coupe court à ces efforts et met le feu aux poudres : la tentative de reprise des canons parqués au sommet de la butte Montmartre.

Le 17 mars 1871 au soir, Thiers réunit d'urgence son Conseil des ministres. Y participent exceptionnellement : Jules Ferry, qui a été nommé maire de Paris en remplacement d'Etienne Arago, le préfet de police Valentin et les généraux Vinoy et d'Aurelle de Paladine. Ce Conseil décide, malgré les réticences de Vinoy et d'Aurelle mais sur la pression ferme et insistante de Jules Ferry, que les canons de Montmartre seront repris dès le lendemain matin à l'aube.

Le 18 mars, entre trois et cinq heures du matin, des troupes aux ordres du général Jules Lecomte envahissent la butte sans rencontrer de résistance et occupent les points stratégiques de l'arrondissement. Au parc d'artillerie situé à l'emplacement actuel du Sacré-Cœur (en 1871 la basilique n'a pas encore été construite) un garde national en sentinelle près des canons fait les sommations d'usage. Pour toute réponse il reçoit une balle dans le corps. Il est transporté dans un local voisin. Louise Michel accourt pour lui donner les premiers soins, bientôt rejointe par Georges Clemenceau. Ils demandent l'évacuation du blessé vers l'hôpital mais le général Lecomte refuse, ce qui a pour effet de scandaliser la foule qui commence de se former. Comme les attelages pour emporter les canons tardent à arriver, Louise Michel profite de ce retard et se répand dans les rues aux cris de « Trahison ! ». Les tambours battent le rappel. Tout Montmartre se réveille. Bientôt une masse humaine se forme et converge vers le parc d'artillerie. Femmes et enfants se couchent sur les canons pour empêcher qu'on les emporte. Par trois fois, le général Lecomte ordonne à ses soldats de charger leurs fusils et de sortir les baïonnettes pour disperser la foule. La troupe refuse, met crosse en l'air, fraternise avec la population. Lecomte et son état-major sont faits prisonniers et le général, sous la contrainte, signe l'ordre d'évacuation de la butte.

Alors, dans tout Paris où la nouvelle s'est propagée à la vitesse de l'éclair, la troupe fraternise avec le peuple. Les chefs militaires se trouvent devant des mutineries militaires en chaîne. Le général Vinoy décide d'évacuer la capitale. Des barricades s'élèvent dans les quartiers populaires et des manifestations se forment aux cris de « Vive la République ! »

A Montmartre, jusqu'en milieu d'après-midi, la situation est calme. Sauf que le général Clément Thomas, qui s'était illustré en 1848 dans la répression contre les ouvriers, est reconnu par la foule alors que, habillé en civil, il notait l'emplacement des barricades place Pigalle. Arrêté, il rejoint en détention le général Lecomte.

Clemenceau, quant à lui, a décidé de ne pas quitter sa mairie. Il s'occupe du sort des gendarmes et des gardiens de la paix qui ont été faits prisonniers le matin. Il les fait mettre en lieu sûr et en confie la garde à son adjoint Jaclard.

Vers seize heure trente, on vient le prévenir que des troubles ont lieu au numéro six de la rue des Rosiers, là où sont détenus les généraux Lecomte et Thomas. Il est le seul, lui assure-t-on, à pouvoir calmer la foule, sinon les prisonniers risquent d'être fusillés. Il passe son écharpe de maire et se précipite à l'extérieur. Trop tard ! En cours de route il apprend que les deux généraux ont été exécutés. Il gagne quand même la rue des Rosiers et arrive à l'instant où des gardes nationaux emmènent d'autres officiers sous les huées. Il se jette à la tête du cortège, les prend sous sa protection et, se frayant un chemin au milieu d'une foule menaçante et vociférante, parvient à descendre la butte et à mettre les officiers à l'abri.

Toute sa vie il se souviendra de ces atroces minutes :

« Il y avait là, racontera-t-il souvent, des chasseurs, des soldats de la ligne, des gardes nationaux, des femmes et des enfants. Tout cela poussait des cris de bêtes sauvages, sans bien se rendre compte de ce qu'ils faisaient. J'ai observé là le phénomène pathologique qu'on pourrait appeler le délire du sang. Un souffle de folie paraissait avoir passé sur cette foule : des enfants montés sur un mur agitaient je ne sais quels trophées, des femmes échevelées, défaites, tordaient leurs bras nus en poussant des cris rauques d'ailleurs dénués de sens. Il y avait là un de ces phénomènes si fréquents au Moyen Age, qui se produisent encore dans les agglomérations humaines sous le coup de quelque puissante émotion. » [5]

Ce même 18 mars où se déroulent ces dramatiques événements qui donneront naissance à la Commune de Paris, Victor Hugo, écrasé par le chagrin, enterre son fils Charles, âgé de quarante-cinq ans, mort subitement à Bordeaux d'une foudroyante crise cardiaque, cinq jours plus tôt.

C'est au milieu d'un peuple en armes qui élève des barricades que le cortège funèbre se fraie un chemin vers le cimetière du Père-Lachaise.

« A midi, raconte Victor Hugo, nous partons pour le Père-Lachaise. Je suis le corbillard, tête nue. Tous nos amis suivent, et le peuple. On crie : « Chapeaux bas ! » place de la Bastille, il se fait autour du corbillard une garde d'honneur spontanée de gardes nationaux qui passent le fusil abaissé. Sur tout le parcours jusqu'au cimetière, des bataillons de la Garde nationale rangés en bataille présentent les armes et saluent du drapeau. Les tambours battent aux champs. Les clairons sonnent. Le peuple attend que je sois passé et reste silencieux, puis crie : « Vive la République ! » [...] Il y avait partout des barricades qui nous ont forcés à de longs détours. » [6]

Le 24 mars, dans ses *Carnets,* il notera :

« L'état de Paris est grave. Thiers, en voulant reprendre les canons, a été fin là où il fallait être profond. Il a jeté l'étincelle sur la poudrière. Thiers, c'est l'étourderie préméditée. En voulant éteindre la lutte politique, il a allumé la guerre sociale. » [7]

C'est bien une guerre sociale qui commence en effet entre un Paris populaire armé et maintenant en alerte derrière ses barricades et un gouvernement réfugié à Versailles soutenu par la bourgeoisie et plus décidé que jamais à réduire cette insurrection.

Fût-ce au prix d'un bain de sang.

6

L'impossible conciliation

Le dimanche 19 mars au matin, au lendemain de la tentative ratée de reprise des canons de Montmartre, Paris se réveille hérissé de barricades.

Thiers à donné ordre à ses ministres et aux troupes régulières de quitter la capitale et de s'installer, eux aussi, à Versailles.

Déjà, il a conçu le projet de réorganiser l'armée et, le moment venu, de réinvestir Paris par la force.

Avant de quitter son ministère, Ernest Picard, ministre de l'Intérieur, signe un décret confiant l'administration provisoire de la ville à la réunion des maires. En effet, les maires d'arrondissement, leurs adjoints et les députés restés dans la capitale, sont les seules autorités élues – donc légales – qui subsistent au milieu de la tourmente.

En face, le pouvoir insurrectionnel est représenté par le Comité central de la fédération républicaine de la Garde nationale. Il prend immédiatement deux décisions. La première est d'occuper l'Hôtel de ville. La seconde, d'organiser des élections dans les plus brefs délais pour transformer son pouvoir insurrectionnel en pouvoir élu.

Alors, dans les heures qui suivent, s'engage une sorte de course contre la fatalité. Les maires d'arrondissement emmenés par Clemenceau et Louis Blanc vont tenter désespérément d'éviter le pire en se posant en conciliateurs entre Paris et Versailles.

Le 19 mars en début de soirée une première réunion a lieu à l'Hôtel de ville entre les membres du Comité central et une délégation de maires conduite par Clemenceau :

« Quelle que puissent être nos espérances et nos revendications, explique ce dernier, nous ne pouvons nous insurger contre la France. Le gouvernement a eu tort de déchaîner les colères de Paris, mais Paris doit reconnaître l'Assemblée nationale. Le Comité n'a qu'une chose à faire : se retirer, et céder l'Hôtel de ville aux maires et députés, qui seuls peuvent demander et obtenir de l'Assemblée la reconnaissance des droits de Paris. » [1]

Légalité d'abord ! Telle est, d'entrée, la position de Clemenceau : elle ne variera jamais. A quoi plusieurs membres du Comité répliquent qu'il n'est pas question de reconnaître l'Assemblée de Versailles. Au contraire, Paris doit, selon eux, se constituer en Commune autonome. Les Communards non plus ne varieront jamais. Leur position se résume en trois points : rejet d'une Assemblée rurale et capitularde incapable d'instituer la République, guerre à outrance aux Prussiens, instauration d'une Commune autonome de Paris se fédérant avec d'autres Communes autonomes de province.

Finalement, après une nuit à multiples rebondissements, un terrain d'entente semble trouvé. Louis Blanc rédige une affiche que signent maires et députés. Elle proclame :

« Pénétrés de la nécessité absolue de sauver Paris et la République en écartant toute cause de collision, et convaincus que le meilleur moyen d'atteindre ce but suprême est de donner satisfaction aux vœux légitimes du peuple, nous avons résolu de demander à l'Assemblée nationale l'adoption de deux mesures qui, nous en avons l'espoir, contribueront, si elles sont adoptées, à ramener le calme dans les esprits.

« Ces deux mesures sont : l'élection de tous les chefs de la Garde nationale et l'établissement d'un conseil municipal élu par tous les citoyens.

« Ce que nous voulons, ce que le bien public réclame en toute circonstance et que la situation présente rend plus indispensable que jamais, c'est l'ordre dans la liberté et par la liberté. » [2]

Dès le lundi 20 mars au matin, maires et députés de Paris gagnent Versailles.

A l 'Assemblée, le président Jules Grévy décide d'accueillir les maires et les adjoints, en tant qu'auditeurs, dans l'une des tribunes réservées au public pendant que les députés, dans l'hémicycle, présenteront leurs propositions.

Clemenceau prend la parole pour supplier ses collègues d'organiser immédiatement l'élection d'un conseil municipal. Ses propos sont reçus par les huées de la droite. La séance est houleuse. Benoît Malon, l'un des adjoints d'arrondissement, raconte :

« Je quitte le palais de l'Assemblée sous le coup de la plus douloureuse émotion. La séance vient de se terminer par l'une de ces épouvantables tempêtes parlementaires dont les seules annales de la Convention nous aient légué le souvenir ; mais du moins, quand on relit ces sombres pages de la fin du siècle dernier, le dénouement console toujours des tristesses tragiques du drame. La patrie, la République sortent plus grandes de ces crises, et le débat plus tourmenté enfante quelque héroïque résolution.

« Vous ne trouverez rien de pareil au bas de mon récit.

« Les deux premières tribunes de droite de la première galerie s'ouvrent et treize maires de Paris, l'écharpe en sautoir, apparaissent.

« Aussitôt éclatent, sur tous les bancs de la gauche, des applaudissements frénétiques et des cris répétés de Vive la République ! Quelques-uns ajoutent : Vive la France !

« Alors, sur quelques bancs de la droite, ce n'est plus de la colère, c'est de la fureur, du délire ; on crie à l'attentat, on montre le poing aux maires.

« Bon nombre de députés s'élancent vers la tribune, montrant le poing au président ; le tumulte est effroyable, indescriptible.

« Enfin, d'épuisement sans doute, le bruit diminue, l'extrême droite se couvre et commence à gagner la porte.

« Le président, qui avait sonné la cloche d'alarme pendant toute cette tempête, se couvre et déclare la séance levée, l'ordre du jour étant épuisé. L'agitation est à son comble dans les tribunes qui s'évacuent lentement.

« Les pauvres maires restent là debout, la contenance embarrassée, la figure désolée [...] C'est ainsi que les gens de Versailles comprenaient et voulaient la réconciliation.

« - Vous porterez, cria Clemenceau à l'Assemblée, la peine de ce qui va arriver ! » [3]

Après plusieurs jours de débats, l'affaire est entendue : ni Thiers, ni la majorité conservatrice de l'Assemblée ne veulent faire quelque concession que ce soit. Au contraire, ils décident, le 23 mars, d'appeler la province à lever contre Paris un bataillon de volontaires par département.

La mécanique infernale est enclenchée. Rien ne pourra l'arrêter.

Le 24 mars, le Comité central de la Garde nationale décide lui aussi d'en finir avec la politique de conciliation : il convoque les électeurs pour le dimanche 26 mars en vue d'élire une Commune de Paris.

Clemenceau et son ami Floquet constatent avec désespoir que ni à Versailles, ni à Paris, on ne veut faire le moindre pas vers l'autre :

« Ils ne veulent rien entendre, ni rien faire ! Ces gens-là sont fous ! Nous sommes pris entre deux bandes de fous : ceux qui siègent à Versailles et ceux qui sont à l'Hôtel de ville ! » [4]

Accusé de sympathies révolutionnaires par l'Assemblée conservatrice de Versailles et par Thiers, suspecté de pratiquer un double jeu par le Comité central de Paris, Georges Clemenceau va être victime de cette soudaine désaffection qui frappe souvent ceux qui se sont interposés entre deux camps ennemis sans parvenir à en fléchir aucun. Toutes ses tentatives de conciliation s'étant terminées par des échecs, il va être rejeté par ses électeurs eux-mêmes.

Le dimanche 26 mars 1871, lors des élections décidées par le Comité central pour élire une Commune, sa défaite est sans appel. Il ne recueille que 752 voix sur 17 443 votants. En revanche, son adversaire révolutionnaire est élu avec 14 661 voix.

Toutefois, il n'est pas le seul à subir un échec d'une telle ampleur. Les autres partisans d'une conciliation sont, eux aussi, laminés dans leurs arrondissements. Au total, ils n'auront que 19 sièges sur 65.

Paris vient de basculer officiellement dans le camp des révolutionnaires.

La Commune est proclamée.

La passion l'emporte sur la raison.

Désormais, face à Versailles, la Commune se dresse comme un pouvoir autonome, intransigeant et adverse. Et un pouvoir, de surcroît, investi par l'élection du peuple.

Dès le lendemain Georges Clemenceau tire toutes les conséquences de la perte de confiance qu'il vient d'éprouver de la part de ses électeurs : il adresse à Jules Grévy sa démission de député de Paris.

Ne disposant plus d'aucun mandat électif, il n'abandonne pas la capitale pour autant. Il fonde une « Ligue de l'Union républicaine des Droits de Paris ». Par ce moyen, il réitère ses tentatives de conciliation. Ainsi adresse-t-il, au nom de cette Ligue, plusieurs manifestes aussi bien à Thiers qu'aux dirigeants de la Commune, mais en vain. Il change alors de tactique et en appelle aux villes de France où prévaut une majorité républicaine. Il leur demande d'agir auprès du gouvernement pour éviter la guerre civile. Début mai, il quitte Paris pour rencontrer les municipalités d'Orléans, d'Alençon, de Nantes, de Bordeaux. D'autant que des élections municipales, qui ont eu lieu fin avril en province, ont porté des républicains à la tête de nombreuses cités.

Fin mai, quand il rentre à Paris, il ne peut pénétrer dans la ville. La Semaine Sanglante vient de commencer. On se bat sans pitié. Les Versaillais, qui ont envahi plusieurs quartiers, sont en train d'écraser les Communards. Ceux-ci, en reculant, mettent le feu à de nombreux monuments, dont l'Hôtel de ville. En accord avec Thiers, les Prussiens bloquent les entrées de la capitale : Paris est à feu et à sang. Clemenceau ne verra pas cet épouvantable spectacle dont, plus tard, à la tribune de la Chambre des députés, il dressera l'effrayant bilan. [5]

Le bilan de cette tragédie est en effet l'un des plus atroces de notre histoire. 900 morts et 6 500 blessés du côté des troupes versaillaises. Près de 4000 morts du côté des Communards. Surtout, de nombreux insurgés ont été pris les armes à la main et seront fusillés, entre le 27 mai et le 7 juin, soit sans aucun jugement soit après le verdict de cours prévôtales installées à la hâte. Clemenceau avance le nombre de 17 000 personnes victimes de ces exécutions sommaires mais précise qu'il est sans doute en-dessous de la vérité. Dans ses *carnets*, Victor Hugo raconte que l'épouse de l'un de ses amis, qui venait d'accoucher, et qui demeurait à Passy « a été fin mai et commencement de juin douze jours et douze nuits sans dormir, à cause des feux de peloton, des fusillades et des cris d'hommes et d'enfants qu'on fusillait dans le bois de Boulogne sans interruption jour et nuit. » [6]

Enfin, 43 500 arrestations ont eu lieu. Les prisonniers sont dispersés dans toute la France en attendant leur jugement. Il a même fallu en incarcérer dans des bateaux amarrés à des pontons et transformés en prisons provisoires. 26 conseils de guerre siègent en permanence. Une centaine de prévenus sont fusillés. 35 000 bénéficient d'une ordonnance de non-lieu. 5496 condamnations sont prononcées. Elles se décomposent en 3 609 déportés, 240 condamnations aux travaux forcés et 1 647 peines diverses. Ceux qui sont condamnés aux travaux forcés ou à la déportation seront détenus dans des forts en France ou dans des îles comme la Nouvelle-Calédonie.

Ce sera le cas de Louise Michel.

Elle s'est battue jusqu'à la dernière heure sur plusieurs barricades, a réussi à échapper aux Versaillais mais s'est ensuite livrée pour faire libérer sa mère qui venait d'être arrêtée. Lors de son procès elle a fait face à ses juges militaires avec un rare courage, demandant à être fusillée. Elle a refusé l'assistance d'un défenseur et a jeté au tribunal :

« Je ne veux pas me défendre, je ne veux pas être défendue ; j'appartiens tout entière à la révolution sociale et je déclare accepter la responsabilité de tous mes actes. La Révolution sociale est le plus cher de mes vœux ; bien plus, je me fais honneur d'être l'un des promoteurs de la Commune [...] Ce que je réclame de vous, qui vous affirmez conseil de guerre, qui vous donnez comme mes juges, de vous qui êtes des militaires et qui jugez à la face de tous, c'est le champ de Satory, où sont déjà tombés nos frères.

« Il faut me retrancher de la société ; on vous dit de le faire, eh bien ! on a raison. Puisqu'il semble que tout cœur qui bat pour la liberté n'a droit qu'à un peu de plomb, j'en réclame une part. Si vous me laissez vivre, je ne cesserai de crier vengeance. Si vous n'êtes pas des lâches, tuez moi... » [7]

Finalement, elle est condamnée à la déportation et sera envoyée en détention en Nouvelle-Calédonie.

Ayant quitté Paris où il ne peut pénétrer durant la Semaine Sanglante, Clemenceau rentre en Vendée. Il n'y reste pas longtemps car le gouvernement, après avoir écrasé la Commune, se lance dans une politique de répression à l'encontre des Communards réfugiés en province. Soupçonné de sympathie pour les insurgés, Clemenceau juge prudent de se cacher pendant quelques semaines. Il se réfugie à Thann, en Alsace annexée, chez son ami Auguste Scheurer-Kestner.

La situation politique s'étant apaisée, il est de retour à Paris à la mi-juin. Il retrouve une ville dévastée et meurtrie.

En juillet, pour remettre la capitale en marche, le gouvernement y organise des élections municipales. Clemenceau est candidat. Il retrouve la confiance de ses électeurs. Il est élu conseiller de Clignancourt, l'un des quartiers de Montmartre.

Pendant cinq ans, de 1871 à 1876, il se consacre en totalité à cette fonction. En novembre 1875, il est même élu par ses pairs président du Conseil municipal de Paris.

La majeure partie de son activité s'exerce dans le domaine social. Il ouvre un dispensaire sur la butte Montmartre, où il prodigue ses soins de médecin, la plupart du temps gratuitement. Ce dispensaire fonctionnera jusqu'en 1885. Il s'intéresse au problème des enfants assistés et explique que cette question est l'une des plus importantes car il faut arracher à la misère, à la dégradation, à la mort des milliers de créatures humaines. Comme il est aussi membre de droit du

Conseil général de la Seine, il étend au département tout entier son action en faveur des enfants d'hospice et met en place un ensemble de mesures qui visent à prévenir l'abandon des enfants par les mères. Il ne dissocie pas le problème de la santé des jeunes de celui de leur instruction. Il appartient d'ailleurs à la commission « Instruction publique – Assistance publique » de la municipalité dont il est un animateur très actif. Il lutte encore contre les logements insalubres et, en matière d'hygiène publique, demande que les cimetières soient repoussés à vingt-cinq kilomètres de la cité. La situation des hôpitaux de Paris ne le laisse pas indifférent après les tragiques épreuves du Siège et de la Commune.

Toute cette action s'inscrit dans une perspective politique qui sera toujours la sienne, à savoir : la France a un urgent besoin de grandes réformes économiques et sociales. Elles ne pourront être réalisées que par une République laïque soustraite aux influences des dogmes et qui sépare avec clarté le domaine de la loi de celui de la foi.

Parfois, il s'échappe de Paris pour de courts séjours en Vendée. D'autant qu'en 1872 est née sa seconde fille, Thérèse, et, en 1873, son fils Michel.

C'est aussi à cette époque que se situe son premier duel. Son adversaire est un officier qui avait laissé entendre, en déposant devant une commission d'enquête relative aux événements de la Commune, que le maire de Montmartre pourrait bien avoir eu quelque responsabilité dans l'exécution des généraux Lecomte et Thomas. Se jugeant gravement offensé, Clemenceau demande réparation à l'intéressé. Les deux hommes s'affrontent au pistolet. L'officier reçoit une balle dans la cuisse. Clemenceau dira plus tard que c'est volontairement qu'il a visé aux jambes afin d'épargner la vie d'un membre de l'armée française.

De ce duel date sa réputation de redoutable tireur.

N'empêche que cet incident lui vaut de passer en justice, d'être condamné et d'être incarcéré du 9 au 24 novembre 1872.

En 1875, l'Assemblée nationale se saisit enfin de la question des Institutions, laissée en suspens par le Pacte de Bordeaux, et vote une série de lois constitutionnelles qui fondent la République (à une voix de majorité).

Le pouvoir législatif est confié à deux Assemblées : la Chambre des députés, élue au suffrage universel et le Sénat, élu au suffrage restreint.

Il y aura un président de la République élu pour sept ans par le Sénat et la Chambre des députés.

Après le vote de ces diverses lois constitutionnelles, l'Assemblée nationale élue en février 1871 pour décider de la paix ou de la guerre, prononce sa propre dissolution le 31 décembre 1875. Des élections législatives pour former une nouvelle Chambre sont fixées à février et mars 1876. Clemenceau, candidat, proclame dans son programme :

« Le but que nous vous proposons, c'est l'accomplissement de la grande rénovation de 1789, inaugurée par la bourgeoisie française et abandonnée par elle avant son achèvement. »

Et, déjà, il plaide pour la révision de la nouvelle Constitution en vue d'y supprimer la Présidence de la République et le Sénat. Mais le centre de sa démarche est l'extension des libertés, de toutes les libertés.

Le secteur de Montmartre le soutient massivement. Il est élu député de sa circonscription par 15 204 voix sur 19 964 votants. Son adversaire de droite n'a recueilli que 3 772 suffrages.

C'est presque un plébiscite.

Les événements exceptionnels que Georges Clemenceau vient de traverser – la guerre de 1870, la chute du Second Empire, la mairie de Montmartre, l'exécution des généraux Lecomte et Thomas, l'impossible conciliation entre Versaillais et Communards, la Semaine Sanglante, l'impitoyable répression des insurgés – tout cela a accentué et fortifié les traits initiaux de son tempérament politique.

Au sortir de cette période, et à la lecture de son programme électoral, il est permis d'affirmer que ce Clemenceau-là se résume en trois adjectifs : c'est un républicain qui se proclame radical, anticlérical et social.

Radical, à l'époque, signifie d'extrême gauche. Dès ses premiers pas en politique, Clemenceau se situe à la gauche de la gauche parlementaire. Il n'est pas encore entré en conflit avec la gauche qui sera qualifiée « d'opportuniste » – Gambetta et Ferry, notamment – mais cela ne va pas tarder. Pendant le Siège et la Commune de Paris, il a éprouvé plus de sympathie pour une révolutionnaire comme Louise Michel que pour un grand bourgeois comme Jules Ferry, lequel, de surcroît, a été, avec Thiers, à l'origine de l'affaire des canons de Montmartre, ce que Clemenceau ne lui pardonnera jamais. Que Jules Ferry ait imprudemment poussé Thiers à reprendre des canons payés par les sacrifices des Parisiens, déclenchant ainsi le processus de la guerre civile, est une attitude que Clemenceau n'oubliera jamais. Elle explique en partie la vindicte avec laquelle il poursuivra sans relâche ce vieil adversaire.

Néanmoins, observons ceci : l'extrémisme de Clemenceau s'exprimera toujours dans le cadre de la légalité républicaine. Jamais il ne franchira la ligne qui sépare la légalité de l'aventure. La raison est simple : il croit à la valeur du suffrage universel, règle suprême, selon lui, de la République parlementaire.

Louise Michel dénoncera cette croyance dans le parlementarisme :

« Les indécisions qu'on lui reproche, écrira-t-elle, viennent de son illusion d'attendre encore quelque progrès du parlementarisme mort ; cette illusion est le microbe qu'il a rapporté de l'Assemblée, tout en fuyant l'Assemblée de Bordeaux.

« Sa place est dans la rue et les circonstances l'y traîneront, au jour d'indignation ; c'est ce qui lui reste du tempérament révolutionnaire. » [9]

Louise Michel avait tort. Jamais Clemenceau ne souscrira à cette idée que sa place est dans la rue. Toujours, il considérera que sa vocation est à la tribune, autrement dit au Parlement.

Clemenceau sera un révolutionnaire mais dans la légalité.

Pour ce qui est de son anticléricalisme, il marche de pair avec son radicalisme. Ce sont comme deux faces d'une même médaille. Pour lui, la vraie République est celle qui a su se dégager de toutes les influences cléricales et qui se tient à égale distance de toutes les confessions religieuses. On a vu dans sa lettre aux instituteurs de Montmartre le prix qu'il attache au respect scrupuleux de la conscience des enfants et des familles. L'une de ses attitudes les plus constantes sera de plaider sans relâche pour la séparation des Eglises et de l'Etat. Toutefois, son attachement aux libertés est tel qu'il se méfiera toujours du cléricalisme des anticléricaux, lesquels, à leur tour, peuvent devenir, au nom de leur idéal de laïcité poussé à l'extrême, des oppresseurs de l'esprit. Ainsi, un jour, qualifiera-t-il l'acharnement avec lequel Emile Combes poursuivra les religieux de « jésuitisme retourné ».

Mais le plus important reste l'intérêt porté aux problèmes sociaux. A cela, deux raisons : sa formation de médecin, son expérience douloureuse de maire de Montmartre.

Rappelons ici que ce que l'on appelle à cette époque le « problème social », concerne principalement la situation des ouvriers dans les premiers temps de l'industrialisation. Cette question sociale apparaît en France dans les années 1830-1840. C'est dans ces années-là qu'a lieu une première prise de conscience de la gravité d'un tel problème avec l'enquête que le docteur Villermé, à la demande de l'Institut de France, mène dans le Nord et dans l'Est sur l'état physique et moral des ouvriers employés dans les manufactures du textile. Au passage, soulignons ceci : la première loi issue de cette enquête, et qui limite à huit heures par jour le travail des enfants de huit à douze ans, date de 1841, l'année même de la naissance de Clemenceau.

Face à l'exploitation, aux inégalités, à la misère engendrées par cette industrialisation, quatre types de réponse vont être apportés par les personnes soucieuses de l'importance du phénomène : la charité chrétienne, la philanthropie laïque, la justice sociale, le socialisme.

Georges Clemenceau sera constamment l'homme de la justice sociale.

S'il éprouve de l'estime pour le vieux Blanqui, pour Louise Michel, pour le Victor Hugo des *Misérables*, c'est en raison de leurs engagements, à tous les trois, en faveur de la justice sociale. Et il n'oublie pas que ses administrés de Montmartre, en 1870 et 1871, aspiraient à l'établissement d'une République « démocratique et sociale ».

Clemenceau n'est pas et ne sera jamais socialiste. Il craint trop que les divers systèmes socialistes n'aboutissent à l'écrasement des individus et des libertés. Mais, de tous les grands républicains des débuts de la Troisième

République, il sera le plus attentif au problème social, ainsi que le prouve sa profession de foi électorale de 1876 qui annonce ses orientations futures :

« Nous, les républicains radicaux, nous voulons la République pour ses conséquences naturelles : les grandes et fécondes réformes sociales qu'elle entraîne. Il ne s'agit plus que de savoir s'il faut accélérer ou ralentir notre marche en avant dans l'accomplissement depuis si longtemps poursuivi de la réorganisation démocratique et sociale. » [10]

Déjà, s'annonce la grande fracture d'avec Gambetta qui, de son côté, ne craindra pas de proclamer : « Il n'y a pas de question sociale ! » [11]

Voilà donc, en 1876, comment se présente le Clemenceau qui vient d'être élu député et qui s'apprête à faire son entrée à la Chambre. C'est un homme encore jeune, trente-cinq ans, mais qui a déjà traversé de dramatiques épreuves. Après les tragédies de la guerre et de la Commune, il faut reconstruire. Non seulement des institutions, cela vient d'être réalisé par les lois constitutionnelles, mais une nation.

Mais pour rebâtir une nation il faut d'abord amnistier.

Amnistier ces milliers d'anciens Communards emprisonnés, déportés, bannis, proscrits.

La réconciliation nationale est à ce prix : c'est un préalable à la reconstruction.

7

La Justice : un journal pour combattre les républicains opportunistes

« La parole est à Monsieur Georges Clemenceau. »

Aussitôt un grand silence tombe sur les bancs des députés et dans les tribunes du public.

Tous les regards convergent vers ce jeune parlementaire qui, déjà, a beaucoup fait parler de lui, surtout pendant le siège de Paris et les événements de la Commune. Cinq ans ont passé mais on se souvient qu'il était l'ami de Blanqui et de Louise Michel. On se rappelle aussi que d'une main qui n'a pas tremblé il a envoyé une balle de pistolet dans la cuisse d'un officier qui l'avait offensé. Le voilà donc, ce médecin à la réputation sulfureuse, cet extrémiste de gauche, ce jacobin, ce républicain qui se qualifie de radical et qui ne craint pas d'effrayer les bons bourgeois en se réclamant sans cesse de la Grande Révolution.

Rien de surprenant si tout le monde l'observe alors qu'il gravit d'un pas agile les quelques marches qui mènent à la tribune des orateurs. En ce mardi 16 mai 1876, alors qu'il n'est député que depuis quelques semaines, c'est son premier grand discours. Maintenant qu'il est là, face à l'assistance, on peut mieux le contempler. De taille moyenne, mince, élégant, cambré. On dit que c'est un excellent cavalier. Il en possède l'allure et la vivacité. Ce qui frappe surtout, c'est le visage. Front immense et déjà dégarni, cheveux ras, épaisse moustache noire tombante, sourcils broussailleux. A cause des pommettes saillantes, les frères Goncourt diront qu'il a le visage d'un Kalmouk. Et il est vrai qu'il semble arriver d'une lointaine Mongolie, cet hommes aux mouvements brusques, au regard perçant, à la démarche énergique. Sont-ce ses origines vendéennes qui lui donnent cet aspect sauvage et dominateur ? La Vendée, tout le monde le sait, est terre de rebelles et d'irréductibles. Elle conserve dans les creux de ses chemins bocagers et le profond de ses fourrés des restes de sauvagerie, comme l'ont montré les guerres que la Révolution a dû entreprendre pour mater cette population ardente. Mais aujourd'hui, ce n'est pas de Vendée qu'arrive Georges Clemenceau mais d'un quartier de Paris, Montmartre, qui vient de l'élire député.

Montmartre ! l'un des cœurs encore saignants de la Commune.

Précisément, cinq ans après, et au risque de déplaire, c'est toujours de la tragédie de la Commune que va parler Georges Clemenceau : il vient de monter à la tribune pour défendre diverses propositions déposées par lui-même et ses amis radicaux en vue d'accorder une amnistie pleine et entière aux Communards encore détenus.

La nouvelle Chambre des députés devant laquelle il s'exprime est composée d'une large majorité de Républicains. Ils ont gagné les dernières élections. Ils sont 340 sur un total de 533. Toutefois, la plupart sont de bourgeoisie aisée, membres de professions libérales, respectueux de la propriété et de l'ordre social. N'est-ce pas l'un des plus illustres d'entre eux, Jules Simon, qui a déclaré de manière fort significative : « Je suis, vous le savez, Messieurs, profondément républicain et profondément conservateur. » [1]

La République dont ils rêvent n'est pas celle, démocratique et sociale, des Communards. Ils la veulent sagement progressiste, libérée de l'influence de l'Eglise mais surtout pas révolutionnaire. Clemenceau va avoir fort à faire pour les convaincre d'amnistier les anciens Communards.

Toute la première partie de son discours est une défense de l'attitude de Paris pendant les événements :

« Il s'agit de savoir, dit-il, si la ville de Paris a été la proie d'une troupe innombrable de bandits qui, après avoir combiné, organisé une insurrection, après avoir préparé un plan d'exécution, se sont rués sur cette ville pour la dévaster, la piller, l'incendier, la détruire ; ou bien plutôt si la population républicaine de cette malheureuse ville ne s'est pas trouvée, dans sa grande majorité, placée dans des circonstances qu'il n'a pas dépendu d'elle d'éviter, dont elle n'a été responsable à aucun degré, et qui l'ont menée, par un enchaînement de fatalités auxquelles il n'a pas dépendu d'elle de se soustraire, de l'Empire à l'invasion, à la défaire, à la désorganisation, et, de secousse en secousse, jusque dans les convulsions de la plus effroyable guerre civile. »

Après avoir analysé les principaux événements des années 1870 et 1871, après avoir énuméré les privations, vexations, provocations, abandons dont Paris fut la victime il poursuit :

« Et maintenant j'ai le droit de dire que si vous examinez l'histoire des insurrections, vous ne trouverez pas un mouvement insurrectionnel où la préméditation ait été moindre, où l'action de la volonté humaine sur la marche des événements ait été moindre, où les responsabilités engagées aient été plus nombreuses et plus diverses. »

Et de conclure :

« Je vous dis que c'est seulement par la réconciliation des classes, par la réconciliation de tous les citoyens que vous ferez l'apaisement social que nous désirons tous.

« Je vous demande de proclamer l'amnistie pendant que c'est une preuve de force, et de ne pas attendre que l'opinion l'exige et que ce soit pour vous une preuve de faiblesse. Vous serez toujours forts si vous gouvernez avec le pays ; vous serez toujours faibles si vous gouvernez contre lui. »[2]

Après trois jours de débats, Dufaure, président du Conseil, demande à la Chambre de repousser les diverses propositions d'amnistie. Ces dernières ne recueillent que 50 voix en leur faveur sur 442 votants.

La plaie ouverte par la guerre civile n'est toujours pas fermée.

Six jours après l'intervention de Clemenceau à la Chambre des députés une autre voix, ô combien plus puissante ! s'élève au Sénat pour demander, elle aussi, l'amnistie des Communards : celle de Victor Hugo.

L'illustre écrivain a été élu quelques mois plus tôt sénateur de Paris. C'est d'ailleurs Clemenceau, à l'époque président du Conseil de la capitale, qui lui a annoncé son élection.

Quand le patriarche des Lettres – il a soixante-quatorze ans – monte à la tribune, l'émotion est intense dans l'assistance, saisie de respect et d'admiration pour ce vieux lutteur de la liberté qui, maintenant, incarne à lui seul la République.

S'élevant au-dessus de la politique et des polémiques, tout son discours est placé sous le signe de la plus haute humanité.

S'il plaide en faveur d'un retour des Communards dans leurs foyers c'est d'abord au nom des femmes et des enfants, plongés dans la misère à cause de la déportation des hommes. Ainsi la loi, après avoir condamné des coupables, frappe-t-elle maintenant des innocents :

« Depuis cinq ans, dit-il, je remplis, dans la mesure de mes forces, un douloureux devoir. Je rends de temps en temps, et le plus fréquemment que je puis, de respectueuses visites à la misère. Oui, depuis cinq ans, j'ai souvent monté de tristes escaliers [...] J'ai vu des souffrances, des désolations, des indigences sans nom, tous les haillons du dénuement, toutes les pâleurs de la famine, et, quand j'ai demandé la cause de toute cette misère, on m'a répondu : c'est que l'homme est absent ! L'homme, c'est le point d'appui, c'est le travailleur, c'est le centre vivant et fort, c'est le pilier de la famille. L'homme n'y est pas, c'est pourquoi la misère y est. Alors j'ai dit : il faudrait que l'homme revînt. Et parce que je dis cela, j'entends des cris de malédiction. Et, ce qui est pire, des paroles d'ironie. Cela m'étonne, je l'avoue. Je me demande ce qu'ils ont fait, ces êtres accablés, ces vieillards, ces enfants, ces femmes ; ces veuves dont le mari n'est pas mort, ces orphelins dont le père est vivant ! Je me demande s'il est juste de punir tous ces groupes douloureux pour des fautes qu'ils n'ont pas commises. Je demande qu'on leur rende le père. Je suis stupéfait d'éveiller tant de colère parce que j'ai compassion de tant de détresse. »

Et l'émotion, dans l'assistance, redouble d'intensité quand l'auteur des *Misérables* en appelle à l'une des vertus les plus nobles de l'humanité : la clémence.

« Je suis en ce moment le porte-parole de la clémence. Si la clémence est une imprudence, c'est une belle imprudence, et la seule permise à mon âge ;

souvenez-vous qu'un excès de pitié, s'il pouvait y avoir excès dans la pitié, serait pardonnable chez celui qui a vécu beaucoup d'années, que celui qui a souffert a droit de protéger ceux qui souffrent, que c'est un vieillard qui vous sollicite pour des femmes et pour des enfants, et que c'est un proscrit qui vous parle pour des vaincus [...]

« La clémence n'est autre chose que la justice, plus juste. La justice ne voit que la faute, la clémence voit le coupable. A la justice, la faute apparaît dans une sorte d'isolement inexorable ; à la clémence, le coupable apparaît entouré d'innocents ; il a un père, une mère, une femme, des enfants, qui sont condamnés avec lui et qui subissent sa peine. Lui, il a le bagne ou l'exil ; eux, ils ont la misère. Ont-ils mérité le châtiment ? Non. L'endurent-ils ? Oui. Alors la clémence trouve la justice injuste. Elle s'interpose et elle fait grâce. La grâce, c'est la rectification sublime que fait à la justice d'en bas la justice d'en haut [...]

« Messieurs, ayez foi en vous-mêmes. L'intrépidité de la clémence est le plus beau spectacle qu'on puisse donner aux hommes. Mais ici la clémence n'est pas l'imprudence ; la clémence est la sagesse ; la clémence est la fin des colères et des haines ; la clémence est le désarmement de l'avenir. Ce que vous devez à la France, ce que la France attend de vous, c'est l'avenir apaisé.

« La pitié et la douceur sont de bons moyens de gouvernement. Placer au-dessus de la loi politique la loi morale, c'est l'unique moyen de subordonner toujours les révolutions à la civilisation. »[3]

Malgré ces paroles sublimes, l'échec de l'amnistie au Sénat est encore plus retentissant qu'à la Chambre : la proposition de Victor Hugo ne recueille que sept voix sur trois cents !

Dès ses premiers pas et ses premiers débats, la Troisième République affiche sa méfiance à l'endroit des extrêmes. Pour elle, amnistier les Communards ce serait réhabiliter la Commune, c'est-à-dire une forme libertaire, décentralisée, autogestionnaire et presque anarchique de la République. Les Gambetta, Ferry, Grévy, Simon et autres n'entendent pas sortir si rapidement les « rouges », les « partageux », les « insurrectionnels » de l'opprobre où ils sont plongés.

Cet échec n'émeut pas Clemenceau. Dans les mois et les années qui suivent il revient à la charge régulièrement en faveur des Communards et son discours de mai 1876 est suivi de beaucoup d'autres.

Cette constance dans le combat pour une amnistie pleine et entière est saluée par le vieux Blanqui, enfermé à la prison de Clairvaux et qui, en 1879, félicite Clemenceau pour son combat au Parlement :

« Tout d'abord, lui écrit-il, je vous serre énergiquement les deux mains à votre descente de la tribune le 21 février, l'un de vos plus beaux jours de triomphe. Devenez l'homme de l'avenir, le chef de la révolution. Elle n'a su ni pu en trouver depuis et y compris 1830. La chance lui en donne un, ne le lui enlevez pas. »[4]

Et quelques mois plus tard il reçoit de Louise Michel, déportée à Nouméa, une lettre de même tonalité :

« Cher citoyen Clemenceau,

« Se peut-il que vous supportiez l'avilissement du gouvernement Grévy ? Cette république qui porte un masque d'honnêteté sur son visage de prostituée me fait horreur.

« Je souhaite que dans cet humus qu'on appelle une grande nation germe quelque chose de bon ,mais j'en désespère. Au revoir, je voudrais vous voir prendre la tête d'une révolution et non d'une opposition qui suppose la conservation. » [5]

Comme quoi les révolutionnaires, même emprisonnés ou déportés, ne perdent pas espoir de voir Clemenceau rejoindre leur camp.

Mais en cette année 1879, il a d'autres préoccupations : il prépare la sortie de son propre journal.

Jusqu'à présent, il s'était adressé à ses administrés de Montmartre, soit par des bulletins municipaux, soit par des affiches, soit par des lettres-circulaires. Maintenant que sa carrière politique prend son envol avec son élection à la Chambre des députés, il éprouve la nécessité de se doter d'un organe de presse susceptible d'amplifier ses idées et de les faire connaître, au-delà de la capitale, à l'ensemble du pays.

Cela lui apparaît d'autant plus urgent que Gambetta, qui possède son propre journal, *La République française*, engage de plus en plus le parti républicain dans la voie de l'opportunisme.

Clemenceau a admiré Gambetta. Il a fait sien sans restriction aucune le fameux programme de Belleville que ce dernier a présenté à ses électeurs pour les législatives de 1869. Programme de vastes réformes politiques et économiques visant à instaurer en France la justice et l'égalité sociales. Il a soutenu sans réserve, en 1870, le ministre du gouvernement de Défense nationale partisan de la guerre à outrance qui avait réussi, à force d'énergie, à reconstituer une armée à partir des départements non occupés. Il s'est trouvé à ses côtés, en 1877, quand Mac-Mahon a procédé à la dissolution de l'Assemblée nationale pour tenter de rétablir la monarchie. Clemenceau a fait partie d'un comité de dix-huit personnalités républicaines présidé par Gambetta et qui a organisé, dans l'unité totale de la gauche, une vigoureuse campagne électorale, laquelle a abouti à une écrasante victoire des républicains, ce qui à entraîné la démission de Mac-Mahon de la présidence de la République en janvier 1879 et son remplacement par Jules Grévy.

C'est dire si les liens entre les deux hommes étaient étroits.

Mais Gambetta, progressivement, a abandonné ou différé les réformes principales de son programme de Belleville, allant même, dans ses discours, jusqu'à plaider en faveur d'une « politique de résultats », ou d'une « politique d'opportunité » qu'il opposait à une « politique des illusions » qui serait celle de l'aile avancée du parti républicain. De surcroît, il s'est rallié au système parlementaire des deux Chambres alors que les républicains progressistes se sont toujours extrêmement méfiés d'un Sénat naturellement porté vers une politique conservatrice.

Surtout, entre 1871 et 1879, les gambettistes et leurs amis ont rejeté toutes les propositions d'amnistie pleine et entière défendues par Clemenceau, Victor Hugo, Raspail, Louis Blanc et quelques autres, condamnant publiquement ce que Gambetta avait appelé l'insurrection criminelle de la Commune et n'acceptant que des amnisties partielles. Enfin, Gambetta et Jules Ferry ont tous deux souscrits aux Lois constitutionnelles de 1875, passant à ce propos des « compromis » avec les monarchistes.

Pendant toutes ces années, les comportements politiques des deux hommes se sont donc orientés dans des directions opposées. Alors que Gambetta évoluait vers le Centre gauche (en 1878 il se rallie à la politique économique libre-échangiste défendue par Léon Say) Clemenceau, lui, se définissait de plus en plus comme l'animateur principal de l'extrême gauche, ou plutôt, ainsi que l'écrit un chroniqueur de l'époque, comme le chef du parti radical extrême. Ainsi, en avril 1879, se prononce-t-il pour la validation de l'élection de Blanqui, élu à Bordeaux lors d'un scrutin partiel, mais toujours en prison et, de ce fait, inéligible.

Quand paraît le premier numéro de son journal *La Justice*, à la mi-janvier 1880, le Clemenceau de trente-neuf ans qui va le diriger est désormais nettement identifié par l'opinion publique comme un républicain militant se prononçant en permanence pour les réformes les plus radicales.

Maintenant qu'il est député et patron de presse d'un journal d'opinion, quelles sont, en ce début d'année 1880, les principales composantes du paysage politique et parlementaire dans lequel il va évoluer ?

A la Chambre des députés, après la victoire des républicains qui a suivi la dissolution de 1877, la gauche, majoritaire, est partagée entre quatre groupes :

- **L'extrême gauche radicale**, présidée par Louis Blanc mais dont l'animateur, de plus en plus, est Clemenceau. Il y a là des hommes comme Raspail et Lockroy.

- **L'Union républicaine**, le parti de Gambetta, qui constitue le groupe le plus important.

- **La Gauche républicaine**, dirigée par Jules Ferry qui veut garder son indépendance et disposer de troupes propres. Elle compte dans ses rangs Jules Grévy et Jules Simon.

- **Le Centre gauche**, qui accueille des personnalités libérales comme Dufaure, Léon Say, Casimir-Perier et qui entretient des sympathies avec le **Centre droit** composé, lui, d'Orléanistes « constitutionnels », c'est-à-dire acquis à la souveraineté nationale.

Notons que l'extrême gauche radicale et l'Union républicaine de Gambetta ont refusé de voter pour les préliminaires de paix à l'Assemblée de Bordeaux alors que la Gauche républicaine et le Centre gauche ont voté pour.

A droite, en plus du Centre droit, il y a trois autres groupes :

- **Les Monarchistes orléanistes** dirigés par le duc de Broglie que Mac-Mahon avait tenté d'imposer à l'Assemblée comme Chef du gouvernement alors qu'il n'avait pas de majorité pour le soutenir.

- **Les Monarchistes légitimistes** qui se réclament du duc de Chambord, petit-fils de Louis XVIII, lequel, en refusant d'abandonner le drapeau blanc a fait échouer la restauration monarchique.

- **Les Bonapartistes**, peu nombreux après la chute de Napoléon III dont il subissent le discrédit.

C'est entre le Centre gauche et le Centre droit que passe la ligne de fracture séparant la gauche de la droite ou, plus exactement, pour employer la terminologie de François Goguel, différenciant les partisans du « Mouvement » de ceux de « l'Ordre établi ». [6]

Ce paysage coloré de la vie publique serait fort incomplet si on ne brossait pas, à côté, un autre tableau qui le complète : celui de la presse parisienne à la même époque.

Ici, le paysage se transforme en une vaste forêt broussailleuse où dominent quelques grands arbres mais où abonde un taillis foisonnant de titres les plus divers. Qu'on en juge : au moment où Clemenceau lance *La Justice* il se publie, rien qu'à Paris, soixante quotidiens chaque matin. Trente-quatre sont des journaux républicains et le reste des titres conservateurs. Les tirages s'étagent depuis 1 919 exemplaires pour le plus faible – *Le Courrier du Soir* – jusqu'à 583 820 pour le plus important : *Le Petit Journal.*

Parmi les grands arbres, autrement dit les journaux les plus influents ou les plus anciens voici *Le Figaro* de Villemessant, monarchiste et conservateur. Il ne craint pas de manier l'outrance et l'ironie contre la gauche. *Le Temps*, dirigé par Adrien Hébrard, est un grand journal républicain libéral où de nombreux rédacteurs sont protestants et qui, situé au Centre gauche, n'apprécie guère Gambetta. Clemenceau y a publié ses chroniques américaines. Le vénérable *Journal des Débats* des frères Bertin a perdu avant 1880 beaucoup de ses lecteurs mais conserve une grande notoriété notamment parmi les industriels, la haute finance et le milieu des grands intellectuels. *Le Siècle*, organe de la gauche républicaine, avait eu Jules Simon comme directeur politique entre 1874 et 1876. *Le Petit Journal* défend une république modérée et conservatrice et sa clientèle est très populaire, ce qui explique son fort tirage. *La République Française* est le journal de Gambetta fondé en 1871 et où les journalistes doivent se considérer comme de futurs ministres. Y écrivent régulièrement deux amis de Clemenceau : Arthur Ranc et Auguste Scheurer-Kestner. *L'Univers*, organe du polémiste catholique militant Louis Veuillot, est proche de la Curie romaine. Il a deux cibles principales : les républicains et les catholiques libéraux.

Et l'on pourrait citer beaucoup d'autres titres comme, à gauche : *La Lanterne, L'Intransigeant, La Marseillaise, La Liberté, L'événement, Le*

Voltaire, Le Prolétaire, Le Petit Républicain et, à droite : *Le Petit Moniteur, Le Soleil, Le Petit Caporal, Le Gaulois, La Patrie, La Gazette de France*...

Comme on le constate, cette presse quotidienne est essentiellement une presse d'opinion. Les débats d'idées passionnent les Français instruits. Conséquence : les dirigeants politiques, les partis, les groupes et sous-groupes et même les religions veulent leur tribune.

« Mieux que les livres, écrit Jacques Chastenet, la presse reflète les mœurs et les goûts d'une période. Singulièrement vivante et agissante apparaît celle de la France aux premières années de la République des républicains. Non seulement les journaux sont fort nombreux, mais encore les journalistes de grande classe abondent.

« Jamais l'influence du Quatrième Pouvoir ne sera aussi grande. » [7]

Parmi les journaux favorables à la gauche radicale il est un titre – *Le Rappel* - où Clemenceau va aller chercher le rédacteur en chef de son nouveau quotidien. [8]

Le Rappel avait été fondé en 1869 par les deux fils de Victor Hugo, François-Victor et Charles, ainsi que par Paul Meurice et par Auguste Vacquerie. Ce dernier en était le rédacteur en chef, aimé et respecté des journalistes pour ses talents de plume, sa courtoisie et sa grande humanité. Tout de suite, *Le Rappel* eut un vif succès, surtout à Paris où il réalisait le plus gros de ses ventes. Farouchement opposé au Second Empire, pourchassé par les gouvernements de Napoléon III, encouragé de Guernesey par Victor Hugo, servi par de redoutables polémistes comme Rochefort, il était très lu par les étudiants, les ouvriers qualifiés, les artisans. Ce titre était nettement identifié par l'opinion comme celui du « clan » Hugo. C'est chez Paul Meurice que le grand proscrit avait logé à son retour triomphal à Paris en septembre 1870 et c'est dans *le Rappel* qu'il avait lancé des appels à la résistance face aux Prussiens. Louis Blanc, ami de Hugo, qui jouissait à l'époque d'une prodigieuse renommée y écrivait aussi.

Parmi l'équipe rédactionnelle un journaliste de grand talent s'était fait connaître des lecteurs et du milieu parlementaire, entre autres par ses ardentes campagnes de presse en faveur de l'amnistie des Communards : Camille Pelletan, fils de l'homme politique Eugène Pelletan.

En allant le chercher pour le placer à la tête de la rédaction de *La Justice*, Clemenceau signifie qu'il entend lancer son nouveau journal à l'assaut de ces républicains modérés et opportunistes qui refusent toujours d'accorder aux Communards une amnistie pleine et entière.

8

Le tombeur de ministères

Avec la naissance de *La Justice*, que nous avons racontée dans notre prologue, au début de ce livre, commence la première légende de Georges Clemenceau, celle de l'éternel opposant, du tombeur de ministères, du journaliste noctambule, du parisien répandu dans les salons, du député amateur de grand opéra, du dandy séducteur de petites danseuses, de l'homme d'esprit qui lance des réparties féroces comme on tire des balles de pistolet.

Une légende, en politique, résulte d'une exagération produite par la mémoire collective sur un fond de vérité.

Pour Clemenceau, le fond de vérité est là, facilement identifiable, mais l'exagération aussi. Charles Péguy l'avait bien compris qui notait avec humour : Quand on ne sait pas de qui est un bon mot, on dit qu'il est de Clemenceau...

On ne prête qu'aux riches !

Et Clemenceau est un personnage tellement riche qu'il s'est créé autour de lui non point une mais trois légendes.

La première légende date de l'époque de *La Justice*. Nous venons de l'esquisser à grands traits . C'est celle de la quarantaine.

La deuxième légende sera celle du ministre de l'Intérieur « premier flic de France » et du président du Conseil « briseur de grèves ». Ce sera celle de la soixantaine.

La troisième légende, la mieux connue, la plus vraie, sera celle du chef de guerre vainqueur des Allemands en 1918. Ce sera celle du septuagénaire patriote.

Et s'appliquant à ces trois légendes, cette image du tigre qui lui va si bien.

Qu'est-ce qu'un tigre ? Des griffes et des crocs.

Dès le premier éditorial de *La Justice* , Clemenceau sort les griffes contre les républicains opportunistes :

« On a ajourné les réformes. Les échéances sonnent et ce qu'elles promettaient ne vient pas. Les motifs changent, les termes reculent, l'immobilité reste...

« On voit reparaître l'éternelle race bourgeoise de 1830 : docteurs en demi-mesures que le mouvement effare et que les idées inquiètent ; l'Orléanisme d'hier, le Centre gauche d'aujourd'hui. La peur des responsabilités, la force des routines, l'usure des esprits et des caractères, tout ce qu'il y a de commode dans l'indécision et de tentant dans l'inertie conspire avec eux…

« Tels nous serons, très décidés à applaudir au premier pas en avant, mais très décidés aussi à ne pas nous contenter de mauvaises excuses pour nommer la stagnation progrès et la stérilité sagesse ; aussi désireux de voir les républicains se diviser le moins possible que résolus à ne jamais dissimuler un désaccord dans l'abdication ; adversaires implacables de la doctrine qui consiste à abandonner tout pour ne pas compromettre le reste…

« Les républicains ont triomphé. Qu'est devenu leur drapeau ? Nous l'avons salué dans la bataille ; nous le servirons dans la victoire. »

Et aussitôt Clemenceau et Camille Pelletan, s'appuyant maintenant sur leur journal, relancent le combat en faveur des Communards.

Fin janvier, Louis Blanc dépose une nouvelle proposition d'amnistie générale. Comme les précédentes, elle est repoussée. Le 18 mars – anniversaire de l'affaire des canons de Montmartre – et le 23 mai – anniversaire de la Semaine sanglante, des manifestations ont lieu à Paris en signe de solidarité avec les Communards encore détenus.

Devant cette mobilisation de l'opinion publique Freycinet, alors président du Conseil, décide enfin de tourner la page tragique de la Commune : au nom du gouvernement, il dépose un projet d'amnistie.

Charles de Freycinet, ancien élève de l'école polytechnique, est un proche de Gambetta qui l'avait chargé, en 1870, de mettre en place la défense de la capitale. Surnommé affectueusement « la souris blanche » par ses collègues en raison de sa petite taille, il s'est illustré dans les premiers gouvernements républicains, au ministère des Travaux publics, par de brillantes qualités d'ingénieur, d'administrateur mais, surtout, de planificateur. Après ces postes techniques, il sera quatre fois président du Conseil.

S'il a repris à son compte l'idée d'une amnistie totale c'est un peu à contrecœur et plutôt pour donner satisfaction à l'aile gauche de sa majorité qui entretient l'agitation sur ce thème. De son côté Gambetta, maintenant président de la Chambre, a évolué et veut, lui aussi, en finir avec cette douloureuse affaire. Il vole donc au secours du gouvernement et met tout son crédit, qui est grand, en faveur d'une amnistie totale que la droite s'obstine toujours à refuser :

« Il faut, dit-il aux députés, que vous fermiez le livre de ces dix années, que vous mettiez la pierre tumulaire de l'oubli sur tous les crimes et tous les vestiges de la Commune et que vous disiez à tous qu'il n'y a qu'une France et qu'une République. » [1]

Une large majorité de la Chambre approuve. L'amnistie est votée par 312 voix contre 136 : les condamnés peuvent rentrer.

Le 12 juillet 1880, le premier à retrouver la France est le polémiste Henri Rochefort. Une foule imposante l'acclame gare de Lyon.

Le 9 novembre, c'est Louise Michel qui arrive gare Saint-Lazare où l'attend un peuple enthousiaste et où elle est accueillie par Clemenceau, Louis Blanc et Rochefort. Elle rentre d'une captivité de sept années en Nouvelle-Calédonie où elle a ouvert des écoles pour les Canaques. Aussitôt elle reprend son inlassable combat pour la cause libertaire à travers livres, conférences et articles. Elle ira encore trois fois en détention, emprisonnée, cette fois, par les gouvernements de la République. De nouveau, Clemenceau interviendra en sa faveur. Elle mourra en 1905 à Marseille et sa dépouille mortelle, rapatriée à Paris, sera suivie par une foule immense de la gare de Lyon au cimetière de Levallois.

Plusieurs années après sa mort, Clemenceau portera un jugement lucide sur « sa vieille amie Louise». A l'écrivain Lucien Descaves qui projetait d'écrire une biographie de la Vierge Rouge il dira :

« Prenez garde ! Du courage, de la bonté, du dévouement, mais de cervelle, point ! »[2]

Quand à Victor Hugo, il lui consacrera, dans son recueil *Toute la lyre*, un superbe poème où il la décrira dans le brasier de la Commune « comme un rayonnement vu dans un flamboiement ».

Il aura donc fallu près de dix ans à Clemenceau et à ses amis pour gagner le combat parlementaire de l'amnistie.

Mais déjà une autre bataille s'annonce.

Le mandat de quatre ans de la Chambre élue en 1877 après la dissolution prononcée par Mac-Mahon arrive à expiration. Le premier tour de scrutin pour son renouvellement a été fixé à la fin du mois d'août de 1881. Clemenceau veut se représenter et doit donc préparer son programme électoral qu'il entend faire connaître, au-delà de sa circonscription de Montmartre, à l'ensemble de l'opinion, grâce à son nouveau journal. Impératif d'autant plus prioritaire que Gambetta, qui aspire à être nommé président du Conseil après ces législatives si elles sont favorables aux républicains, accentue son virage opportuniste. Il se rapproche du Centre gauche et entretient même des contacts discrets avec certaines personnalités de droite, usant pour cela de son poste privilégié de président de la Chambre.

Les années 1880 et 1881 sont exemplaires de la façon dont Clemenceau, maintenant servi par un puissant organe de presse, va coordonner son action politique avec celle de son journal.

L' écrit va être mis au service de la parole.

Les rotatives vont donner écho et portée aux discours.

La feuille imprimée va diffuser dans toute la France la pensée radicale.

Devenu journaliste, Clemenceau n'abandonne en rien cette autre spécialité où il excelle : les discours. Au contraire, il les multiplie car le « patron », comme l'appellent maintenant ses rédacteurs, sait qu'il a derrière lui une machine puissance, véritable artillerie au service de ses idées.

Qu'elles aient lieu à la Chambre ou ailleurs en France, ses interventions sont relayées et amplifiées par *La Justice*. Un exemple : le 11 avril 1880, il prononce au cirque Fernando, seul au milieu de mille personnes, son premier grand discours de campagne électorale. Deux jours plus tard – le 13 avril – *La Justice* consacre à cette réunion deux pages entières de six colonnes chacune. Elle y revient les 14 et 15 avril par de consistantes revues de la presse de Paris et de province.

Cette campagne législative avec ses trois grands discours – à Paris le 11 avril 1880, à Marseille le 29 octobre de la même année et de nouveau à Paris le 14 août 1881 – ce à quoi il faut ajouter la publication d'un programme politique en dix-sept points, permettent de connaître la pensée de Clemenceau dans de nombreux domaines. Jusque là ses actions incessantes en faveur de l'amnistie avaient masqué ses autres idées. Elles vont se déployer maintenant dans toute leur ampleur et toute leur variété. Avec, comme fil conducteur durant toute la durée de cette campagne, une critique impitoyable et constamment répétée de la politique conduite par les républicains modérés, « cette politique à laquelle on a donné le nom impropre d'opportunisme et qu'il faut appeler de son nom véritable, l'empirisme, la doctrine de tous ceux qui n'ont pas de doctrine, la doctrine de tous ceux dont l'action repose non sur une règle, mais sur l'art de trouver des expédients plus ou moins ingénieux. »[3]

Et Clemenceau se dit las « de voir que tant de harangues aboutissent à tant d'ajournements. Trop de luttes, trop d'efforts, trop de sang pour trop peu de résultats ».[4]

Des harangues qui débouchent sur des ajournements : n'en doutons pas, c'est bien Gambetta qui est visé par cette flèche.

Face à la République timorée des opportunistes, Clemenceau dresse donc une autre République, celle qui revendique les idées les plus grandes et les plus généreuses qui aient paru dans le monde. Une République fondée sur la liberté et la justice :

« En même temps que la liberté, proclame-t-il, nous voulons la justice, une meilleure répartition de la justice sociale. L'émancipation politique du citoyen ne serait qu'un leurre sans l'émancipation sociale de l'homme. A mesure que s'établira, s'affermira la République, les questions de réformation sociale prendront fatalement le pas sur les questions politiques [...]

« Il s'agit de poursuivre l'œuvre de réformation sociale inaugurée par la Révolution française, dont le principe était la création d'une démocratie égalitaire. Il s'agit de tendre de plus en plus à une constitution de la société qui donne à chaque activité humaine son maximum de développement normal et permette à chacun de recueillir la valeur intégrale du produit de cette activité. C'est le problème républicain par excellence, puisque la République vise à régler les rapports des hommes par la liberté et la justice.»[5]

En conséquence, le programme électoral que Clemenceau présente à ses électeurs du XVIIIe arrondissement de Paris se résume d'un mot : audace.

C'est à la lecture de ce programme que l'on commencera à parler d'une aile « radicale » dans le parti républicain, laquelle s'opposera de plus en plus à l'Union républicaine de Gambetta et à la Gauche républicaine de Jules Ferry.

Tout Clemenceau se trouve dans ce document longuement médité et qui, sans littérature, vise à frapper les esprits.

Après avoir dénoncé dans un court préambule « les partisans plus ou moins avoués de la politique d'ajournement systématique et de compromis », ce programme propose :

ARTICLE PREMIER : Révision de la Constitution. Suppression du Sénat et de la présidence de la République. Ratification de la Constitution par le peuple.

ART. 2 : Liberté individuelle, liberté de la presse, de réunion, d'association, garanties par la Constitution. Abrogation de la loi contre l'Association internationale des travailleurs.

ART. 3 : Séparation des Eglises et de l'Etat. Suppression du budget du culte. Retour à la nation des biens dits de mainmorte. Soumission de tous les citoyens, sans distinction, au droit commun.

ART. 4 : Droit de l'enfant à l'instruction intégrale. Instruction laïque, gratuite et obligatoire.

ART. 5 : Réduction du service militaire. Service militaire obligatoire pour tous les citoyens. Suppression du volontariat d'un an. Liberté de conscience dans l'armée. Substitution progressive des milices nationales aux armées permanentes.

ART. 6 : Justice gratuite et égale pour tous. Magistrature élective et temporaire. Révision des Codes dans le sens démocratique. Abolition de la peine de mort.

ART. 7 : Souveraineté du suffrage universel. Scrutin de liste. Diminution de la durée du mandat. Rétribution des fonctions électives. Responsabilité personnelle et pécuniaire des fonctionnaires. Assimilation du mandat politique au mandat civil. Interdiction du cumul des fonctions publiques.

ART. 8 : Décentralisation administrative : à la Chambre des représentants, les intérêts nationaux ; aux conseils généraux, les intérêts régionaux ; aux conseils municipaux, les intérêts communaux.

ART. 9 : Autonomie communale. La commune maîtresse de son administration, de ses finances, de sa police, dans les limites compatibles avec l'unité nationale.

ART. 10 : Révision des contrats ayant aliéné la propriété publique : mines, canaux, chemin de fer, etc.

ART. 11 : Réforme de l'assiette de l'impôt. Suppression des octrois et des taxes de consommation. Impôt progressif sur le capital ou sur le revenu.

ART. 12 : Impôt progressif sur les mutations par successions.

ART. 13 : Rétablissement du divorce.

ART. 14 : Réduction de la durée légale du travail à la journée. Interdiction du travail des enfants au-dessous de quatorze ans dans les ateliers, mines, usines, manufactures. Etablissement de caisses de retraite pour les vieillards et les invalides du travail.

ART. 15 : Révision de la loi sur les prud'hommes. Extension de leurs attributions. Abolition du livret. Responsabilité des patrons en matière d'accidents, garantie par voie d'assurance. Intervention des ouvriers dans l'établissement et l'application des règlements d'atelier.

ART. 16 : Reconnaissance de la personnalité civile des syndicats ouvriers. Participation des syndicats ouvriers aux adjudications publiques. Crédit au travail.

ART. 17 : Réforme du système pénitentiaire et suppression de l'exploitation du travail des prisonniers. [6]

Les élections législatives de fin août et début septembre 1881 marquent une nouvelle progression des républicains, grâce à la discipline unitaire de la gauche au second tour.

Clemenceau est élu dans trois circonscriptions (les candidatures multiples étaient autorisées) : la première et la deuxième du XVIIIe arrondissement de Paris et à Arles.

Il opte pour la deuxième du XVIIIe arrondissement – autrement dit Montmartre – où il a obtenu 5 058 voix sur 8 477 votants.

A ces mêmes élections Camille Pelletan est élu dans les Bouches-du-Rhône.

Dans la nouvelle Assemblée composée de 557 députés, les républicains sont au nombre de 457, se répartissant comme suit :

- Extrême gauche (Louis Blanc et Clemenceau) : 46
- Union républicaine (Gambetta) : 204
- Gauche républicaine (Jules Ferry) : 168
- Centre gauche : 39.

La droite, qui s'est effondrée, ne compte plus que 40 Royalistes, 40 Bonapartistes et une vingtaine de conservateurs.

Durant cette législature qui s'étend sur les années 1881 à 1885 Clemenceau va apparaître comme le « tombeur de ministères ».

Il aura d'autant moins de scrupules à renverser les gouvernements républicains opportunistes que la droite, écrasée aux élections, n'est en rien menaçante au Parlement pour la République. Même le Sénat a basculé à gauche aux sénatoriales.

Dès la rentrée parlementaire, en novembre 1881, il renverse le premier gouvernement de Jules Ferry, qui était en poste depuis plus d'un an, à propos de l'intervention française en Tunisie. Une grande joute oratoire oppose les deux hommes. C'est la première du genre. Il y en aura beaucoup d'autres.

A Ferry succède un grand ministère Gambetta qu'attend toute la France républicaine modérée. Il ne durera que deux mois et demi. Clemenceau contribue à son renversement à propos d'un projet de réforme constitutionnelle qu'il juge trop timoré.

Dès la fondation de *La Justice*, Clemenceau avait mené une véhémente campagne en faveur d'une révision profonde de la Constitution devant aboutir, selon lui, à la suppression de la présidence de la République et du Sénat. En avril 1880, *La Justice* avait écrit : « Le régime d'Assemblée unique est le vrai gouvernement républicain.» Ce n'était plus la position de Gambetta qui avait présenté un projet de révision très édulcoré.

Renversé, Gambetta est remplacé par Freycinet, lequel, voulant soutenir les Anglais dans un conflit qu'ils ont avec l'Egypte, se heurte à l'hostilité véhémente de Clemenceau. Le gouvernement doit démissionner.

Se succèdent alors des ministères présidés par Eugène Duclerc, puis Armand Fallières. Entre temps Gambetta, qui s'est blessé en nettoyant un pistolet, décède, ce qui favorise un rapprochement à la Chambre entre les gambettistes privés de chef et les troupes de Jules Ferry.

Jules Ferry redevient président du Conseil en février 1883. Il le sera jusqu'en mars 1885. Durant ces deux années il va développer et soutenir l'expansion coloniale de la France en Afrique, à Madagascar et surtout en Asie où notre pays se heurte à la Chine. Un Conseil supérieur des colonies sera même créé. En plusieurs occasions cette expansion se réalise avec le soutien discret de Bismarck, trop heureux de voir la France user ses forces militaires sur des terrains extérieurs. Cette politique impose à Jules Ferry de demander au Parlement des crédits de plus en plus considérables. Le gouvernement est sans cesse harcelé par Clemenceau, sans succès au début, jusqu'à ce 30 mars 1885 où Ferry, ayant réclamé deux cents millions de crédits supplémentaires pour le Tonkin , tombe sous les assauts furieux de Clemenceau et de *La Justice*.

Ce jour-là le Tigre, toutes griffes dehors, accable Jules Ferry d'invectives, allant même jusqu'à l'accuser de haute trahison pour avoir dissimulé à la Chambre certains aspects de sa politique et avoir prêté une oreille complaisante aux encouragements de Bismarck.

Et le couperet tombe quand, pointant de l'index l'ensemble du gouvernement, il lance de la tribune :

« Je ne viens pas répondre à M. le président du Conseil. J'estime qu'à l'heure présente, aucun débat ne peut s'engager entre le ministère à la tête duquel il est placé et un membre républicain de cette Chambre. Tout débat est fini entre nous ; nous ne pouvons plus vous entendre ; nous ne pouvons plus discuter avec vous les grands intérêts de la patrie. Nous ne vous connaissons plus, nous ne voulons plus vous connaître. Ce ne sont plus des ministres que j'ai devant moi ; ce sont des accusés de haute trahison sur lesquels, s'il subsiste encore en France un principe de responsabilité et de justice, la main de la loi ne tardera pas à s'abattre. » [7]

Au cours de cette législature, Clemenceau a prononcé à la Chambre cinquante trois discours sur les sujets les plus divers. Mais le thème dominant fut la lutte contre la politique coloniale : quinze discours au total sur ce seul sujet.

Dans ce domaine les accusations de Clemenceau contre Jules Ferry sont abondantes et peuvent, en substance, se résumer comme suit :

Jules Ferry se laisse entraîner de manière irréfléchie dans des aventures coloniales dangereuses. Il n'a pas de doctrine en la matière et justifie son action a posteriori. De surcroît, il pratique le secret : au nom de la discrétion diplomatique il cache au Parlement les objectifs qu'il se propose, mettant les députés devant le fait accompli. Enfin, contrairement à ce qu'il proclame, les colonies ne procurent à la France aucun avantage économique ; au contraire, les dépenses pour la conquête puis l'administration de territoires extérieurs et lointains alourdissent le budget de l'Etat et détournent l'attention de la nation d'autres problèmes plus urgents comme l'éternelle question sociale.

Cependant, les deux reproches majeurs que fait Clemenceau à la politique coloniale concernent la stratégie militaire et la morale républicaine.

Dans le domaine de la stratégie, il accuse Jules Ferry de disperser les forces militaires de la France sur toute la planète, et cela avec la bénédiction de Bismarck, alors qu'à notre frontière de l'Est l'Allemagne reste menaçante. D'où l'accusation de haute trahison lancée contre le président du Conseil. Jamais Clemenceau ne changera d'avis sur cette affaire. En 1928, âgé de quatre-vingt-sept ans et près de mourir, l'indomptable vieillard dira encore à son biographe Jean Martet :

« Quand Ferry nous jetait sur le Tonkin, il nous détournait de la seule chose à considérer et à redouter : l'Allemagne, alors que moi, je savais bien que ce n'était pas au Tonkin que notre sort se jouerait, mais là où il s'est joué : chez nous ! » [8]

Mais c'est aussi dans le domaine de la morale républicaine et humanitaire que l'opposition entre les deux hommes est totale.

Jules Ferry avait déclaré, dans l'une de ses interventions, que les races supérieures avaient le devoir de civiliser les races inférieures. La réplique de Clemenceau nous a valu l'un de ses plus beaux discours.

« Races supérieures, races inférieures, c'est bientôt dit ! Pour ma part, j'en rabats singulièrement depuis que j'ai vu des savants allemands démontrer scientifiquement que la France devait être vaincue dans la guerre franco-allemande, parce que le Français est d'une race inférieure à l'Allemand. Depuis ce temps, je l'avoue, j'y regarde à deux fois avant de me retourner vers un homme et vers une civilisation, et de prononcer : homme ou civilisation inférieurs. Race inférieure, les Hindous ! Avec cette grande civilisation raffinée qui se perd dans la nuit des temps [...] Race inférieure, les Chinois ! Avec cette civilisation dont les origines sont inconnues et qui paraît avoir été poussée tout d'abord jusqu'à ses extrêmes limites. Inférieur Confucius ! En vérité, aujourd'hui même, permettez-moi de dire que, quand les diplomates chinois sont aux prises avec certains diplomates européens... ils font bonne figure [...]

« C'est le génie même de la race française d'avoir généralisé la théorie du droit et de la justice, d'avoir compris que le problème de la civilisation était d'éliminer la violence des rapports des hommes entre eux dans une même société et de tendre à éliminer la violence, pour un avenir que nous ne connaissons pas, des rapports des nations entre elles [...]

« Non, il n'y a pas de droit de nations dites supérieures contre les nations inférieures ; il y a la lutte pour la vie, qui est une nécessité fatale, qu'à mesure que nous nous élevons dans la civilisation, nous devons contenir dans les limites de la justice et du droit ; mais n'essayons pas de revêtir la violence du nom hypocrite de civilisation ; ne parlons pas de droit, de devoir !

« La conquête que vous préconisez, c'est l'abus pur et simple de la force que donne la civilisation scientifique sur les civilisations rudimentaires, pour s'approprier l'homme, le torturer, en extraire toute la force qui est en lui au profit du prétendu civilisateur. Ce n'est pas le droit : c'en est la négation. Parler à ce propos de civilisation, c'est joindre à la violence l'hypocrisie. » [9]

Comme on le constate, l'opposition de Clemenceau à Jules Ferry n'était pas seulement le résultat d'une violente querelle de personnes remontant à la Commune. Les causes étaient plus profondes : l'expansion coloniale, avec toutes ses conséquences, blessait Clemenceau au cœur de son instinct patriotique et de sa morale républicaine.

Là encore, jusqu'à sa mort, il n'en démordra pas.

A la question de Jean Martet : « Et ce serait à refaire, combattriez-vous encore cette politique coloniale ? » il répondra sans hésiter, avec la même véhémence qu'à quarante ans :

« Mais de la même façon ! avec la même vigueur ! si nous avions toujours en face de nous l'Allemagne menaçante, une natalité faible, une armée et une marine tout juste suffisantes pour défendre la métropole et si, enfin, la France continuait à vouloir avoir des colonies et pas de colons ! » [10]

9

Quand Clemenceau et son journal jouent les apprentis-sorciers

Grâce à son journal, Clemenceau est maintenant connu dans toute la France.

Et même à l'étranger.

Bismarck, après avoir lu l'un de ses discours, a demandé à son secrétaire particulier : « Qui est ce Clemenceau ? » Renseignements pris auprès de ses services secrets il a conclu : « Un homme à surveiller ! »

A quarante-quatre ans, l'opinion publique l'a clairement identifié comme le chef de l'opposition.

A Paris, il brille au milieu de la vie politique et intellectuelle. Il fréquente écrivains et artistes. On le rencontre dans plusieurs salons, entre autres ceux d'Alphonse Daudet, dont il est l'ami, et des Ménard-Dorian.

Léon Daudet, le fils d'Alphonse, raconte :

« Le centre de tous les regards était le directeur de *La Justice*, la promesse du parti radical, Georges Clemenceau, flanqué de ses deux frères [...]

« Clemenceau était alors et de beaucoup le plus intéressant, non seulement de son groupe, mais encore de tout le milieu républicain. D'abord il avait de l'esprit, et il était presque le seul. Clemenceau a toujours foisonné en férocités, mais débitées d'un ton âpre et sec, d'une voix rude qui semble mâcher des balles. Ensuite il était élégant de sa personne, très soigné sous son masque mongol aux pommettes saillantes, silhouette de tireur à l'épée et au pistolet auquel on n'en impose pas. Enfin il plaisait par un manque d'affectation, une bonne franquette, qui le mettaient tout de suite de plain-pied avec les jeunes gens. On racontait qu'il avait plus d'une bonne amie à l'Opéra, qu'il pêchait le saumon en compagnie d'Herbert Spencer et plusieurs amiraux anglais, qu'il ne payait jamais ses collaborateurs. Ceux-ci non seulement ne lui en voulaient pas, mais encore avaient pour lui un véritable culte. C'était un séduisant gaillard, redouté, détesté par tout le clan opportuniste ; et quand il regardait ses charmantes filles danser le menuet, ses mains dans ses poches, avec son air blagueur, on murmurait alentour : « Quel jeune papa ! Il a l'air de leur frère aîné ! » [...]

« Blagueur, il aimait à déconcerter. Chercheur, et souvent trouveur d'épigrammes, il n'épargnait rien ni personne et les gens de l'entourage de Ferry passaient, sous sa dent, de mauvais quarts d'heure. Son intelligence semblait au-dessus des misères du parlementarisme. On le citait chez les hommes de lettres, comme le seul politicien digne de faire partie des écrivains et des artistes, comme le seul capable de comprendre et d'apprécier les Goncourt, Huysmans, Monet et Rodin. [...]

« Partout j'entendais l'éloge de Clemenceau. Mon père, lui-même si peu indulgent aux parlementaires, répétait volontiers : « Avec celui-là, on peut parler. »

« Mes camarades m'enviaient d'approcher le tombeur de Ferry. C'était un engouement quasi universel. » [1]

De fréquenter salons, artistes, danseuses de l'Opéra n'empêche nullement Clemenceau de diriger avec efficacité et autorité son journal.

Nous avons raconté dans notre prologue la soirée qui précéda la sortie du premier numéro de *La Justice* et nous avons souligné que Gustave Geffroy était le plus jeune des rédacteurs recrutés par Clemenceau. C'est précisément lui qui a laissé le témoignage le plus précieux sur l'ambiance du journal :

« *La Justice*, écrit-il, fut un journal particulier, non seulement par l'allure sévère, qui n'excluait pas l'esprit chez nombre de rédacteurs, à commencer par le directeur et le rédacteur en chef, mais par la parfaite camaraderie et même la profonde amitié qui unissait ses collaborateurs. On peut dire que nous formions véritablement une famille, et Clemenceau nous adopta tous.

« Cet homme, que l'on croit brusque et cassant, que l'on a surnommé le Tigre par blague parisienne, sans se douter qu'il deviendrait tigre vis-à-vis de l'aigle allemand, je l'ai toujours vu, vis-à-vis des siens et de nous autres, d'une humeur charmante. Ses préoccupations, et il en a eu sa part, n'empêchaient pas ses manières affectueuses, sa parole accueillante et enjouée. Il laissait avec cela à ses collaborateurs une liberté complète de travail et d'expression, quoiqu'il fût le plus exact, le plus ponctuel des directeurs. Pas de jour qu'il n'ait revu toutes les épreuves du numéro du lendemain. [...]

« Je n'ai pas besoin de dire que nous étions tous clemencistes, que nous suivions avec enthousiasme, en y aidant de notre mieux, le combat pour la République que menait Clemenceau à la Chambre. Nous l'attendions avec fièvre les jours de grande séance, nous assistions à ces immenses réunions du cirque Fernando où il rendait compte de son mandat, debout au centre de l'estrade, environné des milliers d'auditeurs qui écoutaient sa parole, qui discutaient parfois, qui acclamaient à la fin la manifestation superbe et intrépide de cette conscience républicaine. Il nous semblait voir en lui un personnage déjà légendaire, et il était bien, en effet, un héros de la politique, un magnifique lutteur d'idées, un continuateur de la Révolution française. » [2]

Léon Daudet, qui est un ami personnel de Gustave Geffroy, l'accompagne souvent, le soir, dans les locaux austères du journal :

« Aimant déjà l'atmosphère des journaux et le papier imprimé, raconte-t-il, j'allais quelquefois le soir aux bureaux de *La Justice*, dans une de ces grandes maisons de guingois, aux escaliers gluants et noirs, où se fabrique l'opinion. Monsieur le directeur arrivait entre onze heures et minuit, très chic, habit et cravate blanche, avec cet air à la blague et à la stupeur que connaissent ses familiers, et qui est son attitude devant les événements, petits ou grands. Aussitôt accouraient autour de lui, pleins d'une cordialité mêlée de respect, ses collaborateurs habituels, ses amis, et Geffroy me poussait le coude : « Le patron est de bonne humeur. On va rigoler [...]

« Camille Pelletan, alors, écrivait aussi à *La Justice*. On voyait se dresser, derrière une table, un mannequin noirâtre et sans linge, une sorte d'épouvantail à moineaux, surmonté d'une tête hirsute et velue qui riait. Il suçait ses doigts pleins d'encre, demandait un bock bien tiré au garçon de la brasserie d'en bas accouru à son appel, griffonnait des caricatures de ses camarades et accueillait avec bonhomie les jeunes gens. Quand mes copains m'accompagnaient par hasard à *La Justice*, ils en ressortaient sur cette constatation : « Clemenceau est décidément Chic... » et cet éloge enchantait Geffroy. » [3]

Beaucoup d'anciens Communards ou sympathisants de la Commune sont des collaborateurs du journal.

Ainsi Jaclard, qui avait été l'adjoint de Clemenceau à la mairie de Montmartre et qui avait fait le coup de feu sur les barricades pendant la Semaine Sanglante en est-il le secrétaire de la rédaction. Ainsi Maxime Vuillaume, qui avait été condamné à mort par les Versaillais mais avait réussi à s'enfuir, y donne-t-il des rubriques régulières.

Parmi les autres collaborateurs mentionnons Charles Longuet, qui deviendra le gendre de Karl Marx et qui, sous la Commune, fut membre du Comité central de la Garde nationale ; et aussi le photographe Nadar qui, sans participer directement à la Commune en fut un sympathisant tel, qu'il fut qualifié par les Communards de « frère de tous les hors la loi ».

Et au passage notons cette anecdote : lors de la Semaine Sanglante, il y avait eu un quotidien qui s'était appelé *La Justice*. Il avait été lancé par Vermorel mais n'avait compté que dix numéros.

Dans les premières années, si Clemenceau dirige activement son journal, il y écrit peu lui-même : sept éditoriaux seulement pour 1880. C'est Camille Pelletan qui est l'éditorialiste attitré. Son talent de plume est d'ailleurs supérieur à celui de Clemenceau.

Le tirage de *La Justice*, qui est de treize mille exemplaires le jour du lancement, baisse régulièrement les années suivantes.

En 1885, au moment où s'ouvre la campagne électorale pour le renouvellement de la Chambre des députés, la vente du journal se situe au-dessous de dix mille exemplaires.

C'est donc en chef de l'opposition aux opportunistes que Clemenceau va mener cette campagne. Les deux tours sont fixés au mois d'octobre. Le mode de scrutin a été changé par le dernier gouvernement de Jules Ferry : le scrutin de liste, jugé plus démocratique et moins perméable aux influences locales, remplace le scrutin d'arrondissement.

Les Français votent massivement.

Les abstentions sont nettement moindres qu'en 1881.

Le premier tour est catastrophique pour la gauche : 129 sièges seulement sont gagnés par toutes les gauches confondues alors que la droite en emporte 177. D'importants départements comme le Nord, le Pas-de-Calais, la Somme et, dans le Midi, les hautes et basses Pyrénées, précédemment républicains basculent à droite. [4]

Pour le second tour la gauche doit réagir si elle veut sauver l'essentiel de ses positions et conserver la majorité. Clemenceau prend la tête de la riposte et impose une liste républicaine commune partout où il y a ballottage. En d'autres termes, toutes les gauches font bloc face aux conservateurs. C'est une réussite totale. Au second tour les républicains emportent 243 sièges contre 25 seulement pour la droite.

La majorité de la nouvelle Chambre reste donc aux républicains qui y disposent de 383 sièges contre 201 à la droite.

Deux faits sont à relever : parmi les républicains ce sont les radicaux qui sont les grands gagnants, ils passent de 46 sièges précédemment à 110. Mais pour la première fois ces radicaux ont des concurrents sur leur propre gauche : une douzaine de socialistes ont été élus et, parmi eux, un jeune normalien promis à un bel avenir, Jean Jaurès.

Les grands perdants sont les groupes opportunistes de Gambetta et Ferry. Ils décident de fusionner pour donner naissance à une nouvelle formation : l'Union des gauches. Elle comptera environ 200 membres face aux 110 de Clemenceau.

Ce dernier, pour sa part, est élu député dès le premier tour, mais dans le département du Var. En effet, il a répondu favorablement à la demande pressante de l'un de ses amis, le docteur Dutasta, maire de Toulon, de se présenter dans ce département qui lui offre une élection de maréchal : 34 060 voix dès le premier tour sur 54 669 votants. A Montmartre il aurait également été élu mais au second tour seulement.

Au cours de cette législature et de celle qui va suivre, autrement dit de 1885 à 1893, Clemenceau va payer très cher deux imprudences qu'il a commises et qui vont permettre à ses ennemis de l'abattre.

La première est d'avoir usé de sa grande influence et de celle de son journal pour faire entrer au gouvernement, comme ministre de la Guerre, le général Boulanger.

La seconde avait été d'accepter, en 1881, qu'un escroc international, Cornélius Hertz, viennent au secours de *La Justice* qui éprouvait alors de graves difficultés financières. Ses liens réels ou supposés avec Hertz vont entraîner Clemenceau dans le tourbillon du scandale de Panama.

Boulanger accède au gouvernement au lendemain des élections de 1885 et ce que l'on appellera « le boulangisme » va durer tout le temps de cette législature.

Qu'est-ce que Boulanger ? Un homme qui commence comme général républicain de gauche et finit comme général factieux de droite. Un militaire qui se laisse griser par sa popularité auprès des foules jusqu'à envisager un coup d'Etat pour remplacer la République par la monarchie. Un démagogue qui ne craint pas de se présenter avec arrogance comme le général de la Revanche au risque d'exciter les foules contre une Allemagne inquiète et toujours menaçante. Bref, un personnage qui exploite à son profit certains penchants bien connus du tempérament français : l'antiparlementarisme, le militarisme cocardier, l'instinct de survie par le recours à l'homme providentiel...

Heureusement pour la République, ce général, ce démagogue, cet aventurier était aussi un velléitaire : jamais il ne franchira le Rubicon. Au sommet de sa gloire la foule, prête à se faire tuer pour lui, aura beau lui crier « A l'Elysée », il refusera de faire le dernier pas au risque d'être qualifié de « lâche » par certains de ses partisans.

Voilà pourquoi son aventure restera un mélange de paillettes, avec de scintillantes revues militaires où il aime briller, et de roman-feuilleton, avec son suicide à Bruxelles sur la tombe de sa maîtresse.

C'est en janvier 1886 que Freycinet, nommé de nouveau président du Conseil après les élections, fait donc entrer dans son gouvernement, au poste de ministre de la Guerre, et sur la recommandation de Clemenceau, le général Boulanger.

En ce début d'année 1886 la République est malade. Plusieurs maux la rongent : l'affairisme de plus en plus avéré de certains parlementaires, le sentiment d'humiliation éprouvé lors de la défaite de 1870, l'instabilité ministérielle, les querelles de personnes entre républicains qui ne s'entendent sur rien sauf sur l'anticléricalisme...

Tout cela constitue un excellent bouillon de culture pour aventurier politique. D'autant que le premier tour des législatives, avec sa forte poussée à droite, a mis au jour le malaise profond qui frappe la France.

Qu'est-ce qui pousse Clemenceau à faire entrer Boulanger au gouvernement ?

D'abord les deux hommes se connaissent de longue date puisqu'ils ont été condisciples au lycée de Nantes.

Ensuite Clemenceau veut démocratiser l'armée ; comme beaucoup de républicains anticléricaux de cette époque, il considère que trop de généraux ont gardé des traces de leur éducation dans des « jésuitières ». Pour transformer une armée qui a eu longtemps des sympathies royalistes – le dernier exemple remonte à Mac-Mahon – en corps vraiment républicain, il compte sur un militaire de haut rang comme Boulanger, ayant à son actif de nombreuses campagnes, plusieurs fois blessé, portant beau et plaisant aux femmes et aux foules.

Enfin Clemenceau pense pouvoir manœuvrer aisément ce personnage qu'il surnomme « Boulboul » et qui sera à la fois son œil et son bras dans ce milieu impénétrable qu'est le ministère de la Guerre. A ceci près que le général est plus ambitieux que ne le croit son protecteur et qu'il pratique avec un rare talent l'art subtil de la duplicité. En même temps qu'il s'affirme publiquement républicain et ami des idées radicales, il écrit au duc d'Aumale, l'un des descendants de la famille royale : « Béni serait le jour qui me rappellerait sous vos ordres ». [6]

Cela s'appelle tenir deux fers au feu.

La popularité de Boulanger va aller grandissant.

Dès son entrée au gouvernement il prend des mesures favorables aux hommes de troupe en améliorant leur confort et leur ordinaire. Il modernise l'armement (on lui doit le fusil Lebel) et oblige les séminaristes à effectuer leur service militaire, ce qui ne peut que satisfaire les anticléricaux.

Le 14 juillet, monté sur son cheval noir *Tunis* et entouré d'un brillant état-major, il est acclamé à Longchamp lors de la revue. Il reçoit le soutien de nombreuses personnalités entre autres Paul Déroulède, qui a fondé en 1882 la Ligue des patriotes.

Déroulède est un homme qui a le patriotisme ostentatoire. Il aime les grands mots, les grands gestes, les grandes commémorations. Quand il parle à la tribune de la Chambre ou dans les réunions publiques, il penche son long corps et agite ses grands bras, se contentant souvent, en fait d'arguments, de formules creuses pourvu qu'elles soient sonnantes et frappantes. Son ambition est d'être le clairon qui veille aux portes de la patrie. L'ascension d'un homme comme Boulanger, capable de mobiliser tout ce que la France compte de nationalistes, ne peut que le satisfaire.

Les premiers républicains à s'inquiéter de la popularité croissante de Boulanger sont ceux du journal *La République française*, fief des gambettistes. Clemenceau, de son côté, croit toujours qu'il peut manœuvrer son « Boulboul » et s'en servir contre les opportunistes.

Cependant, de l'autre côté de la frontière, un homme veille et, lui aussi, s'inquiète : Bismarck.

Devant l'agitation patriotique qui croît en France, il décide d'augmenter les effectifs de l'armée allemande et déclare à son Parlement, en janvier 1887 :

« Dans aucune circonstance nous n'attaquerons la France. De leur côté beaucoup de Français ne désirent pas nous attaquer. Mais dans les moments difficiles la France a été toujours menée par des minorités énergiques. Il existe en France des hommes qui cherchent la guerre contre l'Allemagne et dont la tâche est d'entretenir le feu sacré de la Revanche… Il est possible tous les jours qu'un gouvernement français arrive au pouvoir dont la politique serait précisément de faire flamber ce feu sacré qui actuellement est conservé avec soin sous la cendre. »[7]

C'est dans ce climat qu'éclate, en avril 1887, l'incident Schnaebelé.

Ce dernier, commissaire de police français à la frontière, a été invité par son collègue allemand. Il entre en Allemagne et, au mépris du droit international, est aussitôt arrêté et incarcéré. En France l'indignation est grande. Boulanger en prend la tête et présente à la signature du président de la République un ultimatum à adresser à Berlin et un ordre de mobilisation des troupes de couverture. Heureusement, Jules Grévy tempère les ardeurs belliqueuses du ministre et Bismarck, considérant que le droit international a été bafoué, donne ordre de relâcher Schnaebelé.

Boulanger se présente alors comme celui qui a fait reculer Bismarck et passe aux yeux des patriotes comme un homme à poigne : il est devenu le général Revanche.

C'est à cet instant que Clemenceau est saisi des premiers doutes sur son protégé. Il découvre qu'il a mis en place, lui et son journal, non pas un pantin médiocre manœuvrable à volonté mais une redoutable mécanique antiparlementaire dangereuse pour la République.

Boulanger devait « démocratiser » l'Armée, autrement dit écarter de la hiérarchie militaire les cléricaux et les conservateurs et voici qu'au contraire se rassemblent autour de lui non seulement les cléricaux mais les royalistes, les nationalistes et tout ce que la France compte d'antirépublicains et d'antiparlementaires.

En plus de Déroulède, Boulanger est maintenant soutenu par l'efficace polémiste Henri Rochefort et son journal *l'Intransigeant*.

Lors d'une élection législative partielle qui a lieu en mai 1887 dans la Seine, Rochefort demande à ses lecteurs de mettre le nom de Boulanger – qui n'est pas candidat – sur leur bulletin de vote. Le général recueille 39 000 voix, ce qui plonge les républicains dans la stupeur et les décide enfin à éliminer Boulanger du ministère de la Guerre.

Redevenu simple général, celui-ci est affecté à Clermont-Ferrand, autrement dit loin de Paris. A la gare de Lyon, le jour de son départ, une manifestation organisée par la Ligue des patriotes de Déroulède et par les journaux *l'Intransigeant* et *La Lanterne* attire une foule considérable qui envahit le train et se jette sur les rails pour l'empêcher de partir.

La Justice donne alors le signal de la rupture entre Boulanger et les radicaux en dénonçant cette nouvelle maladie française qu'elle nomme « la boulangite ».

Et le 11 juillet 1887, à la Chambre, Clemenceau en personne blâme « absolument » la manifestation de la gare de Lyon et abandonne son dangereux protégé :

« La popularité du général Boulanger, dit-il, est venue trop tôt à quelqu'un qui aimait trop le bruit ou qui, pour parler plus équitablement, ne le fuyait pas assez. » [8]

En septembre, l'antiparlementarisme des boulangistes est relancé par le scandale des décorations.

Daniel Wilson, gendre sulfureux du président de la République, est accusé de se livrer à un véritable trafic de décorations. L'émotion est intense à Paris. Des manifestations ont lieu devant l'Elysée. Clemenceau contraint Grévy à démissionner et, pour barrer la route de la présidence à son vieil ennemi Jules Ferry, fait voter pour Sadi Carnot.

Rappelons qu'à cette époque le président de la République est élu par la Chambre des députés et par le Sénat réunis en Congrès à Versailles . Ce qui autorise beaucoup de manœuvres de couloirs.

A ce propos la légende veut que Clemenceau, hostile à l'institution même de la présidence de la République, aurait dit à ses amis : « Votons pour Carnot, c'est le plus bête ». La vérité est tout autre et la phrase exacte est celle-ci : « Votons pour Carnot, il n'est pas très fort, mais il porte un nom républicain ».[9] Ce qui, en cette période d'agitation antirépublicaine de la part des boulangistes était, aux yeux de Clemenceau, une garantie.

Et Sadi Carnot, fort de ce soutien, est élu président de la République.

Boulanger, de son côté, ne reste pas inactif.

Fin 1887 il signe un accord secret avec le baron de Mackau, chef des monarchistes et représentant du Comte de Paris, aux termes duquel, s'il revient au ministère de la Guerre, il organisera un coup d'Etat suivi d'un référendum où les Français auront à choisir entre La République et la monarchie.

Non seulement l'hostilité maintenant déclarée de Clemenceau l'empêche de retrouver un portefeuille ministériel mais le gouvernement le place en non activité par retrait d'emploi au motif qu'il est venu à plusieurs reprises à Paris sans autorisation.

Et en mars 1888 il est mis d'office à la retraite.

Il se lance alors ouvertement dans la politique. Un comité est créé pour patronner sa candidature dans des élections partielles. La duchesse d'Uzès, royaliste militante, met trois millions à sa disposition par l'intermédiaire de Mackau.

En deux ans, le général soi-disant républicain est devenu le fer de lance des monarchistes.

Quelle déconvenue pour Clemenceau !

En Avril 1888 Boulanger est élu député dans deux circonscriptions : en Dordogne et dans le Nord. Il choisit de représenter ce dernier département et c'est accompagné par la foule de ses partisans qu'il fait son entrée au Palais-Bourbon.

Le 4 juin, à la tribune de la Chambre des députés, il prononce son premier grand discours. Il demande la révision de la Constitution pour, entre autres, supprimer le Sénat, réaménager la fonction présidentielle, introduire le référendum. Son programme, en effet, se résume en trois mots : Révision, Dissolution, Constituante, que ses partisans déclinent sur tous les tons. Voilà pourquoi le boulangisme sera appelé le « parti révisionniste ». En vérité le programme de Boulanger consiste à donner une orientation plébiscitaire et consulaire à la Constitution.

Sur ce terrain il s'affronte directement avec Clemenceau.

Alors qu'il avait raillé dans son discours les interminables discussions parlementaires, c'est Clemenceau qui lui réplique et lui administre une leçon de républicanisme :

« Vous avez, dit-il, raillé ce Parlement. Eh bien ! puisqu'il faut vous le dire, ces discussions qui vous étonnent, c'est notre honneur à tous. Elles prouvent surtout notre ardeur à défendre les idées que nous croyons justes et fécondes. Ces discussions ont leurs inconvénients, le silence en a davantage. Oui, gloire aux pays où l'on parle, honte aux pays où l'on se tait ! Si c'est le régime de discussion que vous croyez flétrir sous le nom de parlementarisme, sachez-le, c'est le régime représentatif lui-même, c'est la République sur qui vous voulez porter la main.

« En ce qui nous concerne, nous ne pouvons pas le permettre ; nous sommes des républicains, nous acceptons la liberté de la parole ici et ailleurs avec tous ses avantages, avec ses périls ; nous la réclamons, nous la défendons. »

Au moment du scrutin final 181 députés – chiffre énorme – votent quand même avec Boulanger.

Devant le danger grandissant que représente ce général en marche vers le pouvoir personnel, Georges Clemenceau et Camille Pelletan, lors d'une réunion au Grand Orient de France qui rassemble plusieurs centaines de personnes, fondent une ligue anti-boulangiste : la Société des Droits de l'homme et du citoyen. Clemenceau est élu président à l'unanimité. Aussitôt cette Société est massivement soutenue par les loges maçonniques.

Le 27 janvier 1889 le boulangisme atteint son apogée.

Ce jour-là, soutenu par Déroulède, Rochefort et Maurice Barrès, Boulanger est triomphalement élu député de la Seine. Le soir, la foule de ses partisans converge vers la place de la Madeleine où il siège entouré de ses fidèles et lui crie : « A l'Elysée ! A l'Elysée ! »

Rochefort et Déroulède le pressent de prendre la tête de la manifestation et de profiter du désarroi qui règne dans les rangs du gouvernement et de la police. L'occasion est propice. Elle ne se représentera peut être plus de si tôt.

Réflexe de militaire discipliné ? Peur des responsabilités ? Ultime sursaut de légalisme ? Manque de volonté et de détermination ? Angoisse devant l'inconnu ? Toujours est-il que Boulanger refuse de franchir le Rubicon et donne comme explication que le pouvoir viendra à lui « légalement ».

De cet instant date le déclin du boulangisme.

Dans les jours qui suivent, le gouvernement reprend la situation en main et laisse entendre qu'il a décidé de traduire Boulanger devant la Haute Cour de Justice pour atteinte à la sûreté de l'Etat. Constans, le ministre de l'Intérieur de l'époque, en distille subtilement la rumeur. Boulanger prend peur et s'enfuit en Belgique, puis à Londres, puis à Jersey.

C'est dans ce contexte que se tiennent les élections législatives de septembre 1889. La loi électorale a été modifiée dans un sens défavorable aux amis de Boulanger. On revient au scrutin d'arrondissement et les candidatures multiples sont désormais interdites.

Les boulangistes se présentent sous l'étiquette unique de « Parti national révisionniste ».

Le premier tour a lieu le 22 septembre. Si Boulanger est élu à Clignancourt (il ne pourra siéger car condamné et réfugié à l'étranger) ses fidèles, eux, sont battus ou en ballottage défavorable.

Au second tour, la discipline républicaine scellée entre radicaux et opportunistes écrase les boulangistes : ils ne seront plus que 38 dans la nouvelle Chambre, dont Maurice Barrès, élu à Nancy.

Cette nouvelle Chambre des députés se compose en définitive de 366 républicains, qui gardent la majorité, face à 210 sièges pour la droite (172 conservateurs et 38 boulangistes).

Dans le Var, Clemenceau, qui a choisi la circonscription de Draguignan pour ce scrutin d'arrondissement, mène avant le premier tour une campagne active, visitant inlassablement villes et villages. Il a trois candidats face à lui : un boulangiste, un candidat local se disant radical et un socialiste. Au premier tour, il arrive en tête et se trouve en ballottage favorable.

Au second, il est élu par 9 495 voix sur 10 207 votants.

Et le dernier acte du boulangisme se joue dans les mois qui suivent : le 30 septembre 1891, Boulanger se suicide à Bruxelles sur la tombe de sa maîtresse, Marguerite de Bonnemains.

C'est Clemenceau qui, dans *La Justice*, donne le mot de la fin – féroce, comme à l'accoutumée – quand il constante :

« Ci-gît Boulanger, qui mourut comme il avait vécu : en sous-lieutenant ».

Général ou sous-lieutenant, il faut convenir que « Boulboul » avait donné des sueurs froides aux républicains.

Dans cette piteuse affaire, Clemenceau et son journal *La Justice* ont été les arroseurs arrosés. Jules Ferry avait bien analysé cette situation quand il avait dit : « Le boulangisme est une création des radicaux, c'est un fléau qu'ils ont déchaîné ; c'est de l'œuvre néfaste accomplie par la presse aux ordres de Clemenceau que nous portons aujourd'hui le poids. » [10]

En effet, la responsabilité de Clemenceau dans l'ascension de Boulanger fut d'autant plus grande qu'il avait lancé son journal à fond dans cette campagne jusqu'à ce que lui et *La Justice* opèrent une spectaculaire volte-face pour brûler ce qu'ils avaient adoré.

Pour le reste, l'échec du boulangisme est aussi l'échec de toute la droite française de cette époque qui avait rallié le panache du général Revanche :

« Ainsi, écrit Jacques Chastenet, après avoir pendant plus de deux ans secoué la France, l'agitation boulangiste entraîne des effets directement contraires à ceux qu'elle se proposait : l'idée révisionniste est condamnée ; l'opposition est fragmentée ; la cause monarchique, dont les chefs ont trahi les principes, est gravement compromise ; la cohésion du parti républicain est cimentée. Bref, la République parlementaire, qu'il s'agissait d'abattre, sort renforcée de la bagarre. Détail significatif : les opportunistes, véritables vainqueurs du scrutin, se qualifient désormais de « républicains de gouvernement ». [11]

Durant la législature qui s'ouvre, la meute des anciens boulangistes va s'acharner sur le Tigre, bien décidée à l'abattre à n'importe quel prix et à lui faire payer chèrement la déconfiture électorale du parti révisionniste.

Une occasion inattendue va être fournie par l'énorme scandale de la Compagnie de Panama, où est très gravement compromis le financier international Cornélius Hertz, qui avait été actionnaire de *La Justice* dans les premières années du journal.

Quand Georges Clemenceau avait fondé *La Justice*, en 1880, le capital de sa société avait été composé de 1 500 actions d'une valeur de 1 000 francs chacune. Ce capital avait été souscrit par lui-même (750 actions) et six amis sûrs qui avaient reçu 150 actions pour les uns ou 100 actions pour les autres.

Dès l'année suivante, le journal avait eu besoin de capitaux frais. Un financier – à l'époque on ne savait pas encore que c'était un véritable escroc international – se proposa d'aider Clemenceau : il s'agissait de Cornélius Hertz, Américain d'origine germanique qui se faisait appeler docteur et naviguait dans les eaux troubles et mêlées de la politique et des affaires. Ses relations seront telles, en France, qu'il réussira à se faire élever au grade de grand-officier de la Légion d'honneur à titre étranger.

Fut-il réellement le commanditaire de *La Justice*. Les ennemis de Clemenceau l'ont prétendu. Ce dernier a toujours proclamé que Cornélius Hertz ne fut que simple actionnaire.

Le 3 novembre 1886, pour que les choses soient claires pour l'opinion publique, Clemenceau fit publier une mise au point dans son journal où on pouvait lire :

« M. Hertz n'est pas commanditaire de *La Justice*. Il a été actionnaire du 26 février 1883 au 15 avril 1885.

« M. Clemenceau lui a cédé, le 26 février 1883, la moitié de ses actions libérées en paiement des sommes versées par lui du 31 mars 1881 au 16 juin 1883.

« Le 15 avril 1885, M. Clemenceau a racheté les actions de M.Hertz.

« M. Clemenceau n'a jamais recommandé M. Hertz à aucun ministre, ni à personne pour aucune affaire, ni pour aucune faveur. »

Si Cornélius Hertz n'a pas été le commanditaire de *La Justice*, il en a été au moins actionnaire et cela suffira aux boulangistes pour accabler Clemenceau et l'entraîner dans le tourbillon du scandale de Panama.

Ce scandale va naître en raison des difficultés financières qu'éprouve la Compagnie fondée en 1880 par le célèbre réalisateur du canal de Suez, Ferdinand de Lesseps. Pour sortir de ces difficultés, les administrateurs envisagent d'émettre pour 600 millions d'obligations d'un type particulier dites « obligations à lots ». Mais pour lancer un tel emprunt d'une telle ampleur, une loi votée par le Parlement est nécessaire. Alors une active campagne publicitaire se déploie au cours de laquelle l'argent coule à flot en direction de nombreux journaux influents. Et comme le gouvernement de l'époque est réticent pour faire voter une telle loi, des chèques sont généreusement distribués à des parlementaires et même à des ministres pour acheter leurs suffrages.

Cornélius Hertz sert d'intermédiaire entre le banquier agissant au nom de la Compagnie et les « chéquards », nom qui sera donné par l'opinion à ces élus compromis.

En juin 1888 la loi autorisant la Compagnie de Panama à émettre cet emprunt à lots est enfin votée et, aussitôt, des obligations sont lancées sur le marché pour un montant de deux millions de francs. Mais les difficultés sont telles que cela ne suffira pas pour éviter la faillite : en février 1889 le tribunal de la Seine prononce la dissolution de la Compagnie.

Actionnaires et obligataires lésés, très nombreux et appartenant souvent aux classes modestes, se groupent alors en association pour défendre leurs intérêts. Ils représentent une masse de manœuvre considérable que les boulangistes décident d'exploiter en dénonçant publiquement à la vindicte populaire les parlementaires corrompus.

Le journal *La Libre Parole* publie une première liste d'élus qui auraient touché des chèques. *La Cocarde*, autre organe boulangiste, diffuse aussi une liste d'hommes politiques où figure, entre autres, Floquet, ancien président du Conseil.

Et le 21 novembre 1892, le député Jules Delahaye, ancien boulangiste, monte à la tribune de la Chambre pour réclamer une enquête parlementaire sur le scandale du Panama, affirmant que cent cinquante membres du Parlement, dont plusieurs ministres, sont compromis. Evidemment, c'est un tollé. A la majorité républicaine qui scande : « Des noms ! Des noms ! » l'orateur oppose un silence obstiné.

Finalement une commission d'enquête est constituée et à la lecture de ses travaux le gouvernement décide d'engager des poursuites contre cinq députés et cinq sénateurs. Tous, sauf un, appartiennent à la majorité républicaine.

Toutefois, pour poursuivre les intéressés en justice, il faut d'abord lever leur immunité parlementaire.

La séance a lieu le 20 décembre 1892.

La levée de l'immunité est votée et tout le monde pense que l'affaire est close quand, à la fin des travaux, Paul Déroulède demande la parole pour interpeller le gouvernement sur les mesures à prendre contre Cornélius Hertz qui s'est réfugié à Londres.

Tout le monde a compris : derrière Hertz, Déroulède va viser Clemenceau pour tenter de le précipiter dans le scandale du Panama.

Il s'interroge d'abord sur la rapide ascension de l'escroc dans les plus hautes dignités de l'Ordre de la Légion d'honneur :

« Qui donc, demande-t-il, a, peu à peu et si vite en même temps, introduit, patronné, nationalisé en France cet étranger ? Car vous vous rendez bien compte qu'il ne s'est pas présenté tout seul, que ce n'est même pas un autre étranger qui l'a pris par la main et poussé au milieu de nous ; il y a fallu un Français ! Un Français puissant, influent, audacieux, qui fût tout ensemble son client et son protégé, son introducteur et son soutien.

« Sans patronage et sans soutien, le petit juif allemand n'aurait pas fait de telles enjambées sur la route des honneurs, il n'aurait pas mis si peu d'années à sortir si complètement, si brillamment, de son bas-fond. Je le répète, il lui a fallu un présentateur, un ambassadeur pour lui ouvrir toutes les portes et tous les mondes, le monde politique surtout…

« Or, ce complaisant, ce dévoué, cet infatigable intermédiaire, si actif et si dangereux, vous le connaissez tous, son nom est sur toutes vos lèvres ; mais pas un de vous, pourtant, ne le nommerait, car il est trois choses en lui que vous redoutez : son épée, son pistolet, sa langue. Eh bien, moi, je brave les trois et je le nomme : c'est M. Clemenceau.

« Dans une journée pareille, où la faux de la justice a déjà atteint tant de têtes, il m'a semblé inique que celle-là fût respectée, et j'ai cru nécessaire et salutaire, sinon de l'atteindre, au moins de la marquer. »

Et Paul Déroulède de douter que Cornélius Hertz ait versé tant d'argent à Clemenceau sans aucune contrepartie, sans aucun service rendu.

Tombe alors, comme un couperet de guillotine, la terrifiante accusation que porte Déroulède contre Clemenceau d'être, avec Cornélius Hertz, un agent de l'étranger :

« Quoi ! s'écrie-t-il, l'un aurait tout donné et l'autre rien ? Et ce serait sans intérêt, sans but, sans profit, que cet Allemand aurait accumulé tous ces versements répétés et redoublés ? A qui le ferez-vous croire, monsieur Clemenceau ? C'est en vérité à se demander si ce qu'il attendait, je ne dis pas ce qu'il exigeait de vous, ce n'étaient pas précisément tous ces renversements de ministères, toutes ces agressions contre tous les hommes au pouvoir, tout ce trouble apporté par vous et votre grand talent dans toutes les affaires du pays et du Parlement.

« Car c'est à détruire que vous avez consacré vos efforts. Que de choses, que de gens vous avez brisés. Combien Cornélius Hertz devait se réjouir de ce spectacle toujours renouvelé !

« Oui, Cornélius Hertz est un agent de l'étranger ! quel deuil et quelle tristesse !

« Un étranger, un cosmopolite de race hostile, d'origine germanique, un Allemand, est venu mettre en coupe réglée nos fortunes, vivre grassement et copieusement dans ce pâturage de l'Europe et, non content de nous avoir emporté de l'argent, c'est aussi un peu d'honneur qu'il nous emporte [...]

« Il reste une justice à exercer contre ceux qui se sont faits ici, chez nous, ses aides, ses alliés, ses complices . En attendant, signalons à la vindicte publique le plus habile, le plus redoutable, le plus coupable de ces complaisants, celui dont la grande majorité de cette Chambre déplorait l'action délétère et malfaisante sans oser lui en faire, non pas seulement un crime, mais un reproche. C'est ce reproche que j'ai eu, moi, le courage de lui faire, autant pour soulager ma conscience que pour éclairer mon pays. » [12]

Clemenceau, qui n'a pas bronché pendant cet implacable réquisitoire, saute alors à la tribune. Il reconnaît que Hertz a été actionnaire de *La Justice* mais nie d'avoir sollicité quoi que ce soit pour ce personnage.

Quant à l'accusation d'avoir été le complice, mieux, le mentor d'un agent de l'étranger, il s'exclame :

« Injure suprême que, je l'avoue, je ne croyais pas avoir méritée de mes plus acharnés ennemis. J'ai trahi l'intérêt français, j'ai trahi la patrie, j' ai amené sur ces bancs une influence étrangère, dont j'ai été l'agent ! Guidé, commandé par cette influence étrangère, assujetti, asservi par elle, j'ai cherché à nuire à mon pays, j'ai cherché par des actes parlementaires à amener le désordre et la perturbation dans ma patrie ! Voilà l'accusation que vous avez porté à la tribune. Il n'y a qu'une réponse à faire : Monsieur Paul Déroulède, vous en avez menti. » [13]

L'affrontement entre les deux hommes a pris une telle ampleur et connaît un tel retentissement dans le pays que cela ne peut se terminer que par un duel.

Il a lieu dans les jours qui suivent.

Six balles sont échangées sans aucun résultat.

« Je n'ai pas tué M. Clemenceau, ironise Paul Déroulède, mais j'ai tué son pistolet. »

Et Léon Daudet d'ajouter : « Ce fut le crépuscule de la réputation de tireur de Clemenceau. » [14]

Mais Paul Déroulède, sans le savoir, avait tué bien autre chose que le pistolet de Clemenceau : il avait abattu l'homme politique.

Dans quelques mois, Clemenceau sera défait aux élections législatives de 1893 dans le Var à l'issue d'une campagne où les arguments de Déroulède seront repris, répétés, amplifiés.

Il faudra au directeur de *La Justice* neuf ans avant de pouvoir reconquérir un poste de parlementaire.

Neuf années où il sera, en totalité et à temps plein, journaliste.

10

Forçat de la plume

L'assaut de Paul Déroulède contre Georges Clemenceau avait fait frémir d'aise tous les ennemis – et ils étaient nombreux – du député du Var.

Au premier rang les boulangistes, évidemment. Mais aussi, moins bruyamment, nombre de républicains opportunistes qui portaient encore la trace des blessures que le Tigre leur avait infligées au cours des législatures précédentes.

Profitant de la vague de réprobation qui frappe les parlementaires et du discrédit qui touche la personne même de Clemenceau, les boulangistes, en juin 1893, quelques mois avant les élections législatives, lancent un deuxième assaut pour terrasser définitivement le directeur de *La Justice*.

A la tribune de la Chambre des députés, l'ancien boulangiste Millevoye montre des lettres qui auraient été soustraites à l'ambassade d'Angleterre et qui mentionneraient le nom de Clemenceau comme étant un agent payé par le Forein Office.

Un autre document, selon l'orateur, contient la liste des sommes versées par le gouvernement anglais à des journaux, des journalistes ou des hommes politiques français. Ainsi, Clemenceau aurait touché 20 000 livres sterling et Rochefort, 3 000.

Ces lettres auraient été remises à Millevoye par un mulâtre du nom de Norton.

Mais au fil de cette lecture, la supercherie apparaît bientôt.

L'affaire est trop grosse pour être vraie.

D'abord surpris, les députés se mettent à rire, puis à huer Millevoye qui, penaud, doit quitter la tribune accablé du mépris de ses collègues. Maurice Barrès intervient même pour désavouer cet orateur qui disqualifie tout le groupe boulangiste.

La Chambre, par 384 voix contre 2, vote un ordre du jour flétrissant ces calomnies odieuses et ridicules.

Au cours du procès en diffamation qui suit, toute la lumière est faite : il est démontré que tous les documents sont des faux et que Norton n'est qu'un escroc.

Clemenceau, qui avait été précipité par ses adversaires dans le cyclone déclenché par le scandale du Panama, n'était donc en rien compromis dans cette affaire ni dans aucune autre. Sa seule imprudence avait été, un temps, d'accueillir Cornélius Hertz parmi les actionnaires de *La Justice* et, ensuite, de conserver des relations avec lui.

N'empêche que la calomnie a porté.

Pendant toute la campagne électorale dans le Var l'étiquette de « vendu à l'étranger » lui colle à la peau. Campagne épouvantable où, à chaque réunion, la salle est envahie par des centaines d'adversaires qui l'empêchent de parler en vociférant des « Aoh yes » signifiant qu'il est un agent de l'Angleterre.

Par la presse, par les affiches, par les rumeurs, les accusations et les insultes pleuvent de partout : c'est une tornade de calomnies.

Ses ennemis lancent même un journal spécial, *L'Anticlemenciste*, où il est accusé de honteux tripotage, dans un milieu composé « d'une horde de gens tarés, besogneux et lancés dans la politique pour la seule satisfaction de mesquins intérêts personnels ». [1]

On lui reproche même de n'être qu'un « parachuté », comme on dirait aujourd'hui, autrement dit de ne se préoccuper en rien des intérêts du Var. La preuve : il ne parle même pas la langue du pays !

Bref, tout est bon pour abattre le Tigre.

En politique, c'est dans ce genre d'épreuve que se juge l'homme. Rien de plus atroce que cette descente aux enfers, sous les huées et les ricanements de la meute des insulteurs. C'est un monde patiemment construit qui s'effondre en quelques heures quand la confiance disparaît, quand les amis s'éloignent, quand les regards se détournent, quand le doute s'installe au cœur même du dernier carré de fidèles. A croire que la démocratie, comme la nature, possède son propre mécanisme de sélection naturelle et tente, par des épreuves de cette sorte, d'éliminer les plus faibles. Alors ne subsiste plus, au milieu des décombres, que la volonté nue. Volonté de tenir, volonté de faire face, volonté de se redresser, volonté de repartir. Ne resteront debout que ceux qui possèdent cet ultime ressort.

Volonté, énergie : Clemenceau n'en manque pas.

Il a décidé non de fléchir mais de se dresser devant la horde de ses adversaires.

Le sort des faussaires Millevoye et Norton venant d'être réglé par un procès à Paris, il arrive aussitôt après à Draguignan.

Dès le lendemain, à Salernes, dans un bourg de 3000 habitants situé à une vingtaine de kilomètres de Draguignan, où il avait été accueilli avec chaleur quatre ans plus tôt, il prononce un extraordinaire discours, peut-être le plus élevé de toute une carrière qui en compte beaucoup de marquants, en tout cas le plus noble et le plus émouvant.

Dès les premiers mots, on a compris que ce n'est pas un vaincu qui se présente devant ses électeurs, mais un combattant et, comme il le dit lui-même, un républicain de bataille :

« Après une longue épreuve, commence-t-il, je me présente devant vous. C'est le sort des hommes politiques – je parle des hommes de combat – d'être exposés à toutes les surprises, à tous les attentats.

« Autrefois on les assassinait ; c'était l'âge d'or.

« Aujourd'hui, contre eux, l'entreprise réputée infâme paraît légitime ; contre eux le mensonge est vrai ; la calomnie, louange ; la trahison, loyauté. [...]

« J'ai lu que c'était un honneur d'être le point de mire de telles attaques, un honneur redoutable, qu'on ne peut affronter que cuirassé de haute indifférence, capable d'endurer tout sans défaillir, et toujours face à l'ennemi, jusqu'à ce que la fortune se lasse et fasse honte aux hommes.

« Attaqué de tous les côtés à la fois, insulté, vilipendé, lâché, renié; sous les accusations les plus infamantes, je n'ai pas faibli ; et me voici debout, devant vous pour qui j'ai subi ces outrages, prêt à vous rendre des comptes. »

Et, pour la première fois dans une allocution de ce genre, il parle de lui : de ses combats de jeunesse contre le Second Empire, de sa fonction de maire de Montmartre pendant le Siège, de l'exécution des généraux Lecomte et Thomas, de ses premiers pas de député.

Et de justifier, au passage, ses attaques contre d'autres républicains :

« Sans doute, pour le triomphe de nos idées communes, fort de l'assentiment de mes commettants, vigoureusement secondé par mes amis, j'ai dû livrer plus d'un combat à des républicains ; à des républicains qui étaient les plus nombreux, les plus forts, et – j'en puis témoigner – de leur côté très ardents contre nous.

« Le parti républicain peut-il se soustraire à ce qui est la vie même de l'humanité, la lutte entre l'esprit de stabilité, de conservation, et l'esprit d'évolution, de réforme, de progrès ? Dans notre parti commun, pour la réformation politique et sociale, nous avons donc obstinément bataillé, tous solidaires, vous mes commettants, moi votre mandataire.

« Mais ce que j'ai le droit de dire aujourd'hui sans craindre un démenti, c'est que, étranger à la politique d'insultes et de haine, j'ai combattu les idées, non les personnes ; c'est que, en lutte avec des républicains, j'ai toujours respecté mon parti ; c'est que, au plus fort de la bataille, ne perdant jamais de vue le but commun, j'ai conclu toujours par un appel à la solidarité commune contre l'ennemi commun ; c'est qu'enfin, attaqué, injurié, calomnié par certains républicains, et pouvant parfois user de mortelles représailles, je ne l'ai pas fait.

« Il est vrai, j'ai renversé des ministères. Des personnages plus ou moins désintéressés me le reprochent souvent.

« Ce qu'on ne dit pas, c'est que les modérés ont, à travers tout, sous des noms divers, maintenu les mêmes hommes et la même politique d'atermoiement.

« J'ai fondé un journal pour servir la politique de réformes. Notre plate-forme, c'était la République par l'application de ce qui a constitué notre parti : le vieux programme républicain. Développer l'action du suffrage universel, accroître son efficacité par la plus large diffusion de l'instruction à tous les degrés ; mieux répartir les charges publiques ; débarrasser l'individu des vieilles entraves monarchiques qui l'enserrent. Vis-à-vis de l'Eglise, la liberté de conscience, la sécularisation de l'Etat. Dans le domaine économique et social, rechercher le principe par où se résume tout le programme républicain : la Justice. Enfin, pour refaire la France vaincue, ne pas gaspiller son sang et son or dans des expéditions sans profit. »

Après avoir réfuté ainsi, point par point, toutes les accusations de ses ennemis il constate :

« Contre moi, j'ai l'orgueil de dire que la meute a donné tout entière d'une rage inouïe. Ce fut une belle chasse, longue et pourtant endiablée, où nul ne s'épargna, ni les valets, ni les chiens. Il n'y manqua que l'hallali trop tôt sonné !

« Prenant prétexte de tout, dénaturant tout, mentant, calomniant, faisant des faux, toute une bande accusatrice se leva d'un seul coup contre moi.

« On réveilla tout, on fouilla ma vie, on n'épargna rien. »

Et de conclure :

« Parlerai-je de ma situation personnelle ?

« J'ai réglé mes dettes de jeunesse par un emprunt chez un notaire de Nantes. On peut y aller voir, la dette subsiste encore. Où sont les millions ?

« J'ai marié ma fille sans dot. Où sont les millions ?

« Je suis installé depuis six ans dans mon domicile actuel. Le marchand de meubles et le tapissier ont été peu à peu réglés par acomptes. Je n'ai pas encore fini de les payer. Où sont les millions ?

« Voici à quels aveux on réduit les serviteurs désintéressés de la République.

« Que la honte de cette humiliation soit sur ceux qui ont rendu cette confession nécessaire. » [2]

Ce discours de Salernes, s'il a impressionné les auditeurs présents, n'a pas le pouvoir de renverser le courant : le 20 août 1893, au premier tour des législatives, Clemenceau doit affronter neuf candidats qui se présentent contre lui. Au second tour, il est battu par un certain Jourdan qui obtient 9 503 voix alors que lui n'en recueille que 8 610.

En vérité, tous se sont ligués contre lui : boulangistes, socialistes, opportunistes, monarchistes, cléricaux…

Dès le lendemain, il reprend le train pour Paris et s'accorde quelques jours de repos en Vendée.

Pendant ce temps, toute la presse commente le scrutin de Draguignan et nombre de journaux annoncent la mort politique du Tigre.

Certains de ses amis commettent l'erreur de penser de même.

Ainsi d'Auguste Scheurer-Kestner qui écrit dans ses carnets :

« Cet homme monte bien à cheval mais ne sait guère se conduire. Il a renversé les ministres en un tour de main, sans s'inquiéter de la qualité de ses appuis, songeant encore moins au lendemain...Cet homme pouvait espérer être quelqu'un. Qu'est-il aujourd'hui ? Moins qu'un ancien ministre. Son rôle est fini ; il appartient désormais à la tribu des remplaçants qui ne remplacent jamais qu'eux-mêmes. » [3]

Conclusion imprudente : il ne faut jamais dire d'un homme politique que son rôle est fini. L'histoire regorge d'exemples contraires...

Non, le Tigre n'est pas mort, il n'est que blessé.

De retour à Paris, il réorganise *La Justice* pour en réduire les frais de fonctionnement. Car la situation financière du quotidien est tout autre que celle décrite par Déroulède. Le journal est gravement endetté. Le tirage est en baisse. Il faut payer ou déposer le bilan. On commence de s'apercevoir que Clemenceau, loin de s'être enrichi comme le proclament ses adversaires, éprouve beaucoup de difficultés à faire face aux échéances.

Clemenceau s'est tellement endetté pour son journal que sa dernière dette ne s'éteindra qu'en ... 1920 ! Cette année-là, à soixante-dix-neuf ans, il fera, en auto, un aller-retour Paris-Arcachon pour rembourser 20 000 francs à la veuve du sénateur belge Lambiotte qui lui avait avancé cette somme. [4]

Le fidèle Gustave Geffroy a raconté comment, aussitôt après sa défaite dans le Var, le « patron » a réorganisé son journal après avoir changé d'immeuble pour réduire les frais :

« Très nettement, il décida de garder son journal avec une rédaction restreinte, et d'y écrire. Il n'avait plus la parole, il avait sa plume et son encrier qu'il pouvait installer n'importe où, sur une table de bois blanc. Ce qu'il fit. Les locaux étaient de moins en moins spacieux ; les quelques-uns qui restèrent avec Clemenceau prirent place dans la plus grande pièce, le patron occupa un réduit où il pouvait recevoir un visiteur à la fois ; l'administration se blottit dans un coin. Des crédits et de nouveaux arrangements furent obtenus des imprimeurs et des marchands de papier. » [5]

Le 3 octobre 1893, la réorganisation de *La Justice* achevée, Clemenceau y signe son premier article au titre – ô combien – révélateur : *En Avant !*

Au passage, remarquons ceci : cet article paraît un mois exactement après la défaite de Draguignan. C'est dire que le Tigre ne s'est pas laissé abattre et a déjà surmonté son échec pour se projeter dans l'avenir.

A partir de cet instant, il devient un véritable forçat de la plume :

« Pendant quatre années, raconte Gustave Geffroy, tous les jours, sauf les arrêts de quelques voyages et vacances, il écrivit sur la politique, sur l'armée, sur la marine, sur les questions sociales, sur les grèves, etc. des articles de toutes les formes, véhéments, graves, pressants, spirituels, tous nourris de faits et de réflexions, et d'un langage correct et net, brillant et imprévu. Ce fut une révélation et une stupéfaction. On connaissait la force de l'orateur, la riche substance de ses discours à base solide de documentation vérifiée. On ne connaissait pas la variété du savoir, l'armature solide de la critique philosophique et, en même temps, la présence d'esprit journalière, la blague armée en guerre, l'ironie voltairienne aiguisée en boutades de Gavroche, qui révélèrent en peu de temps un Clemenceau maître de la pensée et polémiste redoutable. En quelques jours peut-on dire, sa renommée d'écrivain prit son essor. » [6]

S'il n'est plus député, Clemenceau reste toutefois présent au centre de la vie politique, mais surtout comme cible.

Ainsi en juillet 1894, un mois après l'assassinat à Lyon du président de la République Sadi Carnot par l'anarchiste italien Caserio, se voit-il attaqué, en pleine Chambre des députés, par un jeune parlementaire en mal de renommée, Paul Deschanel, lors de la discussion d'un projet de loi visant à réprimer les menées anarchistes.

Deschanel, dans un discours plein de sous-entendus, évoque « un journal qui, du temps du scandale de Panama, discréditait tous les hommes utiles à la politique républicaine ». Un journal qui, selon lui, « était mêlé à tous les actes de politique étrangère et s'apprêtait à livrer l'Egypte aux Anglais, en risquant de laisser tomber Tunisie et Bizerte aux mains de l'Italie ». [7]

Camille Pelletan, qui se trouve en séance, interrompt l'orateur et lui demande si de tels propos visent le directeur de *La Justice*. Devant la réponse affirmative de Deschanel la riposte de Clemenceau fuse le 27 juillet sous la forme d'un court texte qu'il publie dans son journal :

« Un jeune drôle, du nom de Paul Deschanel, s'est permis de baver sur moi hier à la Chambre.

« Ce polisson qui procède par basses insinuations profère à l'égard de *La Justice* des allégations qu'il sait mensongères.

« M. Paul Deschanel est un lâche.

« M. Paul Deschanel a menti. » [8]

Devant une telle réplique, Deschanel, se jugeant offensé, provoque Clemenceau en duel. La rencontre a lieu le jour même à l'épée de combat. Durant l'affrontement, Deschanel ne cesse de reculer devant les assauts furieux de Clemenceau, qui ironise sur cet instinct de fuite de son adversaire. Finalement, Deschanel est blessé au front et a la paupière droite percée. Il quitte le terrain la tête enveloppée de linges.

« C'était assez ridicule, constate Clemenceau en racontant l'affaire à une amie. Voilà mon duel, je n'en suis pas fier. Mais je crois que Paul n'en demandera pas un autre ni avec moi ni avec personne. » [9]

Ironie de l'histoire : en janvier 1920, c'est Paul Deschanel qui sera élu président de la République face à Georges Clemenceau.

Les attaques de Deschanel contre *La Justice* n'empêchent pas le journal de poursuivre sa route.

En 1895, Clemenceau publie l'un de ses livres les plus importants, *La Mêlée Sociale*, constitué, précisément, d'articles écrits dans *La Justice* mais précédés d'une préface capitale qui nous livre sa pensée et nous éclaire sur sa démarche alors qu'il vient d'atteindre ses cinquante-quatre ans et que s'achève cette première partie d'une vie intense vouée à la politique et au journalisme.

C'est deux ans plus tard, en octobre 1897, que *La Justice*, aux prises avec des difficultés financières de plus en plus croissantes, cessera de paraître.

Mais l'activité de journaliste de Clemenceau sera loin d'être terminée.

Au contraire, un autre combat l'attend, qu'il va mener tambour battant dans un autre journal, *L'Aurore*, avec son ami Emile Zola : le combat pour la réhabilitation d'un certain capitaine Dreyfus…

11

Clemenceau expliqué par Darwin et Spencer

Avant de retrouver Clemenceau dans la tourmente de l'affaire Dreyfus il importe de s'arrêter quelques instants sur cette forte personnalité qui, de 1876 à 1893, constamment réélue jusqu'à son échec dans le Var, a dominé la vie parlementaire française.

L'époque est importante : après le vote des Lois constitutionnelles de 1875, on assiste aux premiers pas d'une Troisième République qui va durer jusqu'en 1940, c'est-à-dire soixante-cinq ans. Les impulsions et les orientations données à cette République pendant son enfance et son adolescence seront donc déterminantes pour l'avenir.

Clemenceau, avec d'autres, parmi d'autres – mais les dominant presque toujours – sera l'un des hommes de cette enfance et de cette adolescence.

Cette domination fut-elle exclusivement négative et destructrice comme l'a prétendu Paul Déroulède ? L'ancien maire de Montmartre est-il l'exemple même de l'éternel opposant, du perpétuel négateur, d'autant plus redoutable que ses assauts parlementaires sont accompagnés et soutenus par son journal ? Est-ce une ambition personnelle démesurée qui explique qu'il s'en prenne toujours, lui le républicain dans l'âme, à des gouvernements républicains ? Ou faut-il expliquer son attitude par son caractère – son mauvais caractère – emporté, irascible, entêté ?

Au fur et à mesure que l'on égrène de telles interrogations on s'aperçoit que ces explications restent à la surface des choses et laissent l'esprit insatisfait. Plus exactement, elles ne correspondent ni à l'intelligence ni à la culture du personnage. Et l'on pressent qu'il doit exister des raisons moins superficielles, plus profondes, à cette attitude d'éternel opposant.

Pour trouver ces raisons il importe, d'une part, d'analyser avec attention les grands discours de cette époque et, d'autre part, de relire ce qu'écrit de lui son plus fidèle mais aussi son plus perspicace ami : Gustave Geffroy.

Alors, d'un côté comme de l'autre, on voit apparaître un mot qui livre la clé de ce Clemenceau-là : le mot EVOLUTION, dans le sens que Darwin à donné à ce terme.

Clemenceau est un homme qui croit profondément à la théorie darwinienne de l'évolution : il l'a longuement étudiée et il l'applique à tous les compartiments de la vie, y compris la vie politique.

On sait que la théorie de Darwin repose sur trois idées principales :

Première idée : Le spectacle de la nature nous offre la vision d'un monde en lutte perpétuelle pour la vie. Lutte des espèces entre elles. Lutte des individus à l'intérieur d'une même espèce. Lutte de chaque espèce contre un environnement hostile auquel il faut s'adapter pour durer.

Deuxième idée : Dans chaque espèce, certains individus portent en eux des caractères avantageux qui leur permettent, mieux que d'autres, de survivre, de s'adapter, de se développer. Cette « sélection naturelle » est le moteur de l'évolution.

Troisième idée : La vie n'est donc pas quelque chose de fixe ni de statique : elle est en perpétuel mouvement et soumise à une constante évolution.

Ajoutons que ces hypothèses darwiniennes excluent, comme le remarque Jean Rostand, « tout facteur transcendant dans la formation des êtres », ce qui rejoint la philosophie matérialiste qui est celle de Clemenceau. [1]

Clemenceau s'empare donc des thèses de Darwin pour les transférer du monde de la nature dans le monde politique et social. En bon matérialiste, il considère que la politique et le social n'appartiennent pas à une sphère à part qui aurait ses propres lois mais sont, eux aussi, une émanation de la matière et, en conséquence, soumises à la théorie de l'évolution.

Conclusion : dans le monde politique et social comme dans l'autre, certains individus doivent être, eux aussi, porteurs de caractères particuliers orientés dans le sens de l'évolution.

Cette hypothèse que la théorie de l'évolution puisse s'appliquer non seulement aux espèces végétales et animales mais aussi au monde des idées, autrement dit au monde politique et social, Clemenceau la doit au philosophe évolutionniste anglais Herbert Spencer, qui a repris et prolongé la théorie de Darwin.

Clemenceau connaît Spencer. Il l'a rencontré en Angleterre avant son départ pour l'Amérique. Ses livres lui sont familiers. D'autant qu'en 1876 les œuvres principales de Spencer avaient été toutes traduites en français et étaient donc accessibles. Au demeurant Clemenceau qui connaissait parfaitement l'anglais n'avait nul besoin de traduction pour lire et comprendre ce philosophe.

Pour Spencer, l'évolution est un processus universel s'appliquant aussi bien aux phénomènes cosmiques, physiques et biologiques qu'à ceux de nature psychologiques et sociologiques. La loi de l'évolution est donc partout et explique aussi bien les changements du cosmos que ceux de la vie sociale. La société barbare qui se transforme progressivement en société civilisée opère ce changement sous l'effet de la même loi d'évolution qui touche d'autres secteurs de l'univers.

En d'autres termes, l'accès progressif de l'humanité à la civilisation, le passage, pour l'homme, de la mêlée bestiale à la vie sociale, en clair, le chemin qui va d'un état marqué par la guerre de tous contre tous jusqu'à une société régie non plus par la violence mais par des règles de Droit, tout cela montre bien dans quelle direction marche l'évolution.

Et cette direction, pour Clemenceau, s'exprime politiquement par cette constatation : l'évolution des sociétés humaines marche vers plus de liberté et plus de justice.

Il est donc dans le destin de certains hommes politiques, voire de certains partis, d'être les promoteurs, les combattants, les porteurs des idées de liberté et de justice.

Et la forme constitutionnelle qui permet le maximum de liberté et de justice, c'est la République. Mais la République en mouvement, porteuse de réformes, et non la République statique, figée, repliée sur elle-même.

Pour Clemenceau, la République des modérés, des opportunistes, des Gambetta et des Ferry, est une République qui tend à bloquer, à figer, à contrarier l'évolution. Il faut lui opposer une République en action qui, elle, épouse les lignes de l'évolution : ce sera la République « radicale ».

Ainsi s'explique ce terme qui signifie : sans compromis, sans complaisance, sans concession.

Ainsi s'expliquent les positions dites « extrémistes » de Clemenceau qui, parfois, l'ont fait considérer comme un révolutionnaire, voire un anarchiste. Ces positions avancées ne sont pas, chez lui, une pose, encore moins une coquetterie intellectuelle mais résultent d'une analyse « scientifique » de la réalité.

N'oublions jamais que la formation première et profonde de Clemenceau est médicale et qu'à partir de cela il s'est toujours intéressé au problème dominant de son époque : celui de l'évolution. Et ajoutons encore ceci : c'est en 1862 que paraît en France la première traduction du livre fameux de Charles Darwin : *De l'origine des espèces*. Cette année-là, Clemenceau est étudiant en médecine à Paris et ce livre produit sur lui une profonde impression. Toute sa vie il sera un admirateur de Darwin et aussi de Lamarck.

Rien d'étonnant donc si les mots de progrès, de réforme, de liberté, de justice, reviennent constamment dans ses paroles et ses écrits. Ils traduisent en politique une théorie de l'évolution analogue à celle que Darwin a établie dans le domaine des espèces animales et que Spencer a prolongée dans le monde social.

De nombreux textes de Clemenceau peuvent être cités à l'appui de la thèse que nous venons d'évoquer.

Souvenons-nous du discours de Salernes et de cette question capitale :

« Le parti républicain peut-il se soustraire à ce qui est la vie même de l'humanité, la lutte entre l'esprit de stabilité, de conservation, et l'esprit d'évolution, de réforme, de progrès ? »

En 1906, lors d'un duel oratoire avec Jean Jaurès, il reviendra encore sur la même idée :

« Où avez-vous vu, demandera-t-il, que jamais une société au monde soit sortie d'un cerveau de génie ? N'est-il pas vrai que tout état social est le produit d'une longue évolution d'états successifs ? »

Enfin Gustave Geffroy, comparant Benjamin et Georges – le père et le fils – après avoir souligné la philosophie « anarchisante » dont le père était possédé, écrit :

« Chez le fils, une autre philosophie que la philosophie anarchisante a fait son œuvre, la philosophie de l'évolution sans laquelle rien ne peut se créer de durable et qui est la cause explicative de toute la carrière de Clemenceau. » [2]

Toutefois, là où se montre en pleine lumière l'influence darwinienne sur la pensée de Clemenceau, c'est dans la préface de son livre *La Mêlée Sociale*. [3]

Dès les premières pages, il souligne que c'est Darwin qui a mis au jour « le grand conflit vital, la loi de l'universelle tuerie ». Et d'ajouter :

« N'est-ce pas vraiment un prodige que l'humanité ait eu besoin des méditations des siècles, des observations, des recherches, de l'effort de pensée des plus grands esprits pour aboutir à découvrir avec surprise, après tant d'âges écoulés, le combat pour la vie ? Chaque organisme, du grand au petit, oscille, dans la douleur ou dans la joie, entre les forces de conservation et d 'évolution qui se le disputent. La loi du développement de l'un se heurte à la loi du développement de l'autre. Conflit, bataille, il faut un vainqueur et un vaincu.» [4]

Mais, pour Clemenceau, l'évolution du monde moderne va faire jaillir, du haut des égoïsmes, la notion supérieure de la solidarité des hommes. Et cette solidarité s'incarne dans le Droit :

« Le Droit, au sens strict du mot, est une conception relativement moderne. Son apparition dans la réalité légale a été une immense révolution, qui a tiré l'humanité d'un empirisme de férocité mitigée de douceur. Qu'est-ce au fond cependant, sinon l'organisation des égoïsmes se contenant l'un par l'autre ?

« Les sociétés humaines se sont fondées sur la force. Les théoriciens du Droit ne sont venus qu'après. Dans la lutte qui s'est instituée entre ces deux principes la force a pris mille noms divers, mille déguisements nouveaux, ingénieuse à se dissimuler, comme aujourd'hui, jusque sous le nom de liberté. Le Droit, qui n'a que la puissance de l'idée, gagne du terrain partout et jamais ne recule. Aidons-le à se dégager, à vaincre, puisque sa victoire ne doit pas faire de vaincus, puisque son triomphe est le triomphe de tous. » [5]

Ainsi se montre un autre Clemenceau que celui qui apparaît dans les combats politiques quotidiens, toujours réducteurs. Un Clemenceau que Léon Daudet avait entrevu, à savoir : un homme de culture dominant le milieu parlementaire de son époque. Un homme passionné de science et de philosophie et capable d'analyser son temps à la lumière de ces deux disciplines. Un homme à la fois d'action et de méditation, espèce rare en politique, et non pas un négateur sommaire ou un aventurier irresponsable.

Un homme, enfin, tout à fait capable de surmonter la dure épreuve d'un échec électoral non seulement par la force de la volonté mais encore par la puissance de l'intelligence, l'étendue de la culture, la vigueur de la plume.

<u>DEUXIÈME PARTIE</u>

COMBAT POUR LA JUSTICE

« La violation des droits d'un seul
a pour conséquence fatale
la violation des droits de tous. »

Clemenceau

12

Le traître

Un matin du mois de septembre 1894, une femme de ménage travaillant à l'ambassade d'Allemagne à Paris, Marie Bastian, qui se fait passer pour simple d'esprit mais qui, en réalité, est une espionne au service de l'Armée française, ramasse dans la corbeille à papier de l'attaché militaire de cette ambassade, Maximilien Von Schwartzkoppen, un ensemble de documents parmi lesquels se trouve une lettre missive déchirée en plusieurs morceaux.

Comme d'habitude cette moisson de papiers est discrètement remise au commandant Henry, membre de la Section de Statistique de l'Etat-Major, autrement dit le service de renseignements de l'Armée, qui a vite fait de reconstituer cette lettre. Ce qu'il y découvre lui semble suffisamment important pour qu'il en avise aussitôt son chef, le lieutenant-colonel Sandherr.

Ainsi commence l'affaire Dreyfus.

Comme un banal roman d'espionnage.

Avant de se transformer en tragédie humaine et de se poursuivre en drame national.

Cette lettre missive énumère plusieurs envois (de ce fait elle sera appelée tout au long de l'Affaire, « le bordereau »). Rapidement, elle est transmise au général Mercier, ministre de la Guerre dans le cabinet Charles Dupuy. A son tour il en découvre le contenu, rédigé par une main anonyme :

« Sans nouvelles m'indiquant que vous désirez me voir, je vous adresse cependant, Monsieur, quelques renseignements intéressants.

«1° Une note sur le frein hydraulique du 120 et la manière dont s'est conduite cette pièce ;

«2° Une note sur les troupes de couverture (quelques modifications seront apportées par le nouveau plan) ;

«3° Une note sur une modification aux formations de l'artillerie ;

«4° Une note relative à Madagascar ;

«5° Le Projet de manuel de tir de l'artillerie de campagne (14 mars 1894)

« Ce dernier document est extrêmement difficile à se procurer et je ne puis l'avoir à ma disposition que très peu de jours. Le ministère de la Guerre a envoyé un nombre fixe dans les corps, et ces corps en sont responsables. Chaque officier détenteur doit remettre le sien après les manœuvres. Si donc vous voulez y prendre ce qui vous intéresse et le tenir à ma disposition après, je le prendrai. A moins que vous ne vouliez que je le fasse copier in extenso et ne vous en adresse la copie.

« Je vais partir en manœuvres. » [1]

Pour le général Mercier il n'y a aucun doute : ce bordereau prouve qu'il existe un traître dans le personnel haut placé du ministère de la Guerre. Sans perdre de temps il donne ses ordres au chef d'Etat-Major de l'Armée, le général de Boisdeffre et au sous-chef, le général Gonse :

« Le cercle des recherches est petit, circonscrit à l'Etat-Major. Cherchez. Trouvez. » [2]

Après avoir lu, relu et analysé ce bordereau, après de multiples recoupements et déductions, de Boisdeffre, Gonse, Sandherr et Henry acquièrent la conviction que l'auteur doit être un officier. Vraisemblablement un artilleur. Très au fait des questions techniques. Donc ayant travaillé dans les différents bureaux de l'Etat-Major. Or seuls les officiers stagiaires, durant leur formation, passent ainsi d'un service à un autre.

Des photographies du bordereau sont réalisées et soumises aux responsables. Puis on établit la liste des officiers qui, récemment, ont été stagiaires. Ainsi découvre-t-on que l'écriture du bordereau ressemble à celle d'un nommé Alfred Dreyfus, que le colonel Fabre, chef du 4ème bureau, a d'ailleurs sévèrement noté à l'issue de son stage, voilà quelques mois :

« Officier incomplet, très intelligent et très bien doué, mais prétentieux et ne remplissant pas au point de vue du caractère, de la conscience et de la manière de servir les conditions nécessaires pour être employé à l'Etat-Major de l'Armée. » [3]

Qui est cet Alfred Dreyfus ?

Né en 1859 en Alsace, il appartient à un milieu d'industriels juifs de Mulhouse dont beaucoup ont choisi la France après l'annexion de l'Alsace par l'Allemagne. Alfred est le dernier né d'une famille de sept enfants, quatre garçons et trois filles.

« Mon enfance, racontera-t-il plus tard, s'écoula doucement sous l'influence bienfaisante de ma mère et de mes sœurs, d'un père profondément dévoué à ses enfants, sous la touchante protection de frères plus âgés. » [4]

Très tôt, il décide d'être militaire. Il prépare le concours de l'école polytechnique où il entre à dix-neuf ans. Il en sort en 1880. Il est nommé sous-lieutenant d'artillerie à l'Ecole d'application de Fontainebleau.

Au moment de la découverte du bordereau, il a trente-cinq ans. Il mène une vie privée paisible avec son épouse, née Lucie Hadamard, fille d'un riche diamantaire. Alfred et Lucie ont deux enfants, Pierre et Jeanne. Ils habitent un appartement confortable dans le XVIe arrondissement de Paris.

Si Alfred Dreyfus a la réputation d'être intelligent et travailleur, il est peu estimé de ses camarades. Ayant de l'argent, et ne le cachant pas, il est en proie à la jalousie des officiers sortis du rang, qui ne disposent que de leur solde pour vivre, et il est méprisé de ceux qui viennent de l'aristocratie et qui, majoritairement, sont antisémites.

Quand le colonel Sandherr, dont l'antisémitisme est connu de tout le monde, apprend qu'il existe une ressemblance entre l'écriture du bordereau et celle du juif Dreyfus il s'exclame : « J'aurais dû m'en douter ! »

Une première expertise d'écriture est demandée au commandant du Paty de Clam, dont l'une des passions est la graphologie. Il constate des similitudes mais souhaite avoir confirmation de ses observations par une deuxième expertise. Elle est confiée à Gobert, expert auprès de la Banque de France qui, lui, se montre réservé et relève plutôt de nombreuses dissemblances. Une troisième expertise est donc demandée à Alphonse Bertillon, chef du service de l'identité judiciaire à la Préfecture de police. Il conclut sans hésiter, après avoir comparé le bordereau à d'autres documents rédigés de la main de Dreyfus, que les écritures sont identiques.

Le lundi 15 octobre 1894, Alfred Dreyfus est convoqué dès 9 heures du matin au ministère de la Guerre dans le bureau du commandant du Paty de Clam. Prétextant une blessure à la main, ce dernier demande à Dreyfus de rédiger une lettre de service qui doit être expédiée d'urgence. Il s'agit en réalité d'effectuer une dernière comparaison d'écriture : elle est suffisamment probante pour permettre l'arrestation immédiate d'Alfred Dreyfus. Accusé de haute trahison, il est immédiatement incarcéré à la prison du Cherche-Midi.

Pendant deux semaines cette arrestation reste secrète mais le lundi 29 octobre le journal antisémite *La Libre Parole*, dirigé par Edouard Drumont, publie un entrefilet où cette question est posée :

« Est-il vrai que récemment une arrestation fort importante ait été opérée par ordre de l'autorité militaire ?

« L'individu arrêté serait accusé d'espionnage. Si la nouvelle est vraie, pourquoi l'autorité militaire garde-t-elle un silence si absolu ?

« Une réponse s'impose ! »

Le cas de Dreyfus vient de tomber dans le domaine public.

Deux jours plus tard l'Agence Havas confirme l'information et, au même moment, le quotidien *Le Soir* livre à ses lecteurs le nom du prévenu : Alfred Dreyfus.

Dès le lendemain, un énorme titre barre toute la première page de *La Libre Parole* : « Haute trahison. Arrestation de l'officier juif A. Dreyfus. »

Et je journal ajoute que cette affaire sera sans doute étouffée parce que cet officier est juif.

Dans les jours qui suivent, toute la presse antisémite dénonce « la juiverie » qui se trouve dans le haut Etat-Major, accable Dreyfus et pourfend l'incurie, la bêtise et la mauvaise foi du général Mercier, ministre de la Guerre, qui est accusé de vouloir étouffer l'affaire.

Il est vrai que cette arrestation arrive à point nommé pour soutenir et justifier les thèses d'Edouard Drumont qui, dans son journal, mène depuis plusieurs années une violente campagne contre la présence d'officiers juifs dans l'armée.

Drumont, qui sera tout au long de l'Affaire l'un des meneurs des Antidreyfusards, était né à Paris en 1844. Après avoir été employé à la Préfecture de la Seine, il s'était tourné vers le journalisme, écrivant dans *Le Nain Jaune, Le Bien Public, Le Gaulois, Le Petit Journal, La Liberté*. En 1878, il avait publié un premier livre, *Mon vieux Paris*, mais c'est en 1886 que la célébrité lui était venue avec *La France Juive*, un ouvrage qui avait connu un succès retentissant et qui aura cent cinquante éditions.

Puis Drumont avait fondé *La Libre Parole*, quotidien antisémite qui proclamait dans sa têtière : « La France aux Français ». Aussitôt il avait engagé son journal dans la lutte contre la présence d'officiers juifs dans l'Armée.

Rien d'étonnant donc si Drumont lance la campagne de presse contre Dreyfus dès qu'il est informé de l'arrestation de ce dernier.

Le 2 novembre, le général Mercier informe officiellement le Conseil des ministres et obtient l'autorisation d'ouvrir une instruction judiciaire contre Dreyfus. Le commandant d'Ormescheville en est chargé. Malgré la faiblesse des accusations qui ne reposent que sur le bordereau, et en dépit du désaccord des experts en écriture, Dreyfus est traduit devant le Conseil de guerre de Paris.

Le procès s'ouvre le 19 décembre.

Il se déroule à huis-clos.

L'accusé, qui est assisté de maître Demange et qui ne cesse de clamer son innocence, est accablé par le commandant Henry qui, se tournant vers lui, s'écrie : « Le traître, le voici ! ».

Après la plaidoirie de maître Demange, les juges se retirent pour délibérer. C'est alors qu'au mépris du droit le plus élémentaire de la défense, on leur soumet un « dossier secret » dont ni Dreyfus ni maître Demange n'ont eu connaissance et qui contient plusieurs pièces, dont des faux, qui accablent l'accusé. Ainsi d'une lettre que Schwartzkoppen aurait reçue de son ami Panizzardi, attaché militaire à l'ambassade d'Italie, et qui évoque « ce canaille de D... », lequel lui aurait vendu douze plans directeurs des fortifications de la ville de Nice. Tous les documents de ce dossier secret ont été authentifiés aussi bien par le chef du service de renseignements que par le ministre de la Guerre lui-même.

Tout cela amène les juges militaires à déclarer Dreyfus coupable à l'unanimité.

Le 22 décembre 1894, Dreyfus est condamné à la dégradation et à la déportation perpétuelle dans une enceinte fortifiée.

Clemenceau a suivi cette affaire sans intervenir. Ce n'est qu'au lendemain de la condamnation de Dreyfus qu'il fait connaître sa position dans un éditorial que publie *La Justice* du 25 décembre 1894.

Cet éditorial, qui porte comme titre « Le traître », est accablant pour le condamné :

« Alfred Dreyfus, écrit-il, est un traître et je ne fais à aucun soldat l'injure de le mettre en parallèle avec ce misérable [...]

« Le crime est si épouvantable qu'on a voulu douter jusqu'au dernier moment. Un homme élevé dans la religion du drapeau, un soldat honoré de la garde des secrets de la défense nationale, trahir – mot effroyable !- livrer à l'étranger tout ce qui peut l'aider dans les préparatifs d'une invasion nouvelle, cela paraissait impossible.

« Comment se trouve-t-il un homme pour un tel acte ?

« Comment un être humain peut-il se faire si déshonoré qu'il ne puisse attendre qu'un crachat de dégoût de ceux-là mêmes qu'il a servis ? [...]

« Puisque le malheur veut qu'il y ait des êtres capables de trahison, il faut que ce crime apparaisse aux yeux de tous comme le plus exécrable forfait qui se puisse commettre, et le plus impitoyablement frappé. » [5]

La veille, à la tribune de la Chambre des députés, Jean Jaurès avait eu la même position, s'étonnant que Dreyfus n'ait pas été condamné à mort « alors que l'on fusille sans grâce et sans pitié de simples soldats coupables d'une minute d'égarement ou de violence. » [6]

Ainsi, les deux hommes politiques les plus en vue de leur époque sont-ils persuadés, comme la majorité des Français, de la culpabilité de Dreyfus. Comment pourraient-ils imaginer que les plus grands chefs de l'Armée aient pu bâcler une enquête, mentir, couvrir des faux, circonvenir des juges ?

« J'ai cru, dira plus tard Clemenceau, à la culpabilité de Dreyfus, et je l'ai dit en termes cruels. Il me paraissait impossible qu'une pareille sentence eût été prononcée légèrement par des officiers contre un de leurs pairs. » [7]

C'est pourquoi il mettra du temps à devenir Dreyfusard : deux ans et dix mois exactement.

Mais dès qu'il sera convaincu qu'une erreur judiciaire a été commise – « le plus grand crime du siècle » dira-t-il – alors, avec l'énergie qu'on lui connaît, il jettera toutes les forces de sa volonté et tout son talent de journaliste dans la bataille pour la réhabilitation de Dreyfus.

13

De *La Justice* à *L'Aurore*

Durant les années 1895, 1896 et une partie de 1897, Clemenceau ne se soucie plus du cas de Dreyfus. Comme beaucoup de Français, il considère qu'il s'agit là d'une affaire définitivement jugée.

Pendant cette période, il déploie donc une intense activité journalistique et littéraire. Non content d'écrire un, et quelquefois deux articles quotidiens dans *La Justice*, il donne aussi des rubriques régulières à d'autres titres : *Le Journal, L'Echo de Paris, Le Matin, Le Français, L'Illustration* et, en province, *La Dépêche de Toulouse.*

N'étant plus parlementaire, il dispose de tout son temps pour fréquenter écrivains et artistes : Alphonse Daudet, Octave Mirbeau, Anatole France, Emile Zola, Claude Monet, Paul Cézanne, Auguste Rodin, Jean-François Raffaëlli, Eugène Carrière. Ces deux derniers peintres feront d'ailleurs de lui de nombreux portraits.

En mars 1895, cette fréquentation assidue du milieu littéraire lui permet de participer au mémorable banquet offert en l'honneur d'Edmond de Goncourt qui vient d'être promu officier dans l'Ordre de la Légion d'honneur.

Ce banquet, dont les deux organisateurs sont Alphonse Daudet et Gustave Geffroy, lesquels sont aussi les amis les plus proches à la fois d'Edmond de Goncourt et de Georges Clemenceau, se tient au Grand Hôtel et rassemble trois cents personnes : poètes, artistes, romanciers, universitaires, savants. Il est présidé par un jeune ministre, Raymond Poincaré, responsable dans le gouvernement Ribot de l'Education publique, des Cultes et des Beaux-Arts. C'est lui qui a promu Edmond de Goncourt au grade d'officier de la Légion d'Honneur.

Au menu : onze plats et huit discours !

C'est dire que non seulement les corps mais aussi les esprits sont nourris avec abondance.

Pour rassasier les corps : potage, hors-d'œuvre, relevé, entrée, rôt, salade, entremets, gâteau, glace, fruits, café, liqueurs. Et pour aider à franchir ces obstacles : champagne tout le long du parcours.

Pour les joies de l'esprit : allocutions de Raymond Poincaré, José Maria de Heredia, Henri Céard, Emile Zola, Henri de Régnier, Alphonse Daudet, Georges Clemenceau et Edmond de Goncourt.

A ceux qui s'interrogent sur la présence de Clemenceau à ce banquet alors qu'il n'est plus parlementaire et qu'il n'a encore rien publié, hormis sa thèse de médecine (son premier livre, *La Mêlée sociale* ne paraîtra que quelques semaines plus tard) il répond très tranquillement qu'il est là pour représenter... le lecteur. Le lecteur, autrement dit le public des artistes. N'est-ce pas un titre suffisant pour prendre la parole au banquet d'un écrivain ? Mais ce n'est pas tout : le lecteur, c'est l'homme, donc l'éternel sujet d'études des écrivains, des savants, des médecins, des artistes.

Et Clemenceau d'emporter l'assistance par la magie de sa parole :

« L'écrivain, dit-il, concentre son investigation sur la vie agissante, analyste subtil, observateur puissant, savant autant que quiconque. Il regarde l'homme vivre, penser, agir, aimer, souffrir. Il ne dissèque pas le cadavre, lui. C'est dans l'homme vivant qu'il plonge le scalpel. Il met à nu le nerf douloureux, le regarde tressaillir pour en noter les sursauts. Il voit l'âme déchirée, combattue de haine et de bonté, ennoblie, avilie, allant par la pitié vers la justice, par l'émotion de beauté vers l'amour. Devant lui défile le brillant et sinistre cortège des rêves, des espoirs, suivis de leurs cruels retours. Illusions, enthousiasmes, mensonges, nos grandeurs, nos misères, nos gloires et nos hontes se succèdent, à ses yeux, en un prodigieux spectacle. Il dit la vie, il enseigne, encourage, console, nous entraîne éperdus à la poursuite du fuyant idéal. » [1]

Après avoir salué dans Edmond de Goncourt «le merveilleux labeur d'un grand ouvrier de vérité et de beauté » il poursuit :

« Connaissez-vous cet homme, Edmond de Goncourt ? Ce chercheur inquiet penché sur l'âme humaine, fouillant les plis secrets dans l 'émoi des douloureuses trouvailles, soulevant d'une main émue les fibres criantes, débordant de pitié pour la torture humaine, et jusque dans la brutalité voulue, cherchant la bienfaisante réaction des larmes. Oui, vous le connaissez cet esprit généreux, ardent, tenace, renonçant aux satisfactions du vulgaire pour l'investigation laborieuse de la vie, pour l'escalade ardue de la vérité. Vous avez vécu de ses sensations, de ses tourments, de ses espérances dans le tumulte humain. »

La fin de son discours est un vibrant hommage à la langue française « le plus puissant organe de diffusion de lumière parmi le genre humain ».

Ce n'est pas un hasard si Clemenceau a choisi de clore son allocution sur un éloge de la langue française. La langue, c'est l'âme de la France et la gloire de son passé. Et ni cette âme ni cette gloire ne sauraient s'accommoder de l'amputation de l'Alsace et d'une partie de la Lorraine. La chose n'est pas dite expressément mais elle suggérée avec habileté à travers cet hymne à la langue :

«Langue de simplicité, de clarté, de vérité, qui semble comme le moule parfait de pensée où se viennent spontanément formuler les sensations les plus subtiles, les conceptions les plus hautes, les affirmations les plus généreuses. Langue de liberté, qui éveilla le monde des appels de l'esprit délivré. Langue de pitié, d'équité sereine et de bonté profonde, d'où jaillit la source vive de l'humaine solidarité. Langue d'amitié, langue d'amour, dont la naturelle harmonie peut, sans le rythme du vers, ravir l'âme aux sommets de l'émotion sublime. Langue adorée de tous ceux qui la sentent mouvoir en eux, qui la vivent. Langue des aïeux, langue de la terre, langue qui est de la patrie aussi. Oui, c'est la France elle-même, c'est le génie de notre race, c'est la gloire du passé, et, en dépit des heures mauvaises, c'est l'invincible espérance, l'ancre solide de l'avenir. »

Dès le lendemain, plusieurs journaux saluent l'exploit de Clemenceau. *Le New York Herald* qualifie même d'événement ce qu'il appelle « un joli début dans la littérature ». [2]

Quelques semaines plus tard Clemenceau publie *La Mêlée sociale*, recueil thématique d'articles parus dans *La Justice*, que nous avons déjà analysé.

Deux mois plus tard, en mai 1895, il fait la connaissance du peintre Claude Monet qui deviendra l'un de ses grands amis.

Clemenceau, qui admire Monet depuis longtemps, vient d'écrire un article sur ses « cathédrales de Rouen ». Le 18 mai 1895, il adresse à ce propos un pneumatique à Gustave Geffroy :

« je viens de finir une longue machine sur les cathédrales de Monet. Je n'en suis pas bien content. Je voudrais vous soumettre cela ce soir. Tâchez de venir au journal. » [3]

Rien de surprenant si Clemenceau veut soumettre son article à Gustave Geffroy avant parution : celui-ci est le principal spécialiste de la peinture impressionniste. De nombreux lecteurs de *La Justice* et d'autres revues l'ont découverte et comprise grâce à lui. L'année précédente, Geffroy a publié une *Histoire de l'Impressionnisme*, la première du genre, où il prend la défense de cette nouvelle forme d'expression picturale et où il en explique la signification. De surcroît, il connaît intimement tous les peintres de cette nouvelle école.

Clemenceau, qui vient de visiter la galerie Durand-Ruel, a pu y admirer vingt toiles de Monet. Toutes, elles représentaient la cathédrale de Rouen, peinte à des heures différentes de la journée. Son article, qui s'intitule *Révolution de cathédrales*, est celui d'un spectateur « prêt à jouir de toutes les fêtes que nous offre la divine lumière ». [4]

Après avoir proclamé qu'avec l'impressionnisme s'affirme enfin la souveraineté de la lumière, il écrit :

« La merveille de la sensation de Monet, c'est de voir vibrer la pierre et de nous la donner vibrante, baignée de vagues lumineuses qui se heurtent en éclaboussures d'étincelles. C'en est fini de la toile immuable de mort. Maintenant la pierre elle-même vit. »

Traitant d'art mais ne pouvant résister, au passage, au plaisir d'égratigner ses adversaires politiques, il s'en prend à Félix Faure, Président de la République, qui a rendu visite récemment à la table de nuit de Napoléon 1er, « comme si c'était là que le grand homme eût déposé son génie ».

« Comment, interroge-t-il, l'idée ne vous est-elle pas venue d'aller regarder plutôt l'œuvre d'un de vos contemporains, par qui la France sera célébrée dans le monde longtemps après que votre nom sera tombé dans l'oubli ? [...] Allez regarder ces séries de cathédrales en bon bourgeois que vous êtes, sans demander l'avis de personne. Il se peut que vous compreniez, et songeant que vous représentez la France, l'idée vous viendra peut-être de nous doter de ces vingt toiles qui, réunies, représentent un moment de l'art, c'est-à-dire un moment de l'homme lui-même, une révolution sans coups de fusil. Si vous avez l'ambition légitime de vivre dans la mémoire des hommes, accrochez-vous aux basques de Claude Monet. C'est plus sûr que le vote du congrès de Versailles ou la politique des ministères. »

C'est après la parution de cet article que Gustave Geffroy met Clemenceau en relation avec Claude Monet. Une amitié naîtra aussitôt qui durera trente et un ans, jusqu'à la mort du grand peintre, en 1926. Le dernier billet de Clemenceau à Monet, quelques jours avant le décès de ce dernier, résumera cette extraordinaire amitié du Tigre avec le magicien de la lumière :

« Je suis aussi fou que vous, mais je n'ai pas la même folie. Voilà pourquoi nous nous entendrons jusqu'au bout . » [5]

Monet et Clemenceau étaient du même âge, à un an près. Cette amitié éclaire l'une des facettes, souvent méconnue, de la personnalité de Clemenceau : son extraordinaire sensibilité, masquée par un abord bourru et tranchant. Cet athée parlait avec émotion de la « divine lumière ». Ce mécréant avait une âme à vif qui vibrait au spectacle de la nature et de l'art. Ce misanthrope avait d'attachants élans de tendresse pour son ami Claude Monet. Ce solitaire, cet orgueilleux savait être modeste et fraternel avec ses proches.

Nul plus que Clemenceau n'a eu le cuir tanné par les luttes politiques. Mais derrière la carapace du vieux tribun, derrière les colères du combattant ou la froideur du tireur à l'épée ou au pistolet, derrière la dureté, voire la férocité de l'homme d'action, il y avait une âme ouverte à toutes les joies et à toutes les détresses de l'humanité.

C'est cette âme qui transparaît dans son deuxième livre, *Le Grand Pan*, qui paraît en 1896.

Là encore, il s'agit d'un ouvrage rassemblant des articles parus dans *La Justice* mais précédés d'une imposante préface.

Dans cette préface, c'est l'âme grecque de Clemenceau qui apparaît. Il admirait la Grèce ancienne, cette Hellade et son dieu Pan, symbole de la nature foisonnante et du paganisme heureux qui fit communier les hommes et les dieux dans les joies de la terre. Mais voici que Pan va mourir, et après lui la Grèce, emportés par les vagues d'une nouvelle religion, le christianisme. Celui-ci, au lieu de magnifier la vie d'ici-bas comme le faisaient les Grecs, va au contraire répudier la terre et ses plaisirs pour exalter « un rêve d'égoïste au-delà. »

« A la vie pour vivre, va succéder la vie pour mourir, à la pleine floraison de l'être, l'anéantissement de l'homme d'ici-bas au profit d'une paradisation future [...]

« Le Grand Pan est mort. C'est que Jésus est né ! Les temps nouveaux sont venus. L'Olympe s'écroule. Le christianisme, devenu pouvoir politique, s'empare des civilisations helléniques, les submerge d'un renouveau d'Asie, déchaîne l'exécrable fureur d'un fanatisme de sauvages contre les Olympiens de marbre, impassibles, souriant au destin. » [6]

Mais, après plusieurs siècles, voici que le Grand Pan va renaître sous les formes de la science, de l'esprit critique, de l'observation, de l'analyse, du progrès. « Le royaume de Dieu recule dans les brumes du rêve ». Sous la lourde cognée de la raison, l'Eglise elle-même chancelle et se déchire.

« La sensation de la terre recommence, et parmi tous les mouvements de l'univers, le plus grand : la vie et sa pensée. L'homme veut connaître, et l'Inquisition, dernier roidissement de l'Eglise, usera ses tortures, usera ses bourreaux contre l'esprit invaincu. » [7]

Et la conclusion tombe, toute empreinte d'énergie clemenciste :

« Pan nous commande. Il faut agir. L'action est le principe, l'action est le moyen, l'action est le but. L'action obstinée de tout l'homme au profit de tous, l'action désintéressée, supérieure aux puériles glorioles, aux rémunérations des rêves d'éternité, comme aux désespérances des batailles perdues ou de l'inéluctable mort, l'action en évolution d'idéal, unique force et totale vertu. » [8]

Dès sa parution, le livre de Clemenceau divise la critique.

Maurice Barrès l'attaque vivement. « Rien ne manque à Clemenceau pour exceller dans la littérature, écrit-il dans *Le Figaro*, rien que d'avoir quelque chose à dire. » [9]

En revanche, dans *La Revue Blanche*, Léon Blum prend la défense du *Grand Pan* :

« Je l'ai lu, comme j'avais fait de la *Mêlée sociale*, avec un sentiment qui n'est pas loin de l'admiration, sentiment fort, puisqu'il a survécu à ma lecture, et que je crois juste. [...] Il me semble que l'on ne puisse guère se défendre d'un penchant particulier pour l'homme qui, à cet âge, et après une telle vie, est venu brusquement débuter dans le journalisme, puis dans le livre, avec des œuvres comme celle-là. M. Clemenceau est aujourd'hui un des meilleurs journalistes de Paris, même pour la technique et le métier ; et il me semble qu'avec *La Mêlée sociale* et *Le Grand Pan* il aura écrit deux très beaux livres. Il a le don de l'écrivain ; il trouve le mot juste, le mot frappant ; sa phrase sèche reste toujours solide et d'aplomb. Voilà l'essentiel ; avec cela on peut tout dire ; et somme toute, M. Clemenceau a beaucoup dit. » [10]

L'année 1897 est, pour Clemenceau, celle des décisions douloureuses. La situation financière de *La Justice* empire. Les ventes et les recettes du journal déclinent régulièrement. Pour payer ses collaborateurs le « patron » a dû vendre une partie de ses tableaux et de ses œuvres d'art. Mais cela, ajouté à ses droits d'auteur et à ses « piges » dans d'autres publications, ne suffit pas pour éponger les dettes.

Le 21 octobre 1897 *La Justice* cesse de paraître.

Clemenceau, de 1880 à 1897, y aura publié au total 688 articles.

Il n'est pas interdit de penser que la décision d'arrêter *La Justice* est motivée par la naissance, deux jours plus tôt, d'un nouveau quotidien, *L'Aurore,* lancé par Ernest Vaughan.

Ce dernier venait d'être chassé de *L'Intransigeant* par son beau-frère, le polémiste Henri Rochefort, qui en était le propriétaire, et Vaughan, en fondant *L'Aurore,* voulait à tout prix s'attacher le talent de Clemenceau comme éditorialiste.

L'équipe rédactionnelle de *L'Aurore* est composée de rédacteurs qui viennent de *La Justice*, dont le fidèle Gustave Geffroy, et de *L'Intransigeant.* Elle s'installe au troisième étage du 142 de la rue Montmartre, à proximité de l'imprimerie Paul Dupont qui travaille pour plusieurs journaux.

Or dans cette équipe rédactionnelle il y a un jeune journaliste, Bernard Lazare, qui un an plus tôt a publié une brochure intitulée : *Une erreur judiciaire, la vérité sur l'affaire Dreyfus*.

Depuis, soutenu par Mathieu Dreyfus, le frère d'Alfred, il remue ciel et terre pour obtenir la révision du procès du capitaine emprisonné.

D'abord agacé par le prosélytisme de son nouveau confrère Bernard Lazare, Clemenceau ne va pas tarder à être convaincu par ses arguments.

Au point de devenir, dans *L'Aurore,* l'un des principaux chefs de la campagne en faveur d'Alfred Dreyfus.

14

Un journaliste à la recherche de la vérité

De 1895 à 1897, pendant que Clemenceau s'occupait d'art et de littérature, l'affaire Dreyfus avait connu de nouveaux rebondissements. Ils avaient permis à Mathieu et à Bernard Lazare de développer une intense campagne en faveur de la révision du procès.

Ici, un retour en arrière s'impose.

Après sa condamnation, Alfred Dreyfus est publiquement dégradé le 5 janvier 1895 dans la grande cour de l'Ecole militaire sous les injures d'une foule vociférante chauffée à blanc par la presse antisémite. Devant le front des troupes, on lui arrache ses galons et on brise son épée. Terrifiante épreuve pour celui qui n'a rien avoué, qui a refusé de se suicider et qui continue de clamer son innocence.

Après cette horrible cérémonie suivie d'articles injurieux à son endroit dans de nombreux journaux, il est emmené à La Rochelle où il continue de subir les insultes de la populace avant d'être embarqué pour l'île du Diable, au large de Cayenne. Il y sera détenu dans d'atroces conditions.

En janvier 1895, Mathieu Dreyfus est appelé à Paris par Lucie, l'épouse du condamné. Il entre aussitôt en relation avec un journaliste juif, Bernard Lazare à qui il confie les premiers documents susceptibles d'innocenter son frère.

Bernard Lazare, « cet athée tout ruisselant de la parole de Dieu », comme le qualifiera plus tard Charles Péguy,[1] est un jeune journaliste d'une trentaine d'années, déjà connu dans la presse parisienne. Il a publié l'année précédente un livre remarqué sur *L'Antisémitisme, son histoire et ses causes*. Pour Péguy, c'est un homme – mieux, un prophète – « pour qui tout l'appareil des puissances, la raison d'Etat, les puissances temporelles, les puissances politiques, les autorités de tout ordre, politiques, intellectuelles, mentales même ne pesaient pas une once devant une révolte, devant un mouvement de la conscience propre ». [2]

Il va se passionner pour la cause de Dreyfus et attaquer durement Edouard Drumont. Les deux hommes se battront en duel mais sans aucun résultat.

En juillet 1895 le lieutenant-colonel Georges Picquart est nommé chef du Service de renseignements de l'Armée en remplacement du colonel Sandherr, démissionnaire pour raison de santé.

Fin mars 1896 ce service met la main, toujours grâce à l'activité de Mme Bastian, sur une carte-télégramme – à l'époque on disait un « petit bleu » - envoyée à Schwartzkoppen par un officier français, le commandant Esterhazy, qui est mis aussitôt sous surveillance.

Le colonel Picquart, à qui le général de Boisdeffre a demandé de continuer à étoffer le dossier de Dreyfus décide de réexaminer toutes les pièces de l'affaire et, surtout, celles contenues dans le fameux « dossier secret » remis aux juges militaires en Chambre des délibérations. Ce travail l'amène à constater que l'écriture du bordereau n'est pas celle de Dreyfus mais celle d'Esterhazy. Pour en avoir confirmation il réussit à se procurer deux lettres récentes d'Esterhazy et il les place toutes deux à côté du bordereau pour une comparaison méthodique. Toutes les écritures sont identiques : c'est la même main qui a rédigé le bordereau et les lettres.

Picquart vient d'avoir la preuve qu'il y a bien eu erreur judiciaire.

Il s'en ouvre aussitôt à ses supérieurs. A sa grande surprise, ceux-ci lui intiment l'ordre de se taire. Ils lui disent en substance que s'il se tait personne ne saura rien. Pour eux, il s'agit de protéger les généraux Mercier et Saussier qui ont couvert les faux du dossier secret, et de se préserver eux-mêmes.

Devant l'insistance de Picquart, qui est la droiture même, le général Gonse explose :

- Mais qu'est-ce que cela peut vous faire que ce Juif reste à l'île du Diable ?

- Mais il est innocent !

- C'est une affaire qu'on ne peut pas rouvrir ; le général Mercier et le Général Saussier y sont mêlés.

- Ce que vous dites là est abominable. Je ne sais pas ce que je ferai, mais en tout cas je n'emporterai pas ce secret dans la tombe. [3]

D'origine alsacienne, issu d'une famille catholique traditionnelle, Georges Picquart est un brillant officier sorti cinquième de Saint-Cyr et deuxième de l'Ecole d'Etat-Major. Il parle allemand, anglais, italien et espagnol. Il a été professeur à l'Ecole de guerre et a eu Alfred Dreyfus pour élève. Quand il prend la direction du service de renseignements, il a quarante et un ans et il est le plus jeune lieutenant-colonel de l'armée. C'est un homme réservé, cultivé et d'une haute moralité.

Ce n'est pas le cas d'Esterhazy, descendant en ligne paternelle d'une famille hongroise, et qui est un homme à femmes, un aventurier, un spéculateur en bourse, un joueur constamment endetté. De surcroît, il méprise l'armée française. Dans une lettre à l'une de ses anciennes maîtresses qui sera rendue publique par *Le Figaro* il avait écrit un jour : « Si ce soir on venait me dire que je serai tué demain comme capitaine de uhlans en sabrant des Français, je serais parfaitement heureux [...] Je ne ferais pas de mal à un petit chien, mais je ferais tuer cent mille Français avec plaisir ».[4]

Le 15 septembre 1896, le journal *L'Eclair* confirme ce qui, jusque-là, n'était connu que de quelques initiés, à savoir qu'un dossier secret a bien été communiqué aux juges militaires lors du Conseil de guerre, et cela en Chambre des délibérations, c'est-à-dire hors de la présence de Dreyfus et de son avocat. Selon ce journal, le dossier contenait une lettre chiffrée qui aurait été échangée entre l'ambassade d'Allemagne et celle d'Italie et dans laquelle on pourrait lire cette phrase : « Décidément, cet animal de Dreyfus devient trop exigeant ».

L'Eclair, dont l'objectif était d'accabler et d'enfoncer Dreyfus, révèle au contraire au grand public que le capitaine a donc été condamné dans la plus parfaite illégalité.

Aussitôt Lucie Dreyfus adresse à la Chambre des députés une demande de révision du procès de son mari.

Croyant couper court à cette demande, le commandant Henry, qui avait accablé Dreyfus lors du Conseil de guerre, remet au général Gonse une pièce qui aurait été saisie à l'ambassade d'Allemagne et dans laquelle l'attaché italien Panizzardi parle de Dreyfus en écrivant son nom en toutes lettres. Il s'agit d'un faux qui dans la suite de l'Affaire sera appelé « le faux Henry ».

Le 6 novembre 1896 Bernard Lazare publie sa brochure *Une erreur judiciaire, la vérité sur l'affaire Dreyfus* qui est imprimée en Belgique et envoyée ensuite en France à des personnalités politiques et à certains journaux.

Le même mois le colonel Picquart est dessaisi de son poste de chef du Service de renseignements et éloigné de Paris sous divers prétextes.

En juin 1897, de passage dans la capitale, Picquart révèle à son ami d'enfance l'avocat Louis Leblois l'innocence de Dreyfus mais lui interdit d'en parler. Ne pouvant garder un tel secret, Leblois confie l'information au vice-président du Sénat, Auguste Scheurer-Kestner, en exigeant de lui le plus grand secret.

Et le 1er novembre 1897, l'affaire Dreyfus rattrape Georges Clemenceau.

Ce jour-là, il publie un éditorial dans *L'Aurore* où il adjure son ami Scheurer-Kestner de parler sans délai s'il est vrai qu'il détient des éléments d'information susceptibles de prouver l'innocence de Dreyfus.

Le lendemain, il se montre plus précis : « S'il y a des présomptions notables d'erreur, écrit-il, le procès doit être révisé ».[5]

Clemenceau vient de rejoindre le camp des Dreyfusards.

Que s'est-il passé qui puisse expliquer son évolution ?

Il le raconte lui-même :

« Lorsque Vaughan fonda *L'Aurore*, il me parla de la collaboration de Bernard Lazare. J'insistai auprès de lui pour qu'il fût stipulé que notre distingué confrère ne continuerait pas parmi nous sa vaillante campagne pour la réhabilitation de Dreyfus. D'ailleurs, je m'en expliquai nettement avec Bernard

Lazare lui-même, et pas une fois il n'affirma l'innocence du condamné sans qu'une protestation d'incrédulité jaillît de mes lèvres.

« Le premier numéro de *L'Aurore* parut le 19 octobre 1897. A quelques jours de là, devant la porte de l'imprimerie Dupont, je rencontrai Ranc qui venait de porter son article du *Radical*. Nous causâmes du nouveau journal et des rédacteurs. Il prononça le nom de Bernard Lazare.

- Ah, celui-là, m'écriai-je, tous nous aimons son talent, mais nous avons exigé de lui qu'il nous laissât tranquilles avec son affaire Dreyfus.

- Quoi ! me dit Ranc, vous ne savez donc pas que Dreyfus est innocent.

- Qu'est-ce que vous me dites là ?

- La vérité. Scheurer-Kestner a des preuves. Allez le voir, il vous les montrera.

- S'il en est ainsi, m'écriai-je, c'est le plus grand crime du siècle.

- Tout simplement, conclut Ranc. Allez voir Scheurer.

« Deux jours plus tard, je voyais Scheurer qui me faisait comparer le fac-similé du bordereau avec l'écriture d'Esterhazy. Je lui rendis successivement plusieurs visites, et finalement, me trouvant moi-même convaincu, non de l'innocence du condamné (c'est le procès de Zola qui devait définitivement m'ouvrir les yeux) mais de l'irrégularité du jugement, j'engageai vivement mon ami à faire compagne pour la révision du procès. Il n'avait pas besoin de mes conseils. Sa résolution était prise. Pour lui, c'était un devoir de conscience. » [6]

De ce jour, Clemenceau devient donc un journaliste à la recherche de la vérité.

Quotidiennement, par ses éditoriaux dans *L'Aurore*, il va traquer le mensonge

« Notre devoir à tous est bien clair à cette heure, écrit-il le 18 novembre 1897, il ne s'agit que d'aider dans la mesure de nos forces à la production de la vérité. » [7]

Clemenceau est ébranlé par la détermination de Scheurer-Kestner, dont l'honnêteté et la droiture morale sont respectées de tous :

« J'ai trouvé son attitude si nette, sa parole si résolue, et sa confiance si profonde dans les moyens qu'il a de faire éclater la vérité, que je n'ai pu me défendre d'en subir l'impression. » [8]

Dans sa bataille pour la révision du procès, Clemenceau s'installe tout de suite sur une position juridique inébranlable : celle des garanties individuelles auxquelles tout citoyen a droit en vertu de la loi républicaine.

Pour lui, ce principe juridique rejoint la morale qui veut, elle aussi, qu'aucun homme ne puisse être condamné sans avoir été préalablement entendu sur le fait allégué contre lui. Pour Clemenceau, cette conjonction entre le juridique et la morale est « la loi des lois ». Personne ne peut y déroger, par même un gouvernement, pas même un haut Etat-Major. Dans le cas contraire, un pays civilisé retourne à la barbarie.

Clemenceau, qui n'est pas juriste de formation, a un sens inné du droit et de la justice, qu'il tient de son père. Tout de suite il a vu l'énorme faute juridique – une véritable forfaiture – commise par les hauts dignitaires de l'Armée quand ils ont décidé de faire remettre aux juges militaires des pièces secrètes en Chambre des délibérations, c'est-à-dire hors de la présence de Dreyfus et de son défenseur.

Clemenceau va dénoncer sans relâche ce huis clos dans le huis clos :

« La question toute nouvelle qui est posée par cette lamentable affaire Dreyfus est de savoir si l'on a le droit d'organiser le huis clos dans le huis clos, et de condamner un homme quel qu'il soit, pour un crime quelconque, sur des pièces dont ni lui ni son avocat n'auront pris connaissance. S'il suffit de ces trois mots fatidiques Raison d'Etat pour qu'on puisse priver un inculpé de toutes les garanties de justice, c'est que nous sommes demeurés, sous notre vernis de civilisation, en pleine mentalité de barbarie.

« Dans l'affaire Dreyfus, il paraît désormais acquis que la conviction des juges s'est faite, hors de la présence de l'inculpé et de son défenseur, sur un document que personne n'a été mis en situation de discuter, soit dans son texte, soit dans son origine [...]

« Tous ceux qui comprennent que la violation des droits d'un seul a pour conséquence fatale la violation des droits de tous ont demandé un supplément d'information, et le gouvernement, qui pouvait d'un mot détruire la légende, est demeuré muet. » [9]

La position juridique de Clemenceau est d'autant plus solide qu'il se refuse de préjuger de l'innocence ou de la culpabilité de Dreyfus :

« Je n'ai jamais prétendu que le capitaine Dreyfus fût innocent, par la simple raison que je n'en sais rien, ni n'ai aucun moyen de le savoir. Mais je soutiens de toute mon énergie avec beaucoup d'autres que la lumière n'est pas complète sur cette ténébreuse affaire, et que le gouvernement doit à l'opinion publique la pleine vérité. » [10]

Mais en ce début d'année 1898 ce n'est pas vers la pleine vérité que s'oriente le gouvernement dirigé par Jules Méline qui ne cesse de répéter « qu'il n'y a pas d'affaire Dreyfus », et dont fait partie le général Billot, nouveau ministre de la Guerre qui ne cesse de mettre en avant « l'honneur de l'Armée ».

Les 10 et 11 janvier a lieu – à huis clos évidemment – le procès d'Esterhazy : il est acquitté et acclamé par la foule à sa sortie du tribunal.

En revanche, deux jours plus tard, le colonel Picquart qui avait démasqué cet ami des uhlans, est puni de soixante jours d'arrêt de forteresse.

Ainsi le gouvernement et le haut Etat-Major viennent-ils de décider de jeter une chape de plomb sur l'Affaire, sans aucune considération pour la justice et la vérité, et encore moins pour un Juif qui, depuis trente-trois mois, clame son innocence tout en pourrissant dans une case de quatre mètres sur quatre dans l'une des îles les plus insalubres de la planète.

Tous les Dreyfusards sont au désespoir.

Tous, sauf deux hommes, Clemenceau et Zola qui, tous deux, sans se concerter, ont tout de suite compris qu'il n'y a plus qu'une seule issue : l'appel à l'opinion publique.

Le jour même de l'acquittement d'Esterhazy Clemenceau, s'adressant au gouvernement, écrit :

« Malgré votre étouffoir du huis clos, il y a encore des paroles à dire, et il me paraît impossible que ceux qui sont en situation de les faire entendre ne les lancent pas par-dessus les murailles. La vérité trouvera sa voie. La justice aura son jour. Esterhazy est acquitté. C'était prévu. Présentez armes, petits soldats français, à ce uhlan qui désormais, par ordre de M. le général Billot, fait partie de l'honneur de l'armée française. Est-ce fini ? Je ne crois pas. Il faut maintenant que le gouvernement, pour rester fidèle à son uhlan, poursuive le « syndicat », le fameux syndicat coupable d'avoir des doutes sur Esterhazy. Et s'il n'a pas le courage de le faire, je veux croire que les hommes qui ont pris cette affaire en mains ne s'arrêteront pas à mi-chemin. A eux de traîner Billot et son huis clos à la barre de l'opinion publique, devant un jury de citoyens français. »[11]

Cet article, qui fait appel au tribunal de l'opinion publique, paraît le 12 janvier 1898 dans *L'Aurore.*

Le lendemain, 13 janvier, il n'y aura pas d'éditorial de Clemenceau. Il y aura mieux : un immense texte d'Emile Zola couvrant toute la première page du journal et, au-dessus, un titre énorme trouvé par Clemenceau :

J'ACCUSE ... !

15

« J'ACCUSE ... ! »

Les images journalistiques n'ont pas manqué pour qualifier le « J'accuse… ! » d'Emile Zola : bombe, torrent, choc, séisme, coup de tonnerre, coup de maître, coup d'éclat, coup de théâtre…

En vérité, ce fut un double coup de génie.

Le premier d'Emile Zola, écrivain reconnu et personnalité de premier plan qui sort de son confort bourgeois pour saisir au collet président, ministres, généraux, juges et les traîner devant le tribunal de l'opinion publique. Mieux, devant le tribunal de la conscience universelle.

Le second de Georges Clemenceau, journaliste dans l'âme, dont l'infaillible instinct trouve en un instant le titre approprié. Et dans cette affaire le titre était la moitié de la réussite de l'opération. Dès lors qu'il s'agissait de secouer l'opinion face aux agissements secrets et tortueux de l'Etat-Major et du gouvernement, il fallait un titre-choc, une sorte de coup de poing dans l'œil.

« J'accuse… ! » répond à ces critères.

D'abord par la personnalisation. C'est « Je » qui accuse, autrement dit moi, Emile Zola, Président de la Société des Gens de lettres, écrivain consacré dont le nom et l'œuvre sont connus de millions de lecteurs.

Ensuite par la brièveté : un titre court, en un seul mot, permet de recourir à une typographie qui donne à chacune des lettres utilisées un « corps », une « chasse » et une « graisse », comme on dit en termes de métier, qui vont transformer la première page de *L'Aurore* en véritable affiche.

Henri Mitterand, dans sa longue biographie d'Emile Zola, n'a pas tort de souligner que le « J'accuse… ! » trouvé par Clemenceau et surmontant le long texte de Zola, c'est l'éclair qui précède le grondement du tonnerre. [1]

Et il est vrai qu'elle va rouler et gronder cette prose accusatrice, mettant en pleine lumière ce que, précisément, l'Etat-Major et le gouvernement voulaient dissimuler, et dénonçant dans l'affaire Dreyfus « tout ce qui s'est agité là de démence et de sottise, des imaginations folles, des pratiques de basse police, des mœurs d'inquisition et de tyrannie, le bon plaisir de quelques galonnés mettant leurs bottes sur la nation, lui rentrant dans la gorge son cri de vérité et de justice, sous le prétexte menteur et sacrilège de la raison d'Etat. »[2]

Alors que Jules Méline, président du Conseil, avait osé dire : « Il n'y a pas d'affaire Dreyfus », alors que le général Billot et ses adjoints avaient tout tenté pour étouffer les cris d'un innocent et de ses défenseurs, alors que l'acquittement d'Esterhazy, véritable auteur du bordereau, par un Conseil de guerre aux ordres, semblait sceller définitivement le sort du prisonnier de l'île du Diable, voici que Zola se lève, accuse et proclame, au grand effroi de tous les faussaires : « C'est aujourd'hui seulement que l'Affaire commence »[3]

Avant d'en arriver à ce geste décisif, à ce 13 janvier 1898 où paraît « J'accuse… ! », à ce jour mémorable qui constitue un moment unique, à la fois de l'histoire politique, de l'histoire de la presse et de l'histoire de la justice, Emile Zola, comme Georges Clemenceau, avait parcouru un long cheminement d'indifférence, d'interrogations et de doutes.

Comme Clemenceau, Zola n'avait pas été Dreyfusard dès les premières heures de l 'Affaire. Comme lui, il avait mis du temps à entrer dans le combat pour la révision du procès.

Fin 1894 et début 1895, lors de la condamnation et de la dégradation du capitaine, il était absent de France :

« J'étais à Rome. J'y lisais naturellement peu les journaux français. C'est ce qui m'explique l'état d'ignorance, la sorte d'indifférence où je suis longtemps resté, au sujet de cette affaire. »[4]

Entre 1895 et 1897, Zola s'était consacré en totalité à son œuvre littéraire. Son cycle romanesque, *Les Rougon-Macquart*, commencé en 1870, s'était clos en 1893 avec le vingtième et dernier volume, *Le Docteur Pascal*. Aussitôt il s'était engagé dans un autre cycle, *Les Trois Villes*, qui étudiait le retour de la spiritualité dans la vie contemporaine. *Lourdes* avait paru en 1894, *Rome* en 1896. Quand il va s'engager dans l'Affaire, il est en train de terminer *Paris*.

« Ce fut seulement en novembre 1897, précise-t-il, que je commençai à me passionner, des circonstances m'ayant permis de connaître les faits et certains des documents, publiés plus tard, qui suffirent à rendre ma conviction absolue, inébranlable […] Le romancier était surtout séduit, exalté, par un tel drame. Et la pitié, la foi, la passion de la vérité et de la justice, sont venues ensuite. »[5]

Ces « circonstances » avaient été, quelques semaines plus tôt, plusieurs entretiens avec quatre des principaux Dreyfusards : Mathieu Dreyfus, Bernard Lazare, L'avocat Louis Leblois et le vice-président du Sénat, Scheurer-Kestner. Tous les quatre considéraient que si une personnalité de la stature et du rayonnement d'Emile Zola s'exprimait sur l'Affaire, cela aurait un retentissement considérable pouvant contrebalancer la campagne de plus en plus violente de la presse et des écrivains nationalistes et antisémites.

Rendant compte à son épouse qui se trouvait alors en Italie de ses conversations avec les principaux Dreyfusards il lui avait écrit :

« Les pièces qui m'ont été soumises m'ont absolument convaincu que Dreyfus est innocent ; il y a là une épouvantable erreur judiciaire, dont la responsabilité va retomber sur tous les gros bonnets du ministère de la guerre. » [6]

Le 10 novembre, il avait accepté l'invitation à déjeuner de Scheurer-Kestner, pour qui il éprouvait une très grande estime. Trois jours plus tard ce dernier, qui avait préalablement informé le gouvernement des preuves qu'il détenait de l'innocence de Dreyfus et qui n'avait reçu de Méline et du Général Billot qu'une réponse dilatoire, avait publié une lettre-ouverte demandant la révision du procès de Dreyfus. Alors la presse nationaliste et antisémite s'était déchaînée contre lui, Juliette Adam allant jusqu'à dénoncer ses relations allemandes.

Devant cette marée d'injures et de violences physiques – deux policiers avait dû garder en permanence son domicile – Zola, outré, lui avait adressé le 20 novembre une lettre de soutien :

« J'éprouve l'impérieux besoin de vous serrer vigoureusement la main. Vous ne sauriez croire combien votre admirable attitude, si calme, au milieu des menaces et des plus basses injures, m'emplit d'admiration. Il n'est pas de plus beau rôle que le vôtre, quoi qu'il arrive, et je vous l'envie. »

Ce à quoi Scheurer-Kestner avait répondu :

« L'approbation d'un homme comme vous lave les injures et panse les plaies. Quand le soutien est de la valeur du vôtre, l'homme attaqué tient bon et tient debout, sans faiblesse. » [7]

Cinq jours plus tard Zola entrait dans l'arène pour ne plus en sortir. Il en avait averti son épouse :

« Tu ne sais pas ce que j'ai fait ? Un article, écrit en coup de foudre, sur Scheurer-Kestner et l'affaire Dreyfus. J'étais hanté, je n'en dormais plus, il a fallu que je me soulage. Je trouvais lâche de me taire. Tant pis pour les conséquences, je suis assez fort, je brave tout. L'article paraîtra demain dans *Le Figaro.* » [8]

Et en effet *Le Figaro* avait publié le 25 novembre 1897 un article de Zola intitulé : *M. Scheurer-Kestner* où il prenait la défense du vice-président du Sénat et faisait de lui un vibrant éloge :

« Une vie de cristal, la plus nette, la plus droite. Pas une tare, pas la moindre défaillance. Une même opinion, constamment suivie, sans ambition militante, aboutissant à une haute situation politique, due à l'unique sympathie respectueuse de ses pairs.

« Et pas un rêveur, pas un utopiste. Un industriel, qui a vécu enfermé dans son laboratoire, tout à des recherches spéciales, sans compter le souci quotidien d'une grande maison de commerce à gouverner. » [9]

Et d'expliquer comment cette intelligence solide et logique avait été conquise, peu à peu, par l'insatiable besoin de vérité. Et de dénoncer la montée des invectives, des menaces, des immondes accusations qui s'étaient ensuite ruées vers cette haute conscience qui était restée impassible sous les outrages. Extraordinaire grandeur d'un homme résolu à proclamer la vérité et à réclamer justice.

Et l'écrivain s'était ému devant une telle dignité : « Dressez donc cette figure-là, romanciers ! vous aurez un héros ! » [10]

Zola avait terminé son article par cette phrase prémonitoire :

« La vérité est en marche, et rien ne l'arrêtera. »

Lui aussi venait de se mettre en marche et, désormais, rien ne devait plus l'arrêter.

Deux autres articles avait suivi, toujours dans *Le Figaro*. Puis deux brochures : *Lettre à la Jeunesse* et *Lettre à la France*.

Enfin était venue la fameuse « Lettre à M. Félix Faure, président de la République » qui, par la magie du journaliste Georges Clemenceau, allait se transformer en « J'accuse… ! »

« Ce qu'on ignore, précise Zola, c'est que ces pages furent d'abord imprimées en une brochure, comme les deux lettres précédentes. Au moment de mettre cette brochure en vente, la pensée me vint de donner à ma lettre une publicité plus large, plus retentissante, en la publiant dans un journal. *L'Aurore* avait déjà pris parti, avec une indépendance, un courage admirables, et je m'adressai naturellement à elle. » [11]

Le 12 janvier 1898, en fin d'après-midi, Emile Zola arrive donc à la rédaction de *L'Aurore*, au 142 de la rue Montmartre, porteur de trente-neuf feuillets manuscrits.

Il lit son texte dans la salle de rédaction où se trouvent Ernest Vaughan, Georges Clemenceau, Gustave Geffroy, Arthur Ranc, Bernard Lazare et quelques autres Dreyfusards. [12]

Lecture faite, Clemenceau parle en premier :

- C'est immense, ce que vous nous apportez là, Zola !

Les deux hommes se connaissent depuis longtemps. Ils ont le même âge, à un an près : cinquante-huit ans pour Zola, cinquante-sept pour Clemenceau. A vingt ans, ils ont écrit tous deux dans cette éphémère revue, *Le Travail*, fondée en 1861 par Clemenceau. Zola, jeune poète, y publiait des vers tandis que Clemenceau attaquait avec véhémence Edmond About accusé d'être un homme du Second Empire. Ensuite, ils ont fréquenté les mêmes salons, entre autres ceux des Goncourt et d'Alphonse Daudet.

Oui, le texte que vient de lire Zola est « immense », tous les journalistes présents partagent le jugement de Clemenceau.

Vaughan envoie aussitôt les feuillets manuscrits à l'atelier de composition situé quelques maisons plus loin, dans l'enceinte de l'imprimerie Paul Dupont.

Les épreuves composées reviennent une à une.

Clemenceau et Vaughan les relisent.

Le temps presse.

Se pose alors la question du titre.

Vaughan raconte :

« Nous cherchions un titre plus énergique pour cette œuvre admirable dont la lecture nous avait enthousiasmés. Je voulais faire un grand affichage et attirer l'attention du public. Clemenceau me dit : « Mais Zola vous l'indique lui-même, le titre. Il ne peut y en avoir qu'un : J'accuse ! » [13]

Après montage et bouclage du journal le texte de Zola occupe toute la première page, sur six colonnes pleines, avec suite à l'intérieur. Il est surmonté, en gros caractères, du titre fameux trouvé par Clemenceau. Vaughan décide de porter le tirage à 300 000 exemplaires, soit dix fois plus que la vente moyenne habituelle. Encore aurait-il voulu aller plus loin mais la société Paul Dupont, qui imprime aussi d'autres quotidiens, ne peut assurer que 300 000 exemplaires.

Et le lendemain – jeudi 13 janvier 1898 – la France entière découvre le texte de Zola où le célèbre écrivain passe au scalpel tous les aspects de l'Affaire pour y mettre à nu les mensonges, les faux, les supercheries qui, selon lui, constituent « le plus grand crime civique » [14]

Et d'ajouter :

« On nous parle de l'honneur de l'armée, on veut que nous l'aimions, la respections. Ah ! certes, oui, l'armée qui se lèverait à la première menace, qui défendrait la terre française, elle est tout le peuple, et nous n'avons pour elle que tendresse et respect. Mais il ne s'agit pas d'elle, dont nous voulons justement la dignité, dans notre besoin de justice. Il s'agit du sabre, le maître qu'on nous donnera demain peut-être. Et baiser dévotement la poignée du sabre, le dieu, non ! »[15]

Alors tombe, comme autant de coups de fouet, la retentissante conclusion :

« J'accuse le lieutenant colonel Du Paty de Clam d'avoir été l'ouvrier diabolique de l'erreur judiciaire [...]

« J'accuse le général Mercier de s'être rendu complice, tout au moins par faiblesse d'esprit, d'une des plus grandes iniquités du siècle.

« J'accuse le général Billot d'avoir eu entre les mains les preuves certaines de l'innocence de Dreyfus et de les avoir étouffées, de s'être rendu coupable de ce crime de lèse-humanité et de lèse-justice, dans un but politique et pour sauver l'état-major compromis.

« J'accuse le général de Boisdeffre et le général Gonse de s'être rendus complices du même crime [...]

« J'accuse les trois experts en écritures d'avoir fait des rapports mensongers et frauduleux.

« J'accuse les bureaux de la guerre d'avoir mené dans la presse une campagne abominable pour égarer l'opinion et couvrir leur faute.

« J'accuse enfin le premier Conseil de guerre d'avoir violé le droit, en condamnant un accusé sur une pièce restée secrète, et j'accuse le second Conseil de guerre d'avoir couvert cette illégalité, par ordre, en commettant à son tour le crime juridique d'acquitter sciemment un coupable [...]

« L 'acte que j'accomplis ici n'est qu'un moyen révolutionnaire pour hâter l'explosion de la vérité et de la justice [...]

« Qu'on ose donc me traduire en cour d'assises et que l'enquête ait lieu au grand jour !

« J'attends. » [16]

Il n'attendra pas longtemps.

Dès le mois suivant s'ouvrira son procès, autre grand moment de l'Affaire.

Le but qu'il visait vient d'être atteint de façon spectaculaire avec l'aide de Clemenceau et de Vaughan : faire exploser le mur de silence que l'Etat-Major et le gouvernement s'apprêtaient à dresser autour d'Alfred Dreyfus.

Oui, l'Affaire recommence.

Mais cette fois au grand jour.

16

Le journaliste devient avocat

Le jour même de la parution de « J'accuse… ! », dans l'après-midi, Albert de Mun, député, demande à la Chambre d'engager des poursuites contre Emile Zola, coupable, selon lui, d'un outrage sanglant aux chefs de l'Armée.

Sa proposition est votée par 312 voix contre 122.

Reste à rédiger la plainte.

Le ministre de la Guerre veut la circonscrire de façon telle qu'on ne puisse, durant les audiences, rouvrir le dossier de Dreyfus.

Zola et *L'Aurore*, en la personne de son gérant, Perrenx, sont donc assignés pour diffamation à l'endroit du Conseil de guerre. Comme le Code pénal prévoit que les délits de diffamation à l'encontre d'un fonctionnaire public dans l'exercice de ses fonctions (ce qui est le cas du Conseil de guerre) doivent être jugés en Cour d'assises, Zola est traduit devant les assises de la Seine siégeant au Palais de justice de Paris.

Il aura pour avocat maître Labori, qui a défendu Lucie Dreyfus dans le procès Esterhazy.

Perrenx sera assisté de maître Albert Clemenceau, le frère cadet de Georges. Ce dernier, qui n'est pas avocat, obtient du président de la Cour d'assises de pouvoir plaider avec son frère. Mais il devra le faire en tenue de ville et n'est pas autorisé à poser de questions aux témoins.

Pendant toute la durée du procès, qui s'ouvre le 7 février 1898, Georges Clemenceau va poser la plume.

Le journaliste va révéler une autre facette de son talent : il va devenir avocat.

De tous les arts qu'il pratique, celui de la parole lui est le plus familier. Il y excelle, ainsi qu'il l'a prouvé à la tribune du Parlement durant de nombreuses années. N'empêche qu'il affronte une épreuve redoutable : s'exprimer au cours d'un procès qui se trouve au centre de tous les regards et au cœur de toutes les passions, et qui doit avoir pour conséquence, dans la stratégie des Dreyfusards, de faire basculer l'opinion publique en faveur de la révision.

De ce point de vue, Zola a engrangé un premier succès.

Dès le jour même de la publication de « J'accuse... ! », de nombreux hommes de pensée – universitaires, savants, philosophes, écrivains, artistes – ont pris position en sa faveur. Cette mobilisation a été organisée par deux jeunes normaliens, Charles Péguy et Léon Blum.

Le 14 janvier – lendemain de la parution de « J'accuse... ! » - *L'Aurore* publie une première liste de notabilités emmenées par Anatole France, membre de l'Académie française et Emile Duclaux, membre de l'Académie des sciences. On y relève, parmi les plus connus, les noms de Lucien Herr, bibliothécaire de l'Ecole normale, Charles Andler, Fernand Brunot, Courteline, Mirbeau, Marcel Proust, Edmond Rostand, Victorien Sardou, Mallarmé, Gide, Apollinaire, Daniel Halévy, Gustave Lanson, Durkheim, Claude Monet, Pissarro, Signac, en plus, évidemment, de tous les Dreyfusards engagés dans l'Affaire depuis longtemps.

Ces noms s'alignent au bas d'un texte où il est dit :

« Les soussignés, protestant contre la violation des formes juridiques au procès de 1894 et contre les mystères qui ont entouré l'affaire Esterhazy, persistent à demander la révision. » [1]

Le 15 janvier, *L'Aurore* constate que « de tous côtés des félicitations et des adhésions arrivent à Emile Zola et à *L'Aurore* [...] C'est tout l'Institut, toute la Sorbonne, toute l'Université que les jurés de la Seine auront à juger avec Emile Zola et *L'Aurore*. Et il en viendra d'autres ». [2]

Enfin, le 18 janvier, dans son éditorial intitulé *Le Syndicat grandit*, Clemenceau souligne que de points opposés de l'horizon culturel les adhésions arrivent en masse à Zola et que le « syndicat » se renforce.

Ce terme de « syndicat » avait été utilisé de manière péjorative par les antisémites pour qualifier les Dreyfusards. Ils les accusaient d'appartenir à un « syndicat » de défenseurs de Dreyfus soutenu par la finance juive. A plusieurs reprises, Clemenceau et Zola avaient dénoncé le ridicule de cette imputation.

Dans son éditorial, Clemenceau salue l'engagement de ces notabilités :

« Il faut le dire à leur honneur, écrit-il, les hommes de pensée se sont mis en mouvement d'abord. C'est un signe à ne pas négliger. Il est rare que, dans les mouvements d'opinion publique, les hommes de pur labeur intellectuel se manifestent au premier rang.

« Le caractère de leurs travaux, leurs habitudes mentales, le genre de vie auquel ils sont tenus de s'astreindre, tout les éloigne des hommes d'action enclins à dépasser la mesure. Dans le cas présent, il semble qu'un lent travail se fût fait dans les esprits – obscur, car il n'est pas agréable de se donner l'apparence de défendre un traître – mais fiévreusement agité de doutes et d'angoisses.

« Et voici qu'au premier geste de Zola, jusqu'alors si éloigné de la place publique, se jetant en avant, et devançant d'un bond ceux qui soutenaient le plus ardemment le combat, les consciences se sont senties libérées de l'affreux cauchemar, les langues se sont déliées, et on a vu des hommes apporter leur nom pour l'œuvre de justice.

« Et voilà que dans notre France de fonctionnaires où l'on tient tant de gens par les croix, par les places, par les faveurs de toutes sortes dont la centralisation fait du gouvernement l'universel distributeur, des hommes de cabinet, de laboratoire, des professeurs, des savants ennemis des agitations publiques s'émancipent jusqu'à protester à la face de tous en faveur du droit cyniquement violé. Et que serait-ce si des institutions libérales laissaient chaque Français maître de sa volonté ? [...]

« C'est aux civils, dans le plus noble sens du mot, aux policés, à ceux qui fondent la civilisation sur le droit qu'il appartient de réagir : aux penseurs, aux savants qui préparent l'avenir, et, avec eux, aux faibles qui sont le nombre, livrés par l'anarchie mentale à la tyrannie des plus forts.

« Il ne se peut léser un droit chez le dernier des hommes sans que tous les opprimés aient intérêt à s'en faire solidaires. » [3]

Dans les jours qui suivent, le mouvement en faveur de Zola fait boule de neige : des listes d'adhésion sont publiées dans d'autres journaux, *Le Temps* et *Le Siècle*, entre autres :

« N'est-ce pas un signe, souligne Clemenceau, tous ces intellectuels, venus de tous les coins de l'horizon, qui se groupent sur une idée et s'y tiennent inébranlables ? Sans les menaces qu'on a répandues dans tous les établissements d'instruction publique, combien seraient venus qui n'osent manifester le trouble de leur conscience ! [...]

« Pour moi, j'y voudrais voir l'origine d'un mouvement d'opinion au-dessus de tous les intérêts divers, et c'est dans cette pacifique révolte de l'esprit français que je mettrais, à l'heure où tout nous manque, mes espérances d'avenir. » [4]

Clemenceau vient d'enrichir le vocabulaire politique d'un nouveau mot qui aura un riche avenir, celui *d'intellectuels.*

En effet, l'affaire Dreyfus, entre autres particularités, marque la naissance d'un nouveau type de citoyen : *l'intellectuel engagé* ; autrement dit l'homme de pensée qui sort de son laboratoire ou de son cabinet de travail pour s'immerger dans l'actualité la plus brûlante, soit pour porter un jugement de valeur sur elle, soit pour se mêler à l'action immédiate. Et tout cela non plus de manière isolée comme l'avaient fait en leur temps Voltaire ou Victor Hugo, mais en démarche collective comme les hommes de pensée viennent de le faire pour la première fois après le « J'accuse… !» d' Emile Zola.

Dans son livre *Les Aventures de la Liberté*, Bernard-Henri Lévy rappelle que c'est avec l'affaire Dreyfus que ce mot d'intellectuel devient « un titre de gloire et un emblème ».

L'intellectuel se pose alors en intermédiaire entre la Cité d'une part et le Juste, le Vrai, le Bien de l'autre. Entre le Monde et l'Universel. [5]

Clemenceau, par son activité éditoriale dans *L'Aurore,* et Zola, avec « J'accuse… ! », sont en quelque sorte les accoucheurs de cette nouveauté qu'on nommera plus tard *l'intelligentsia.* D'autant que pour parler et agir les intellectuels auront besoin de la grande presse, c'est-à-dire d'un instrument capable de multiplier leur voix à des milliers d'exemplaires et de la porter partout en France.

C'est donc soutenu par les signatures de plus de mille *intellectuels* qu'Emile Zola se présente à la première audience de son procès.

Jamais on n'avait vu une telle foule aux abords du Palais de Justice, ni une telle cohue dans les salles et les galeries.

« Cohue singulièrement mêlée, raconte *L'Illustration*, où affairés, inquiets, impatients, se pressent aux côtés des fonctionnaires, des magistrats, des agents de la police et de la force publique, des témoins de toute catégorie, de l'effectif complet des représentants de la presse française, d'une colonne serrée de correspondants étrangers, d'un bataillon de dessinateurs en tenue de campagne, sans compter la compagnie hors rang des invités. » [7]

La salle de la Cour d'assises où va se dérouler le procès est pleine à craquer.

Le président et ses assesseurs siègent sous un immense tableau représentant un Christ en croix : la loi de séparation des Eglises et de l'Etat n'a pas encore été votée.

Zola et Perrenx sont au banc des accusés, entourés de leurs défenseurs, dont Georges Clemenceau.

Notre propos, ici, n'est pas de relater la totalité des débats qui durent du 7 au 23 février 1898 mais d'insister sur la plaidoirie de Clemenceau. Elle est d'autant plus intéressante que le futur Père la Victoire, le futur chef de guerre de 1917-1918 va répondre longuement aux accusations d'atteinte à l'honneur de l'Armée lancées contre les Dreyfusards et préciser ainsi quelles doivent être, selon lui, la place et le rôle des forces militaires dans une République, autrement dit dans une Société de Droit.

En effet, l'affaire Dreyfus présente aussi cet aspect d'avoir vu s'affronter deux conceptions de l'Armée : l'une aristocratique, l'autre démocratique. Dans la conception aristocratique, l'Armée a tendance à se situer au-dessus des lois pour des raisons touchant au secret-défense. Dans la conception démocratique, elle est en totalité soumise aux lois, c'est-à-dire au pouvoir civil.

« L'armée professionnelle n'existe plus, explique Clemenceau. Il ne s'agit plus de résoudre la contradiction entre le droit commun des uns et le privilège des autres, la liberté civile et l'esprit de corps, ou, si vous voulez, le huis clos militaire. Il faut que l'armée universelle, l'armée de tous, se pénètre des idées de tous, des idées universelles de droit, puisqu'elle se compose de l'universalité des citoyens. » [8]

Ce que Clemenceau veut faire comprendre au haut commandement qui s'est fourvoyé dans l'affaire Dreyfus c'est que la patrie ce n'est pas seulement le sol : c'est le sol, certes, mais porteur de valeurs morales, lesquelles constituent un patrimoine aussi sacré que la terre :

« La patrie, s'exclame-t-il, ce n'est pas seulement le sol, c'est aussi un foyer de droit et de justice auquel se rattachent tous les hommes, si différents qu'ils soient d'opinion, amis ou ennemis. C'est un foyer commun à tous, une garantie de sécurité, de justice égale pour tous. Cette patrie, vous ne pouvez la concevoir sans la justice.[...]

« Quant à moi, j'estime que la pire trahison, parce que c'est la plus commune, c'est la trahison de l'esprit français qui s'est fait un si beau renom dans le monde, de l'esprit de tolérance et de justice qui nous a fait aimer jadis de tous les peuples de la terre. Car même si la France devait disparaître demain, il demeurerait d'elle une chose éternelle, les sentiments de liberté et de justice humaine qu'elle a déchaînés dans le monde en 1789. [...]

« Ce que je n'admets pas, c'est qu'on nous dise que nous insultons l'armée quand ceux-là mêmes qui nous font ce reproche acclament un homme, le seul qui soit certainement, sans discussion possible, un insulteur de la France et de l'armée, le commandant Esterhazy. [...]

« Non, nous n'insultons pas l'armée. Nous l'honorons en l'invitant au respect de la loi, car elle n'est rien que par la loi, car nous la voulons grande par la loi. Nous avons des devoirs envers elle, elle a des devoirs envers nous, et l'entente doit se faire entre la société militaire et la société civile sur le grand principe commun de la justice et de la loi.[...]

« Le principe de la société civile, c'est le droit, la liberté, la justice ; le principe de la société militaire, c'est la discipline, la consigne, l'obéissance. Et comme chacun est porté par la conscience de l'utilité de sa fonction à vouloir empiéter sur autrui, la société militaire, qui dispose de la force, tend à empiéter sur l'autorité civile et à considérer l'autorité civile d'un peu haut quelquefois. C'est un tort : les soldats n'ont de raison d'être que parce qu'ils défendent le principe que la société civile représente. Il faut que la réconciliation se fasse entre ces deux institutions.

« Il faut que la société civile, par la supériorité de son principe, conserve son plein pouvoir de contrôle. »

Toutefois, c'est la conclusion de sa plaidoirie qui suscite dans l'assistance le plus grand émoi, accompagné de mouvements divers :

« - Messieurs, dit-il avec solennité, quand l'heure des injures est passée, quand on a fini de nous outrager, il faut bien répondre, et que nous objecte-t-on ? La chose jugée...

Se tournant alors vers le président et pointant l'index vers l'immense Christ en croix suspendu au-dessus des juges, il s'écrie :

« - Regardez là, Messieurs, voyez ce Christ en croix. La voilà, la chose jugée, on l'a mise au-dessus du juge pour qu'il ne fût pas troublé de cette vue. C'est à l'autre bout de la salle qu'il faudrait placer l'image, afin qu'avant de rendre sa sentence le juge eût devant les yeux l'exemple d'erreur judiciaire que notre civilisation tient pour la honte de l'humanité. Ah ! oui, je ne suis pas un des adorateurs du Christ au sens où beaucoup d'entre vous l'entendent, mais je lui suis peut-être plus fidèle, à lui, et je le respecte certainement plus que beaucoup de ceux qui prêchent le massacre au nom d'une religion d'amour ! »

Evidemment, ni l'émouvante plaidoirie de Clemenceau ni celles des autres avocats ne changent rien à la détermination des juges. Emile Zola est condamné au maximum de la peine : un an de prison et trois mille francs d'amende.

Mais pour les Dreyfusards l'important n'est pas là : l'affaire Dreyfus a enfin été portée devant le tribunal de l'opinion publique conformément au but qu'ils s'étaient fixé.

« Chacun sait en France aujourd'hui, constate Clemenceau dans *L'Aurore,* que la loi a été outrageusement violée au détriment d'un accusé dans un simulacre de procès. » [9]

En d'autres termes, une brèche a été pratiquée dans ces bastilles de la raison d'Etat et de l'honneur de l'Armée que gouvernement et haut Etat-Major opposaient aux défenseurs du droit et de la justice : elle ne se refermera plus.

En ce début d'année 1898 s'ouvre la voie qui doit mener au retour de Dreyfus en France et à la révision de son procès.

Mais avant d'en arriver là il y aura encore dix-huit mois de luttes et de déchirements.

Et, pour le proscrit de l'île du Diable, d'atroces souffrances…

17

Plus de six cents éditoriaux pour la vérité et la justice

Entre le 23 février 1898 – condamnation d'Emile Zola – et le 8 août 1899 – ouverture à Rennes du second procès d'Alfred Dreyfus – les Antidreyfusards vont tout faire pour s'opposer à la révision.

Les journaux antisémites redoublent de violence, mettant dans le même sac Zola, Labori, Clemenceau, Rothschild « et tous les principaux juifs du territoire de la république », et invitant les patriotes « à leur loger à chacun douze balles dans le ventre ». [1]

Début 1899, après la cérémonie des obsèques de Félix Faure, président de la République décédé quelques jours plus tôt, Paul Déroulède tente, mais en vain, d'entraîner les troupes à l'assaut de l'Elysée pour prendre le pouvoir par la force.

Toutefois, plusieurs événements vont contrarier la campagne des Antidreyfusards.

Le premier est le suicide du lieutenant-colonel Henry après qu'il a avoué être l'auteur d'un faux document destiné à accabler Dreyfus.

Le second sont les aveux d'Esterhazy qui reconnaît publiquement avoir écrit le bordereau sur l'ordre de ses chefs pour apporter une preuve irréfutable de la culpabilité de Dreyfus.

Si l'on ajoute à cela de profonds changements politiques avec l'élection à l'Elysée d'Emile Loubet et la nomination d'un nouveau président du Conseil, Waldeck-Rousseau, tous deux décidés à en finir avec ce drame qui déchire la France depuis trop d'années, on comprend mieux pourquoi l'année 1899 va être celle de la fin des souffrances d'Alfred Dreyfus : le 1er juillet il rentre en France et le 8 août s'ouvre à Rennes son second procès.

Mais le 9 septembre se produit un invraisemblable rebondissement : alors que le nouveau gouvernement de Waldeck-Rousseau est convaincu de l'innocence de Dreyfus, son représentant au procès, le commandant Carrière, proclame dans son réquisitoire que Dreyfus est coupable. C'est le dernier sursaut de l'Etat-Major qui refuse toujours de reconnaître ses erreurs. A l'instant du verdict, cinq juges militaires sur sept déclarent que Dreyfus est coupable, lui accordent toutefois des circonstances atténuantes et le condamnent à dix ans de détention.

L'esprit de corps des militaires a joué jusqu'au bout et au prix d'un rocambolesque verdict – coupable mais avec circonstances atténuantes ! – ce nouveau Conseil de guerre a refusé de déjuger le premier, au mépris des droits les plus élémentaires de la personne.

Il ne reste plus, pour sauver Alfred Dreyfus, que la grâce présidentielle.

Mais demander et obtenir la grâce, c'est ouvrir la voie à une amnistie qui s'appliquera sans discernement à tous les acteurs de ce drame, y compris aux faussaires de l'Etat-Major. Certains Dreyfusards s'y refusent absolument et veulent continuer le combat pour l'acquittement et la réhabilitation.

Ce verdict absurde et odieux divise donc gravement l'entourage de Dreyfus. Mathieu, conscient de l'état de santé de son frère, de même que Joseph Reinach, veulent le sortir de prison au plus vite et se montrent en conséquence favorables à la grâce. Clemenceau, Jaurès, Picquart, Labori sont d'un avis opposé. Pour eux, Dreyfus est un symbole, celui du droit et de la justice, et un tel symbole ne peut pas quitter la scène par la petite porte, comme s'il demandait pardon, alors qu'il est innocent.

« Vous humiliez la République, déclare Clemenceau aux partisans de la grâce. C'est son honneur que vous demandez à Dreyfus. »[2]

Un dernier affrontement, dramatique, a lieu dans le bureau d'Alexandre Millerand, ministre du Commerce dans le nouveau gouvernement. Il y a là Mathieu Dreyfus, Clemenceau, Jaurès, Joseph Reinach.

Millerand, Reinach, puis peu à peu Jaurès, se prononcent pour la grâce.

- Vous avez la majorité, constate Clemenceau à l'intention de Mathieu.

Mais ce dernier, qui éprouve une très grande estime pour le combat incessant et efficace qu'a mené Clemenceau, ne se contente pas de cette adhésion réservée.

- Je ne veux rien faire sans vous, dit-il ; si vous persistez à déconseiller la grâce, je n'y consentirai pas.

Alors, après avoir réfléchi quelques minutes...

- Si j'étais le frère, j'accepterais, avoue Clemenceau.

Le Tigre vient de rentrer ses griffes : pour des raisons d'humanité, il accepte de faire passer la personne d'Alfred Dreyfus avant le symbole qu'il incarne.

Le 19 septembre, Emile Loubet signe la grâce.

Le matin même meurt l'un des premiers et principaux Dreyfusards, ami de jeunesse de Clemenceau, Auguste Scheurer-Kestner.

Quinze mois plus tard, le 14 décembre 1900, une loi d'amnistie pour tous les faits relatifs à l'Affaire sera votée par le Parlement mais il faudra attendre 1904 pour qu'une nouvelle demande en révision, présentée par Dreyfus lui-même, soit acceptée.

Le 12 juillet 1906 la Cour de cassation cassera sans renvoi le verdict de Rennes et, enfin, Alfred Dreyfus sera réhabilité et réintégré dans l'Armée.

Et le 25 octobre 1906, Picquart sera nommé ministre de la Guerre dans le gouvernement de Georges Clemenceau, nouveau président du Conseil.

Beaucoup de personnalités – Gustave Geffroy, Daniel Halévy, Georges Wormser – ont considéré qu'avec ses articles sur l'affaire Dreyfus Georges Clemenceau avait atteint l'un des sommets du journalisme, d'autant que son activité éditoriale ne s'était pas limitée à *L'Aurore* : durant toute cette période il avait publié de nombreux articles sur le même sujet dans *La Dépêche de Toulouse*. Ce à quoi il faudrait ajouter des chroniques, qui n'avaient rien à voir avec l'Affaire, dans *L'Illustration, Le Gil Blas, Le Français*.

A la fin de l'Affaire, l'éditeur Pierre-Victor Stock décida de publier en volumes tous les articles de Clemenceau sur ce drame national.

Il en avait écrit exactement 665, chiffre considérable.

Il fallut sept volumes pour les contenir tous. Voici les titres et les dates de parution de ces différents volumes :

- *L'Iniquité*, 1899
- *Vers la réparation*, 1899
- *Contre la justice*, 1900
- *Des juges*, 1901
- *Justice militaire*, 1901
- *Injustice militaire*, 1902
- *La Honte*, 1903 [3]

Gustave Geffroy a raconté comment Clemenceau travaillait à *L'Aurore* durant tout le temps de l'affaire Dreyfus :

« Chaque jour, vers cinq heures, Clemenceau venait rue Montmartre corriger, selon les dernières nouvelles, l'article qu'il avait écrit à l'aube et envoyé le matin, habitude dont il ne s'est plus départi une seule fois tout au long de sa carrière de journaliste. C'était ensuite la conversation avec ses frères et les collaborateurs et amis présents. » [4]

De même, le grand historien de l'art Elie Faure, a décrit l'ambiance de *l'Aurore* du temps où Clemenceau en fut l'éditorialiste :

« Je fréquentais la salle de rédaction de *l'Aurore*, le plus vivant des journaux de l'époque, le plus vivant journal qui sans doute fut jamais, avec une passion frénétique et légère, la verve, l'élan joyeux qu'il apportait dans la lutte, les articles, les poèmes, les reportages qui brûlaient ses pages, tout cela concentré sur un seul objet, tout cela s'acharnant à arracher aux geôles militaires un innocent que presque tout un peuple prétendait y maintenir. J'ai connu là très intimement Clemenceau, menant la bataille avec un éclat sans pareil, enivré par la joie de se battre, renouvelant chaque matin le miracle de l'article dirigé vers le même but, pointe d'épée sans cesse maintenue en ligne mais vibrante et volante autour de cette ligne, souple, fiévreuse, animée de cliquetis et d'étincelles et comme foisonnant d'éclairs. L'homme était séduisant au possible, jeune encore – très jeune pour lui puisqu'il n'avait pas soixante ans - , de parole brève, âpre, coupante, mais enveloppant de caresses irrésistibles les plus dures pointes qu'elle vous poussait en plein cœur. Il allait, venait, s'asseyait soudain tout en lâchant des mots cruels ou en taillant dans sa propre chair ses paradoxes. » [5]

Bien que n'étant plus parlementaire, Clemenceau avait conservé durant toute cette période une grande influence sur le milieu politique. Lors du décès de Félix Faure, qu'il n'aimait pas, il avait eu ce jugement cruel :

« Félix Faure vient de mourir. Cela ne fait pas un homme de moins en France. Néanmoins, voici une belle place à prendre. Les prétendants ne manqueront pas. C'est Félix Faure qui avait entrepris pour son propre compte d'étouffer la révision du procès Dreyfus. Je vote pour Loubet. »

Et il avait brossé un portrait plaisant du futur président de la République :

« Un républicain bonhomme doublé d'un finaud du Midi. De la rondeur, de l'entrain, de la bienveillance, ni méchanceté ni morgue. Je ne vois pas Loubet en proie à la folie des grandeurs. Il nous fera un président bourgeois, très simple, amène et bon enfant, qui ne se croira pas obligé de faire sonner la trompette chaque fois qu'il éternue. Sur l'affaire Dreyfus, j'ignore absolument l'opinion de monsieur Loubet. Ce que je sais, c'est qu'il n'est compromis à aucun degré avec les menteurs, les faussaires, les complices de trahison qui gravitaient autour de M. Félix Faure. » [6]

Ses positions dans l'Affaire avaient aussi entraîné Clemenceau dans un retentissant duel avec Edouard Drumont.

L'Aurore avait accusé Drumont d'avoir été un embusqué lors de la guerre de 1870. Drumont avait riposté en proclamant que Clemenceau avait toujours été sous l'influence des Juifs et avait été naguère le commandité du Juif allemand Cornélius Hertz. Trois balles furent échangées sans résultat. Les choses en restèrent là.

Ce n'est qu'à la fin de sa vie, dix-huit mois avant de mourir, que Clemenceau, lors d'un dialogue avec l'un de ses biographes, Jean Martet, a livré le fond de sa pensée sur la personnalité d'Alfred Dreyfus et sur l'Affaire dont ce dernier fut le malheureux héros :

« Quand Dreyfus est revenu de l'île du Diable, Mathieu Dreyfus m'a écrit : « je vais vous l'amener. » C'était une curiosité... Pensez donc ! le traître qui n'avait pas trahi ! Mathieu Dreyfus arrive avec un homme... Je le regarde. Je me dis : « Tiens ! ça n'est pas son frère... Qu'est-ce que ça peut être que cet homme-là ? » Il avait l'air d'un marchand de crayons. C'était Dreyfus. »

- Qu'est-ce qu'il a compris à l'affaire Dreyfus ? demande Jean Martet.

- Rien. C'est le seul qui n'y ait rien compris. Il a été inférieur à l'affaire Dreyfus de je ne sais combien d'abîmes. C'est beaucoup mieux comme ça, d'ailleurs. On ne pourra pas nous reprocher de nous être laissé entraîner par son fluide. Il n'en avait pas pour deux sous. [...]

- Vous aviez commencé par croire à la culpabilité de Dreyfus ?

- Naturellement. Il fallait commencer par là. Quelle époque ! Et au bout du compte elle a fait du bien, elle a lavé. On ne pouvait pas aller à la guerre en traînant ce chancre-là. Bien entendu, sitôt l'Affaire finie, les gens se sont débandés, chacun a repris sa position... Mais le travail était fait. »[7]

Oui, pour Clemenceau, comme pour quelques autres, l'affaire Dreyfus fut d'abord une lutte pour une morale, mieux, pour une mystique républicaine, autrement dit un combat pour le droit, la justice et la vérité. Un combat qui dépassait, et de beaucoup, le prisonnier de l'île du Diable.

Charles Péguy écrira plus tard qu'Alfred Dreyfus fut : « victime malgré lui, héros malgré lui, martyr malgré lui. »

Et il ajoutera : « Glorieux malgré lui, il a trahi sa gloire. »[8]

Ce qui veut dire qu'en acceptant d'être gracié il avait été inférieur à sa cause.

Ce fut aussi l'ultime jugement de Clemenceau et sur l'homme et sur l'Affaire.

18

L'Hercule et le Protée de la presse française

Le 16 décembre 1899 – trois mois exactement après la grâce de Dreyfus – Clemenceau adresse la lettre suivante à son ami Gustave Geffroy :

« Vous ne me trouverez pas à *L'Aurore*. J'ai envoyé ma démission à Vaughan en réponse aux attaques de Gohier contre moi. Comme il n'y avait en jeu qu'une question de dignité personnelle, vous comprendrez que je n'avais à consulter personne que moi-même ». [1]

Que s'est-il passé pour qu'il claque ainsi la porte d'un journal dont il était la figure de proue ? Il le précise lui-même : un grave conflit l'oppose à un autre rédacteur du journal, Urbain Gohier.

Journaliste envahissant et hâbleur, celui-ci s'était vanté, dans un article paru la veille, d'avoir été le seul à comprendre et à conduire l'affaire Dreyfus. Plus grave, il ajoutait qu'il avait fait cela « sous les outrages de l'ennemi, sous la réprobation et les reproches des défenseurs de la personne de Dreyfus ». [2]

C'en est trop pour celui qui, quotidiennement, dans ses éditoriaux, avait soutenu de longs mois de combat pour la vérité et la justice : il préfère démissionner et partir.

Au vrai, Clemenceau caresse un autre projet : il voudrait de nouveau posséder son propre journal.

Toute l'année 1900 se passe donc, pour lui, en démarches multiples pour réaliser cette nouvelle ambition. En même temps qu'il continue d'écrire des chroniques pour plusieurs quotidiens parisiens et revues étrangères, il poursuit, avec l'éditeur Stock, la publication en volumes de ses éditoriaux sur l'affaire Dreyfus.

Mais après un an de négociations avec des partenaires éventuels, ses efforts pour lancer un nouveau quotidien débouchent sur un échec. Le 21 décembre 1900, dans une nouvelle lettre à Gustave Geffroy, il fait part de la réorientation de son projet :

« Lâché par tout le monde je ne fais pas de journal. Comme je veux parler tout de même, je vais tenter un cavalier seul. *Le Bloc*, gazette hebdomadaire (format *Cri de Paris*) par G. Clemenceau, unique rédacteur. Je commencerai le 20 janvier. »[3]

Enfin, trois jours plus tard, au même :

« Connaissez-vous un artiste de génie pour faire un dessin également de génie représentant la scène parisienne qu'il lui plaira ? Il n'est pas nécessaire qu'il y ait un texte. Mais le génie est indispensable – ainsi que le prix doux. Vous avez compris qu'il s'agit du *Bloc* ? »[4]

C'est le dessinateur Alexandre Steinlein qui réalisera ce dessin pour illustrer le frontispice de cette nouvelle publication.

Le 21 janvier 1901 paraît le premier numéro de cette « gazette hebdomadaire » dont le siège sera rue Chauchat puis rue Cardinet et dont l'administration sera assurée par l'avocat Albert Clemenceau, frère de Georges.

Ce dernier sera, comme il l'a annoncé, le seul et unique rédacteur.

Le titre de cet hebdomadaire, *Le Bloc*, n'a pas été choisi au hasard. Il rappelle un débat parlementaire qui avait eu lieu à la Chambre en 1891, à l'époque où Clemenceau était député, avant d'être battu dans le Var.

Cette année-là, la Comédie-Française avait inscrit à son répertoire une pièce de Victorien Sardou, *Thermidor,* qui était une critique acérée de la Révolution française et de Robespierre. Plusieurs journaux socialistes et radicaux avaient dénoncé ce spectacle et les premières représentations avaient donné lieu à des manifestations houleuses. Finalement, le gouvernement avait interdit la pièce et cette censure avait été la cause d'une interpellation à la Chambre, suivie de débats très agités. Joseph Reinach avait vivement dénoncé « ce Tartuffe politique qui s'appelait Robespierre » puis avait tenté de faire la distinction, dans la Révolution, entre ce qui était acceptable et ce qui devait être rejeté à jamais.

C'est Clemenceau qui lui avait répondu en lui reprochant « d'éplucher » la Révolution au gré de ses sympathies. Et il avait eu ces phrases devenues célèbres :

« Messieurs, que nous le voulions ou non, que cela nous plaise ou que cela nous choque, la Révolution française est un bloc, un bloc dont on ne peut rien distraire, parce que la vérité historique ne le permet pas. Est-ce que vous croyez que le vote de la Chambre y peut faire quelque chose ? Est-ce que vous croyez qu'il dépend de la Chambre de diminuer ou d'augmenter le patrimoine de la Révolution française ? »

S'interrogeant alors sur les remous soulevés par la pièce il avait poursuivi :

« Pourquoi une telle émotion suscitée par ce mauvais drame ? C'est que cette admirable Révolution par qui nous sommes n'est pas finie, elle dure encore et ce sont toujours les mêmes hommes qui se trouvent aux prises avec les mêmes ennemis [...] Je vous le dis bien haut, nous ne laisserons pas salir la Révolution française, nous ne le tolérerons pas ; et si le gouvernement n'avait pas fait son devoir, les citoyens auraient fait le leur. »[6]

Depuis cette date, l'expression « La Révolution est un bloc » faisait partie de l'abondant florilège des « mots » de Clemenceau. Rien de surprenant s'il donne comme titre à son nouvel hebdomadaire *Le Bloc*. D'autant qu'en 1899 son ami Claude Monet, en souvenir de son intervention à la Chambre, lui avait offert une toile représentant un immense rocher dressé vers le ciel, toile qu'il avait fort opportunément appelée *Le Bloc*.

En cette année 1901 où il va avoir ses soixante-ans, Georges Clemenceau se lance donc dans une immense aventure journalistique qui conviendrait mieux à un quadragénaire qu'à un sexagénaire. Mais ce diable d'homme n'a pas d'âge. Il jouit d'une santé physique et intellectuelle qui pourrait en remontrer à beaucoup. Même quand il s'accorde quelques semaines de vacances à Carlsbad, il y mène un train d'enfer :

« Je me lève à 4h30, explique-t-il à Gustave Geffroy, et me couche entre 9h30 et 10h. Eaux et gymnastique le matin, promenade en forêt l'après-midi. Puis le reste du temps l'écriture. Voilà ma vie. »

Qui a dit que l'avenir appartenait aux gens qui se levaient tôt ?

En cette année 1901 l'avenir de Clemenceau est encore devant lui, non derrière.

Pour ce qui est de sa vie privée, il est désormais seul et habite dans un appartement de la rue Franklin, près du Trocadéro, aujourd'hui transformé en musée.

Il avait divorcé de son épouse américaine en 1892, laquelle était aussitôt repartie aux Etats-Unis. Jamais il ne se remariera. Son père Benjamin était mort en 1897, puis sa mère. Ses trois enfants étaient maintenant mariés.

Voilà donc l'homme qui vient de décider d'être à lui seul l'Hercule et le Protée de la presse française.

L'Hercule, car les travaux qui l'attendent pour rédiger seul un hebdomadaire sont titanesques.

Le Protée, car il va devoir faire la preuve, en traitant tous les sujets de l'actualité sans exception, qu'il est capable de se métamorphoser à volonté et d'entrer successivement dans la peau de l'éditorialiste, du reporter, du chroniqueur politique, du commentateur des affaires étrangères, du critique littéraire, artistique, théâtral…

Du 27 janvier 1901 au 25 mars 1902, soit pendant 60 numéros au total (49 en 1901 et 11 en 1902) Clemenceau va tenir – et gagner – ce pari insensé d'être l'unique rédacteur du *Bloc* et de pouvoir rédiger des articles aussi bien sur le féminisme que sur les retraites ouvrières ; sur le divorce que sur les grèves ; sur l'Eglise et les jésuites de France que sur la terreur en Russie ; sur l'Amérique que sur la Chine, le Maroc, l'Angleterre ; sur l'écrivain norvégien Björnson que sur le critique français Gustave Larroumet ; sur le peintre Carrière que sur le metteur en scène Antoine ; sur la défense des sous-marins par rapport aux cuirassés que sur le programme du parti radical ; sur la course automobile Paris-

Berlin que sur les droits du père sur l'enfant en matière d'éducation ; sur l'alliance Franco-russe que sur les règlements de la Comédie-Française...

Le tout rédigé souvent dans ce style ironique, incisif et mordant où se remarque le coup de patte du polémiste.

En veut-on un exemple ? Voici comment, dans *Le Bloc* du 30 juin 1901, Clemenceau traite ses amis radicaux, qui viennent de tenir leur congrès :

« On a bien parlé, on a bien écrit, au congrès radical. Il ne reste plus qu'à bien faire. Les radicaux n'iront pas à droite. Comment le pourraient-ils sans cesser d'être radicaux ? Les radicaux n'auront pas d'ennemis à gauche. Cela était facile à prévoir puisque repoussant le concours des troupes de Méline, il ne leur reste de coalition possible qu'avec les socialistes de gouvernement. Maintenant, à l'action ô réformateurs. Et, d'abord, étudiez, je vous prie, comment dans le passé tant de belles paroles des mêmes orateurs qui viennent de briller au congrès ont abouti à des actes de rétrogradation. Je trouve par exemple, dans *La Petite République*, sous la signature d'un universitaire, un excellent article sur la cléricalisation du lycée de Nantes aux mains de l'abbé Feuilloley. On y a organisé un club royaliste, on y a crié Vive le Roi, et on avertit les élèves qui ne voudront pas aller à confesse qu'on brisera leur avenir. Or qui a mis l'abbé Feuilloley à la tête du lycée de Nantes ? Un ministre de l'instruction publique radical et radicalissime, M. Léon Bourgeois, puisqu'il faut le nommer. Qu'est-ce que Méline ou M. de Mun lui-même auraient pu faire de plus, dans cette affaire, que M. Léon Bourgeois du congrès radical ? »

On constate à la lecture de cet extrait que l'Hercule du journalisme n'a nullement renoncé à nettoyer les écuries de la république opportuniste !

La collection complète du *Bloc* constitue d'ailleurs un remarquable échantillon des idées du Clemenceau de cette époque.

L'éditorial du premier numéro donne le ton, d'abord pessimiste, de l'ensemble :

« De toutes les forces de mon intelligence, je m'applique à comprendre ce qui se passe. J'ai été longtemps engagé dans les luttes de parti. J'ose dire que je n'en ai point recueilli d'avantage, et je suis tout prêt à croire, comme on prend parfois la peine de me le dire, que le profit en a été médiocre pour les idées que j'ai tenté de servir. »

Mais voici, comme toujours, que l'homme d'action reprend le dessus :

« Tout homme en possession de l'énergie de vivre ne doit voir dans l'épreuve qu'une source d'action nouvelle. »

Enfin revient, comme un leitmotiv, la grande préoccupation des républicains de l'époque, à savoir : la place et le rôle de l'Eglise catholique dans la société française après l'affaire Dreyfus :

« Qui sera le maître en France, de l'esprit de la Révolution française synthétisée en sa déclaration des droits de l'homme, ou de l'autorité dogmatique du pape romain ? » [7]

Rappelons qu'à l'instant où Clemenceau rédige ces lignes le président du Conseil Waldeck-Rousseau s'apprête à faire voter la loi de 1901 sur les associations qui, en réalité, vise les congrégations religieuses. Et ajoutons que tout le milieu politique et parlementaire prépare les élections législatives de 1902 à l'issue desquelles Emile Combes sera nommé chef du nouveau gouvernement et rédigera la loi de séparation des Eglises et de l'Etat.

L'anticléricalisme se trouve donc au cœur de l'actualité et *Le Bloc* se fait constamment l'écho de cette situation.

Dans sa monumentale biographie de Clemenceau Jean-Baptiste Duroselle a calculé la masse de travail que représente la réalisation hebdomadaire d'une telle revue :

«*Le Bloc*, écrit-il, de format 14 x 28 était rédigé de façon simple, sur deux colonnes par page. Chaque colonne représentait environ 1 625 signes et blancs, soit 3 250 par page. Les pages de publicité n'étant pas numérotées on compte 888 pages pour 1901 et 176 pour 1902, soit un total de 1 064 pages, soit un total de 3 458 000 signes et blancs. Calculées en feuillets de 1 600 signes, ces pages représentent donc 2 307 feuillets, soit en moyenne 38 à 40 feuillets par semaines. C'est là un véritable travail d'esclave, si l'on songe que ces pages résultaient d'une active préparation, de lectures, de conversations, mais aussi d'un travail créateur. » [8]

Et Jean-Baptiste Duroselle de conclure que *Le Bloc* constitue la preuve la plus admirable de l'envergure intellectuelle de Georges Clemenceau.

19

Double retour

Tel Sisyphe s'efforçant de hisser son rocher au sommet de la montagne, Clemenceau en est donc à pousser chaque semaine son *Bloc* quand, au début de 1902, un sénateur du département du Var décède. Se pose alors la question de son remplacement.

Clemenceau a gardé dans cette région de nombreuses amitiés. Ainsi du maire de Draguignan, Clavier, qui décide de réunir quelques élus et d'envoyer une délégation à Paris pour convaincre le Vendéen d'être candidat au poste.

Rendez-vous est pris au domicile parisien de l'intéressé.

Francisque Varenne, le plus jeune membre de la délégation raconte :

« Clemenceau entra. Il avait alors soixante et un ans. Il apparaissait, malgré sa calvitie et sa moustache blanche, alerte, trapu, vigoureux. Il embrassa son vieil ami Clavier, nous serra la main avec cordialité et bonne humeur et dit : je vous écoute. » [1]

Dans un premier temps la délégation essuie un refus. Pour deux raisons. La revue *Le Bloc* n'a que quatorze mois d'existence et tout le contenu rédactionnel, chaque semaine, sort de la même plume. Comment concilier cet immense travail avec une responsabilité parlementaire ? Mais surtout, en acceptant d'être candidat à un tel siège, Clemenceau renierait une partie de son programme politique. En effet, il a bataillé avec constance pour la suppression du Sénat. En bon héritier des révolutionnaires de 1789 il considère qu'une seconde Chambre est un repaire de conservateurs, pour ne pas dire d'aristocrates comme en Angleterre. Lui qui n'a jamais eu jusqu'à ce jour que dédain et ironie pour le Sénat peut-il accepter un tel siège sans être la risée de ses adversaires ?

Toutefois, une soirée de consultations de ses proches, entre autres son frère Albert, et une nuit de réflexion, l'amènent à changer d'avis. D'autant que les difficultés financières du *Bloc* laissent mal augurer de l'avenir de cet hebdomadaire.

Le lendemain, alors que la délégation varoise se trouve toujours à Paris, il accepte.

Quelques jours plus tard il part pour le Var.

Il y retrouve de nombreux maires et conseillers municipaux qu'il avait connus à l'époque où il était député de ce département.

Et le 4 avril 1902 il est élu sénateur. Sur 467 suffrages exprimés il a recueilli 344 voix.

Cet événement est commenté par toute la classe politique.

Le premier à se réjouir du retour de Clemenceau au Parlement est Jaurès :

« C'est une joie pour tous les républicains, pour tous les démocrates, écrit-il, de voir rentrer dans l'action immédiate l'homme qui, assailli par tant de haines, avait opposé à l'orage une fermeté invincible et un infatigable labeur et avait sans cesse agrandi son idéal de justice sociale. » [2]

Quelle est la situation en France à l'instant où le nouveau sénateur du Var fait un retour remarqué dans la politique active ?

La Chambre des députés élue en 1898 achève son mandat et doit être renouvelée en ce printemps de 1902. Toute la législature qui se termine a pratiquement été occupée par l'affaire Dreyfus.

Le nouveau siècle s'est ouvert en France par l'Exposition universelle de Paris, inaugurée le 14 avril 1900 et pour laquelle on a construit le Grand et le Petit Palais.

Le 16 juillet a été mise en service la première ligne de métro reliant Vincennes à la Porte Maillot.

Le 22 septembre, le gouvernement a offert aux maires de France un immense banquet. 20 777 maires y ont participé sur les 36 172 que compte le pays.

« Les deux précédentes expositions universelles, écrit Jacques Chastenet, avaient chacune présenté un caractère dominant qui a manqué à celle-ci : 1878, c'était l'affirmation de la renaissance française après les terribles épreuves de la Guerre et de la Commune ; 1889, c'était l'acte de foi dans les destinées de la République, c'était aussi l'hymne à la Science.

« En 1900, la France a trop incontestablement repris son rang de grande puissance pour qu'il ait été nécessaire d'en administrer une preuve nouvelle ; d'autre part, la République, bien que triomphante ou parce que triomphante, a perdu, aux yeux mêmes de ses partisans, beaucoup de son charme juvénile et de son rayonnement ; enfin la Science a, par ses progrès, miné de ses propres mains quelques-uns des dogmes fondamentaux de la religion dont elle était l'objet. A la place des idéaux qui animaient les deux Expositions précédentes, aucun n'a surgi qui s'impose vraiment : le nationalisme, cette déformation du patriotisme, s'est terriblement compromis dans l'affaire Dreyfus ; la mystique républicaine achève de s'effacer au profit d'une politique sans grandeur ; le socialisme s'éparpille en querelles desséchantes... décidément, une âme a manqué à cette Exposition. » [3]

L'année de l'Exposition avait marqué une sorte de trêve dans la vie politique française. Dès la fin de cette imposante manifestation elle avait été rompue et la bataille parlementaire avait repris de plus belle entre le gouvernement dit « de défense républicaine » dirigé par Waldeck-Rousseau et constitué de l'alliance de toutes les gauches, et les nationalistes de droite anti-dreyfusards soutenus par de nombreux catholiques qui ne s'avouaient pas vaincus après la grâce de Dreyfus.

Waldeck-Rousseau se trouvait donc face à deux grands problèmes : reprendre l'Armée en main et la placer définitivement sous l'autorité de la loi civile ; régler les relations entre l'Eglise catholique et la République.

L'affaire Dreyfus avait montré qu'il y avait deux Etats dans l'Etat. Un Etat militaire qui se considérait au-dessus des lois ; un Etat clérical dont le fer de lance avait été la Congrégation des Augustins de l'Assomption qui, à l'aide de son journal *La Croix*, avait mené de furieux assauts contre les juifs, les protestants, les francs-maçons et les catholiques dreyfusards.

C'est le général de Galliffet, nommé par Waldeck-Rousseau ministre de la Guerre, qui avait remis l'Armée dans le droit chemin en supprimant les commissions de classement composées de généraux et qui détenaient le pouvoir de nomination et d'avancement. Ce pouvoir avait été rendu au seul ministre, autrement dit à l'autorité civile. En contrepartie, et dans un souci d'apaisement, cette mesure avait été accompagnée d'une loi amnistiant tous les faits relatifs à l'affaire Dreyfus, ce qui avait eu pour effet de placer hors de toute poursuite judiciaire les officiers accusateurs de Dreyfus, entre autres le général Mercier.

Quant à la lutte contre le cléricalisme, c'est Waldeck-Rousseau en personne qui l'avait menée puisque, en plus de la présidence du Conseil, il avait pris en charge le ministère de l'Intérieur chargé des Cultes. A ce titre, il avait fait voter en juillet 1901 un projet de loi sur les associations qui plaçait les congrégations religieuses hors du droit commun. Ces congrégations, lorsqu'elles n'avaient pas encore été reconnues, devaient obtenir une autorisation. Celle-ci devait être donnée par voie législative, ce qui remettait leur sort entre les mains de la majorité parlementaire anticléricale. De surcroît, les membres d'une congrégation non autorisée étaient interdits d'enseignement.

En avril 1902, après son élection dans le Var, Clemenceau retrouve donc un milieu parlementaire essentiellement dominé par l'anticléricalisme.

Sa première décision, quand il entre au Palais du Luxembourg, traduit bien sa position politique : il choisit de siéger à l'extrême gauche de l'hémicycle et d'occuper le fauteuil de sénateur qui avait été celui de Victor Hugo quand le patriarche des Lettres avait plaidé avec passion et émotion en faveur de l'amnistie pour les Communards.

Clemenceau arrive dans une Chambre Haute qui est désormais acquise aux républicains : le renouvellement partiel du Sénat, qui a eu lieu deux ans plus tôt, a vu ces derniers emporter 80 sièges sur les 99 qui étaient en jeu.

Les élections législatives, qui se tiennent les 25 avril et 11 mai 1902, confirment la victoire du Bloc républicain face aux conservateurs et aux nationalistes de droite. Ce « Bloc des gauches » composé de l'Alliance républicaine démocratique (modérés), des radicaux et radicaux socialistes et des socialistes de gouvernement, remporte 350 sièges, soit la majorité absolue face aux 230 sièges de la droite. Et ce sont les radicaux (110 sièges) et les radicaux socialistes (100 sièges) qui dominent dans le Bloc des gauches.

En ce début du XXe siècle, et après une affaire Dreyfus qui a profondément déchiré le pays, la France parlementaire – Sénat et Chambre des députés - vient donc de basculer définitivement dans le camp républicain. Ce camp est désormais dominé par le parti radical et radical socialiste, qui a tenu son congrès constitutif l'année précédente, et dont l'inspirateur est Clemenceau lequel, d'ailleurs, trop attaché à son indépendance, n'en sera jamais membre.

Une nouvelle France vient de naître, qui durera longtemps : la France radicale, sincèrement républicaine, résolument individualiste, instinctivement attachée à la propriété privée, foncièrement hostile au collectivisme, plus anticléricale que sociale, et dont le cœur de la doctrine, en 1902, est une revendication énoncée par Clemenceau dès 1870, à savoir la séparation des Eglises et de l'Etat.

La victoire des radicaux aux législatives se traduit par l'accession à la présidence du Conseil, en juin 1902, du sénateur radical Emile Combes.

Sans tarder il met en chantier la loi de Séparation.

Agé de soixante-sept ans, né dans le Tarn, ancien séminariste spécialiste de Saint Thomas mais ayant quitté la soutane quand ses supérieurs refusèrent de l'ordonner prêtre, le « petit père » Combes a entrepris ensuite des études de médecine et s'est installé à Paris. De par sa formation il réunit dans sa seule personne la métaphysique et la science, le spiritualisme et le rationalisme. Cela va le conduire tout droit à la franc-maçonnerie. A l'époque où il était ministre de l'Instruction publique dans le gouvernement de Léon Bourgeois il avait déclaré :

« A l'époque où les vieilles croyances plus ou moins absurdes, en tout cas erronées, tendent à disparaître, c'est dans les loges que se réfugient les principes de la vie morale. » [4]

Les premières mesures prises par Emile Combes et votées par le Parlement visent à durcir la politique anticléricale du nouveau gouvernement à partir de la loi sur les associations mise au point par Waldeck-Rousseau. Les autorisations déposées par les congrégations non encore reconnues sont pratiquement toutes repoussées et Combes fait fermer trois mille écoles appartenant aux congrégations reconnues. Comme il était prévisible, une telle politique anticléricale se transforme vite en véritable chasse aux sorcières. Waldeck-Rousseau lui-même dénonce le sectarisme de son successeur. D'autant que dans une circulaire adressée à ses préfets, Emile Combes leur fait savoir qu'il doivent veiller « à ce que les faveurs dont la République dispose ne soient accordées qu'à des personnes sincèrement dévouées au régime ». [5]

Bref, en quelques mois on passe de l'anticléricalisme au sectarisme, et du sectarisme à l'inquisition.

Rien de surprenant qu'un tel gouvernement aboutisse à la fameuse affaire des fiches.

Le général André, ministre de la Guerre d'Emile Combes, a organisé un véritable espionnage des officiers supérieurs et généraux à partir d'informations en provenance des loges maçonniques du Grand Orient. Ces fiches sont classées dans deux dossiers. Le premier, portant le nom de code *Corinthe*, contient la liste des officiers à favoriser. L'autre, du nom de *Carthage*, la liste des officiers à tenir à l'écart.

Alexandre Millerand, à la Chambre des députés, dénonce l'ignominie de tels procédés :

« Vous avez la folie de croire, lance-t-il à Emile Combes, que c'est par de pareils procédés que vous constituerez une armé républicaine. Vous avez ressuscité, en le rapetissant à votre taille, le régime des suspects [...] Jamais un ministre de l'Empire, sous le sommeil léthargique de nos libertés, n'aurait osé s'abaisser à ces pratiques abjectes. » [6]

Clemenceau, qui dans un premier temps a soutenu Combes dans sa politique visant les congrégations religieuses, ne peut toutefois souscrire à ses méthodes inquisitoriales. Il les dénonce avec véhémence en les qualifiant de « jésuitisme retourné ».

Les assauts qu'il lance de la tribune du Sénat contre un ministère discrédité sont d'ailleurs accompagnés d'articles qu'il publie de nouveau dans *L'Aurore*. Car depuis juin 1903 il est revenu dans ce journal, cette fois avec le titre officiel de rédacteur en chef. Il y rédige comme par le passé un article chaque jour.

Ce double retour – au Parlement et dans la presse – le conduit à redevenir un « tombeur de ministères » : en juin 1905, il publie un éditorial féroce contre le gouvernement et, quelques jours plus tard, Emile Combes démissionne.

Ce sera finalement son successeur, Rouvier, qui fera voter la fameuse loi de séparation des Eglises et de l'Etat en décembre 1905.

Le long débat sur les congrégations religieuses a amené Clemenceau à prononcer au cours de cette période deux grands discours sur la question des libertés.

Le premier, le 30 octobre 1902, concerne la fermeture des écoles décidée par Emile Combes dès son accession au pouvoir.

Le deuxième, le 17 novembre 1903, porte sur la liberté de l'enseignement.

Ces deux discours semblent tellement importants à Charles Péguy qu'il décide de leur consacrer un *Cahier de la quinzaine* sous le titre : *Georges Clemenceau, discours pour la liberté*, et qui paraît en décembre 1903.

Attentif à l'actualité, qu'il commente abondamment dans ses *Cahiers*, Péguy a perçu tout l'intérêt du retour au Parlement d'un homme de l'envergure de Clemenceau :

« Un des événements les plus intéressants des récentes opérations politiques parlementaires, écrit-il, est la remontée constante et graduelle, raisonnée, de M. Clemenceau. » [7]

Il y a un autre écrivain qui, lui aussi, connaissant les grandes qualités de Clemenceau, perçoit le destin qui l'attend et va même jusqu'à souhaiter son accession rapide à la présidence du Conseil : c'est Anatole France.

Dans un article rédigé pour une publication autrichienne, le *Neue Freie Presse* de Vienne, il écrit :

« Clemenceau n'est pas socialiste. Je suis plus socialiste que jamais. Mais comme il est de longtemps impossible que les socialistes prennent le pouvoir, du moins en tant que socialistes, un ministère Clemenceau est dans la logique des choses. » [8]

Et dans un autre article, toujours de la même époque, Anatole France brosse le portrait intellectuel et moral le plus précis et le plus juste qui ait jamais été écrit sur le Vendéen :

« D'esprit, il est souple et divers ; de caractère, il est vif et cassant. Je ne le fâcherai pas en disant qu'il y a des choses qu'il préfère au pouvoir. Il a le sens de l'action et l'on peut dire que, pour lui, vivre, c'est agir. Mais, en même temps, il est philosophe et plus tendu sans doute vers l'action intellectuelle qu'il ne convient à un chef de gouvernement ou même à un chef de parti. [...] Il est hors de pair pour le talent et pour l'énergie. Ce n'est pas cela qui fait durer les chefs de gouvernement. Bien qu'il n'ait jamais varié dans ses doctrines et qu'il soit, aujourd'hui comme en 1870, républicain libéral et patriote, il surprend par l'imprévu de ses idées. Immuable dans ses principes, il se montre, dans leur application, d'une agilité déconcertante. L'unité profonde de son esprit est pleine de contrastes apparents. Libéral de naissance, libéral même avant que de naître (car il sort d'une lignée héroïque de *bleus*) il est, de caractère et d'esprit, homme d'autorité. Il est révolutionnaire et il exècre la démagogie ; humain, généreux, sensible, il est en même temps impitoyable et farouche. Il est philosophe et généralisateur et il porte sur le détail des choses une activité minutieuse. Il est terrible et charmant. Il attire et effare. C'est le plus nerveux orateur de son temps ; il possède l'art d'écrire. » [9]

Charles Péguy et Anatole France ne se trompent pas : Clemenceau est bien sur la route du pouvoir.

En cette fin d'année 1903 il vient d'avoir soixante-deux ans.

Bientôt, il sera ministre de l'Intérieur puis président du Conseil.

Un premier Clemenceau s'estompe, le libéral.

Un second va naître : le chef de gouvernement, l'homme d'Etat.

Naissance tardive. Il en rira lui-même : « Je suis, dira-t-il, un vieux débutant !».

Un vieux débutant chez qui l'énergie et la soif d'action sont intactes, après quarante ans consacrés à la politique et au journalisme, mais hors du pouvoir.

En se heurtant aux dures réalités de ce pouvoir, il va découvrir que gouverner est moins aisé que polémiquer.

20

Le libéralisme de Clemenceau

Républicain libéral, libéral de naissance : dans sa simplicité et son évidence, ce jugement d'Anatole France est l'un des plus intéressants jamais portés sur ce premier Georges Clemenceau, celui d'avant l'accession au pouvoir.

Homme de grande culture, Anatole France connaît aussi bien l'histoire des idées que le sens et le poids des mots. Il sait donc qu'il existe des républicains qui n'ont jamais été libéraux. Ceux-là ne furent-ils pas dictatoriaux avec Robespierre et césariens avec Bonaparte ? Ou coloniaux, donc peu soucieux du droit des peuples, avec Jules Ferry ? Ou encore profondément injustes, donc peu respectueux des droits de l'homme, lors de l'affaire Dreyfus ?

Le terme de républicain ne suffit donc pas à lui seul pour qualifier un homme. Encore faut-il préciser à quelle famille d'esprit il appartient.

Et il est vrai que plusieurs aspects de la pensée de Clemenceau, et non des moindres, sont frappés du libéralisme le plus orthodoxe. Cela se vérifie dans les principaux domaines suivants :

- L'attachement à la Société de Droit ;
- L'anticléricalisme ;
- L'anticolonialisme ;
- La défense de la liberté de l'enseignement ;
- La méfiance face aux emprises de l'Etat ;
- La place et le rôle de l'individu dans l'organisation sociale.

L'affaire Dreyfus, puis les articles de l'hebdomadaire *Le Bloc* concernant le long débat sur le statut des congrégations religieuses, enfin les deux grands discours de 1902 et 1903 sur la liberté, ont permis à Clemenceau d'exprimer son libéralisme sur les différents points énumérés ci-dessus.

D'abord, une constatation capitale s'impose : l'affaire Dreyfus est un grand moment de la lutte du libéralisme politique contre l'étatisme, représenté en la circonstance par le haut Etat-Major.

Du côté de l'étatisme, on voit se ranger tout ce qui donne la préférence au Collectif sur l'Individuel : l'Armée, l'Eglise, la Justice, les monarchistes, les nationalistes, les antisémites (qui préfèrent la supposée homogénéité de la race à la variété des individus).

L'Affaire, c'est la lutte à mort de tous les dogmatismes contre l'individu et ses défenseurs.

Tous les dogmatismes : gouvernemental, parlementaire, militaire, clérical, racial, judiciaire s'unissent, tous d'accord, pour écraser ce grain de sable : la révolte individuelle d'un innocent.

Or, c'est le grain de sable qui va l'emporter.

Grand tournant dans l'histoire de la Troisième République qui est encore jeune et qui affronte une crise qui risque de l'emporter.

Grand tournant, surtout, dans l'histoire du libéralisme politique, porteur de la Société de Droit, qui place au centre de sa philosophie l'individu protégé par les garanties que lui offre la loi républicaine, cet individu-là fût-il militaire ou même traître.

Durant toute l'Affaire, Clemenceau va être l'infatigable défenseur de l'idée libérale et de la Société de Droit face aux prétentions écrasantes de l'étatisme militaire.

Cet étatisme va se présenter à lui sous la forme des deux puissances les plus considérables qui se puissent concevoir : une puissance temporelle, l'Armée, et une puissance morale qui lui est conjointe, la raison d'Etat.

On a vu dans un chapitre précédent quelle était la position de Clemenceau sur l'honneur de l'Armée. On a vu que pour lui la patrie ce n'est pas seulement un sol mais que c'est aussi un patrimoine rassemblant les valeurs les plus hautes que l'homme a élaborées au cours de sa longue et tragique histoire : liberté, dignité, tolérance, droit, justice…

Or la raison d'Etat est contraire à ces valeurs. C'est une survivance de l'Ancien Régime.

« La raison d'Etat, écrit-il, n'est, sous le voile de l'intérêt public, qu'un autre nom du « bon plaisir ». L'autocrate ancien n'avait qu'à dire : « je veux ». Il fallait obéir sans demander ses raisons. Plus tard, quand le malheur des temps mit le potentat dans le cas de donner à ses sujets des apparences d'explications, la raison d'Etat parut bonne pour cet office. On ne disait plus seulement : « Je veux ». On alléguait l'intérêt de l'Etat. Si l'intérêt de l'Etat se trouvait coïncider exactement avec l'intérêt ou la fantaisie du monarque, ce n'était point l'affaire des gouvernés qui n'avaient qu'à saluer à genoux. […] [1]

« Tout l'effort de nos révolutions a été dirigé contre la raison d'Etat, et je la vois reparaître obliquement dans le gouvernement démocratique au moment même où nous la croyions à jamais extirpée des institutions que nous essayons de faire évoluer par le suffrage universel vers la liberté, vers la justice.

« Le gouvernement du suffrage universel est, par définition, le gouvernement de l'opinion publique dans la pleine lumière, et tous les citoyens, hommes privés ou publics, ont pour suprême garantie de leur honneur, de leur vie, de leurs biens, la justice au grand jour. […] [2]

« La raison d'Etat – que le progrès des temps prétend éliminer des gouvernements modernes – est déjà fort inquiétante dans les actes de l'autorité souveraine. Mais prétendre la mêler aux décisions de justice, c'est supprimer du coup toutes les garanties des citoyens. » [3]

L'autre grand ennemi de la société libérale, après la raison d'Etat, c'est le cléricalisme.

Pendant toute l'affaire Dreyfus une grande partie de l'Eglise catholique s'est présentée sous son plus détestable visage : celui de l'intolérance, de l'antisémitisme, de la violence.

Le fer de lance de cette déplorable politique a été le journal *La Croix*, fort de ses nombreuses éditions départementales, fondé en 1880 par les Pères Assomptionnistes.

Clemenceau dénonce sans relâche « cette grande croisade totale de l'autorité de l'Eglise romaine contre l'esprit de liberté ».

Dans son éditorial du 21 janvier 1898 il cite longuement *La Revue du Clergé français*, laquelle n'avait pas craint de proclamer : « l'Etat n'est pas indépendant de l'Eglise ; l'Etat a le devoir d'embrasser, de professer et de protéger la religion catholique. [...] L'Etat doit user de la loi et du glaive pour le règne social de Jésus-Christ. » [4]

De même, quelques mois plus tard, il s'en prend avec vivacité à un dominicain, le R.P. Didon qui, lors de la distribution des prix de son école d'Arcueil, avait tenu dans un discours public des propos ardemment antirépublicains, allant jusqu'à dénoncer le principe de la suprématie du pouvoir civil sur le pouvoir militaire.

Tout le discours du R.P. Didon avait été un éloge de la force brutale :

« Lorsque la persuasion a échoué, avait-il affirmé, lorsque l'amour a été impuissant, il faut s'armer de la force coercitive, brandir le glaive, terroriser, couper les têtes.[...] L'art suprême du gouvernement est de savoir l'heure exacte où la tolérance devient de la complicité. Malheur à ceux qui masquent leur faiblesse criminelle derrière une insuffisante légalité, à ceux qui laissent le glaive s'émousser... »

Mais le plus grave réside en ceci que ce discours avait été prononcé devant le général Jamont, chef suprême des Armées, en clair la plus haute autorité militaire du pays.

Clemenceau, évidemment, s'insurge contre cette connivence antirépublicaine de l'Eglise et de l'Armée :

« Nous en sommes là que cet appel au coup d'Etat a été cyniquement proféré par cet impudent frocard, sous la présidence du général Jamont, généralissime des Armées françaises. Ne vous semble-t-il pas que nous prenons là sur le fait le sabre et le goupillon ? Est-il admissible que le chef permanent de nos Armées aille donner aux paroles du moine soudard la sanction de l'autorité publique ? » [5]

Pour Clemenceau, l'Eglise profite donc bien de l'affaire Dreyfus pour mener un terrible assaut contre l'esprit de la Révolution, soutenue en cela par les Etats-Majors « où le clergé a mis depuis longtemps toutes ses créatures », et par la bourgeoisie, jadis révolutionnaire mais aujourd'hui repentie, « revenue des révolutions pour se réfugier dans l'asile suprême des sacristies ». [6] Et tout cela sous le regard indifférent – ou complaisant – d'un gouvernement républicain !

A propos de cette collusion entre l'Eglise et l'Armée, le futur Père la Victoire écrit, dans une lettre ouverte à un colonel :

« L'armée française est une armée vaincue, colonel : nous n'avons, ni vous, ni moi, le droit de l'oublier. L'état-major clérical de l'Empire nous a valu Metz et Sedan, nous a coûté dix milliards et deux provinces. Or, je ne cesse de le dire, l'état-major clérical de l'Empire n'a pas changé. » [7]

On comprend mieux, à la lecture de ces phrases, l'attitude qui avait été celle de Clemenceau au début du Boulangisme et pourquoi il avait lancé et soutenu, au ministère de la Guerre, le général Boulanger, destiné à « démocratiser » l'Armée. L'opération ayant échoué en raison des ambitions personnelles de « Boulboul », Clemenceau continue ce combat dans d'autres circonstances. Car il est hanté par l'attitude de Bazaine qui, en octobre 1870, avait livré ses troupes à l'ennemi sans combattre, et cela par haine de la République qui venait d'être proclamée à Paris. Pour Clemenceau, le haut commandement reste peuplé de petits Bazaine, c'est-à-dire de monarchistes ennemis déclarés de la République. Et comme il est convaincu qu'à un moment ou à un autre la France entrera de nouveau en guerre avec l'Allemagne, il lui semble impossible d'affronter cette nouvelle épreuve avec un Etat-Major composé d'émules de Bazaine. D'autant que cet Etat-Major, dans l'affaire Dreyfus, a reçu le soutien total de l'Eglise catholique.

Démocratiser l'Armée et lutter contre le cléricalisme sont donc, pour Clemenceau, un seul et même combat :

« Je ne suis point du tout mangeur de curés ; mais, à l'heure où la belle jeunesse française dépense son énergie à casser les carreaux des juifs et à brûler Zola en effigie sur un bûcher d'exemplaires de *L'Aurore*, il peut être bon de dénoncer les machinations du prêtre derrière le commode paravent de la synagogue.

« L'Espagne agonise sous le joug de l'Eglise romaine. L'Italie parut succomber. Elle n'a retrouvé la vie qu'en se libérant du pape, refoulé dans le Vatican. Restent l'Autriche catholique en proie aux suprêmes convulsions, et la France de la Révolution contre qui toute l'armée papale, à l'heure présente, déploie ses bataillons.

« Quelle troupe infinie sous la bannière du Sacré-Cœur ! Le clergé plus puissant de richesses et d'organisation qu'il ne fut jamais, disposant de tous les moyens d'action supérieurs, sans parler du prestige officiel qui les couronne tous. Le clergé enseignant, le clergé prêchant, le clergé journaliste, pamphlétaire, le clergé fabricant, commerçant, exploitant le ciel et la terre, gouvernant les hommes, aux fins de sa domination. Avec lui toutes les classes dirigeantes. »[8]

La séparation des Eglises et de l'Etat sera donc l'une des grandes conséquences de l'affaire Dreyfus.

Jeune élu local de Montmartre, Clemenceau, on s'en souvient, avait inscrit dès 1870 cette Séparation dans son programme politique : l'affaire Dreyfus le confirme dans son projet visant à briser « ce rêve de puissance totale » que l'Eglise catholique avait réalisé au Moyen Age et qu'elle tentait de rétablir en s'appuyant sur les officiers de grades supérieurs.

Démocratiser l'Armée, en clair la soumettre aux principes régissant une Société de Droit était donc, pour Clemenceau, d'une urgente nécessité. Egale en tous points à celle de la Séparation.

Pour lui, Séparation et démocratisation sont les deux conditions qui visent à mettre la République en état d'affronter l'Allemagne le moment venu. Car la République, si elle est désormais inscrite dans les institutions, n'est point encore suffisamment ancrée dans les mentalités. Ou plutôt les valeurs qu'elle proclame – liberté, droit, justice, égalité, garanties individuelles – sont loin d'être unanimement partagées, comme l'ont montré l'aventure boulangiste et le drame de l'affaire Dreyfus.

Ainsi, on comprend mieux pourquoi le combat de Georges Clemenceau dépassait – et de beaucoup ! – la personne d'Alfred Dreyfus.

Cette Affaire a agi sur lui comme un révélateur. Elle lui a révélé la fragilité des idées issues de la Révolution, lesquelles s'incarnent dans la Société de Droit et la République libérale, face à la force des idées issues de l'instinct et de la tradition, lesquelles se réfugient dans l'esprit de race (l'antisémitisme), de classe (la bourgeoisie), de corps (l'Armée), de religion (l'Eglise), de corporation (la justice).

L'affaire Dreyfus est donc bien l'une des formes historiques de la lutte de l'Individu contre le Collectif, du droit contre la tradition, de la raison contre l'instinct, de l'esprit critique contre la croyance, du pouvoir civil contre les empiétements du pouvoir militaire.

De la société libérale contre l'étatisme autoritaire.

Dans un tel combat, un homme comme Clemenceau ne pouvait être qu'en première ligne.

L'anticolonialisme de Clemenceau, qui s'était exprimé dans ses duels avec Jules Ferry, se précise dans ses écrits du *Bloc*. On y relève une quinzaine d'articles, tous hostiles à la conquête coloniale, et cela pour des raisons identiques à celles qui avaient été développées dans les années 1800 et 1830 par les deux maîtres du libéralisme économique français : Jean-Baptiste Say et Frédéric Bastiat.

Pour eux comme pour Clemenceau, les colonies coûtent cher aux contribuables de la métropole. Elles n'apportent aucune véritable contrepartie économique. Elles exploitent la population indigène sans considération pour ses droits. De surcroît, l'armée coloniale est souvent au service des missionnaires, notamment à Madagascar, et la colonisation menée au nom de la France se transforme ainsi en colonisation conduite au nom de l'Eglise, ce qui, pour Clemenceau, est inacceptable.

C'est dans *Le Bloc* également, ainsi que dans ses deux grands discours sur la liberté, que Clemenceau défend avec le plus d'ardeur la liberté de l'enseignement face au monopole scolaire et universitaire que certains de ses amis politiques voudraient imposer :

« Quand on a commencé à faire la liberté, proclame-t-il, on n'est pas libre de s'arrêter en chemin. Il faut en faire une réalité vivante, car c'est elle seule qui peut gagner les esprits et les garder [...] Je repousse l'omnipotence de l'Etat laïque parce que j'y vois une tyrannie.» [9]

Sur ce point il s'oppose avec détermination à Jaurès :

« Jaurès veut l'enseignement national ! Lequel ? Est-ce la peine de détrôner Dieu pour le remplacer par « l'Etat » ? L'enseignement national ! Qui le règlera ? Des majorités changeantes. Il n'y a, il ne peut y avoir de moyen d'émancipation efficace pour tous, que dans la liberté des opinions – mise au-dessus de tout comme instrument supérieur de vérité – que dans la concurrence des enseignements divers, où l'Etat, au lieu de s'immobiliser dans le monopole, recevra de ses concurrents l'impulsion nécessaire à son propre développement d'éducateur. [...]

« Aussi longtemps que nous garderons l'université unifiée de l'Empire, aussi longtemps que nous refuserons de libérer l'enseignement de ses chaînes, nous priverons l'action éducatrice de son plus puissant ressort : la liberté. Décentralisez l'enseignement, faites des universités, diversifiez les programmes, instituez une noble rivalité entre les libres esprits des maîtres, et vous défendrez l'enseignement laïque par la liberté féconde, non plus par l'autorité mortelle.» [10]

Sur la liberté de l'enseignement et la nécessaire concurrence entre les écoles, Clemenceau, une fois encore, se situe dans la lignée des maîtres du libéralisme puisque cette thèse avait été développée et soutenue par Condorcet, pour qui chacun devait rester libre de former des établissements particuliers d'instruction, de telle sorte que les écoles nationales soit soumises à l'invincible nécessité de se tenir au moins au niveau des écoles privées.

Pour Clemenceau, si l'on confiait à l'Etat le monopole de l'enseignement, cela reviendrait à instituer en France « un catholicisme civil, laïque, avec un clergé universitaire ».

Et de poursuivre :

« Oui ! nous avons guillotiné le roi, vive l'Etat-roi ! Nous avons détrôné le pape, vive l'Etat-pape ! Nous chassons Dieu, comme disent ces messieurs de la droite, vive l'Etat-Dieu ! Messieurs, je ne suis pas de cette monarchie, je ne suis pas de ce pontificat ! »

Et d'ironiser :

« Quel concile – pardonnez-moi le mot – quel concile de pions sera chargé de donner la formule infaillible d'un jour ?»[11]

S'il refuse à l'Etat le monopole de l'enseignement, c'est qu'il se méfie des tentations totalitaires de ce monstre froid :

« L'Etat, je le connais, il a une longue histoire, toute de meurtre et de sang. Tous les crimes qui se sont accomplis dans le monde, les massacres, les guerres, les manquements à la foi jurée, les bûchers, les supplices, les tortures, tout a été justifié par l'intérêt de l'Etat, par la raison d'Etat. »[12]

Et à un député qui voulait transférer du pape à l'Etat la puissance spirituelle que constitue l'acte d'enseigner, il réplique :

« Ah ! vous voulez qu'il n'y ait plus en France que l'Etat, l'Etat tout seul. Y pensez-vous ? Pour éviter la congrégation, nous faisons de la France une immense congrégation. Nos pères ont cru qu'ils faisaient la Révolution française pour s'affranchir ; nullement, c'était pour changer de maître. Quand Brutus a tué César, une voix dit dans la foule : « Faisons Brutus César ! » Aujourd'hui où nous avons détrôné les rois et les papes, on veut que nous fassions l'Etat roi et pape. Je ne suis ni de cette politique ni de cette philosophie. »[13]

En effet, sa politique et sa philosophie sont à l'opposé. Pour lui, ce ne sont ni l'Etat, ni les masses, ni les classes, ni les races, ni les Eglises qui doivent se trouver au centre de l'organisation sociale, mais l'individu.

Toute sa démarche consiste à libérer, à élever, à valoriser l'individu.

Pourquoi s'oppose-t-il avec une telle véhémence aux congrégations ? Parce qu'elles sont en contradiction avec le principe de la liberté de l'individu. Pourquoi rompt-il avec Emile Combes à propos de l'affaire des fiches ? Parce que les méthodes inquisitoriales du gouvernement violent cet espace intouchable et sacré de l'individu qu'est sa liberté de conscience. Pourquoi dénonce-t-il l'omnipotence de l'Etat laïc ? Parce que la liberté exige que chaque père puisse élever et instruire ses enfants comme il le souhaite.

En vérité, pour Clemenceau, l'esprit de liberté doit être poussé à ses limites extrêmes. En veut-on un autre exemple ? le voici :

En 1881, un an après la fondation de *La Justice*, alors qu'il était député, il était intervenu, à la Chambre, dans les débats qui avaient précédé le vote, en juillet de la même année, de la grande loi sur la liberté de la presse qui est toujours en vigueur aujourd'hui. Il s'était véhémentement opposé à un député républicain qui voulait inscrire dans cette loi un délit « d'outrage à la République ». A la tribune, il avait proclamé fièrement :

« Je viens demander qu'on puisse impunément outrager la République.

« La République vit de liberté ; elle pourrait mourir de répression.

« En vérité, je vous le demande, qu'est-ce donc, en effet, que la République, sinon un gouvernement d'opinion, c'est-à-dire un gouvernement fondé sur le principe du respect de la volonté nationale, et reposant par conséquent sur le principe de la liberté complète de discussion. Vous voulez permettre la discussion et interdire l'outrage : je défie qui que ce soit de venir à cette tribune vous dire à quel signe le magistrat pourra reconnaître que la discussion cesse et que l'outrage commence. Et si personne ici ne peut répondre, je dis que vous faites une loi d'arbitraire, non de liberté ; une loi de monarchie, non de République.[...]

« C'est aux seuls républicains que peut être réservée la gloire d'instituer, quand ils sont au gouvernement, la liberté qu'ils revendiquaient dans l'opposition. Et cela, par la raison que la liberté est le principe de leur gouvernement et qu'il ne se peut concevoir de République démocratique sans liberté.

« Répudiez l'héritage de répression qu'on vous offre, et, fidèles à votre principe, confiez-vous courageusement à la liberté. »[14]

Chez Clemenceau, cet attachement instinctif et passionné à la liberté, de même que son individualisme foncier, peuvent s'expliquer en grande partie par de solides racines familiales.

Ses ancêtres – tous médecins – et peut-être à cause de cela, ont tous été, comme lui, d'irréductibles individualistes, donc naturellement rebelles aux dogmes, aux systèmes, aux encadrements, aux théologies, bref, à tout ce qui tend à diriger ou à contraindre la pensée.

On pourrait même dire qu'ils ont été individualistes avant même que d'être républicains.

C'est donc sur ce tronc familial puissant qu'est venue se greffer la réflexion personnelle de Georges Clemenceau.

Si bien que son individualisme n'est pas seulement un trait de caractère parmi d'autres mais bien une philosophie qui, à chaque instant, s'incarne dans une pratique.

On dirait aujourd'hui que c'est un individualisme « méthodologique ».

L'historien Maurice Agulhon a parfaitement souligné ce fait quand il a constaté : « Pour Clemenceau, l'individu est la valeur suprême. » [15]

Autrement dit, pour Clemenceau, l'individu doit être à la fois source et finalité, moteur et objectif, axe et pivot, de toute l'organisation sociale.

Son individualisme n'est, finalement, que l'autre nom du libéralisme.

TROISIÈME PARTIE

COMBAT POUR LA PATRIE

**«Plus de campagnes pacifistes,
plus de menées allemandes.
Ni trahison ni demi-trahison : la guerre.
Rien que la guerre. Le pays connaîtra
qu'il est défendu. »**

Clemenceau

21

Clemenceau contre Jaurès : société libérale contre société collectiviste

« Nous trouvons que la question de savoir si l'on comptera où si l'on ne comptera pas les chandeliers d'une église ne vaut pas une vie humaine. » [1]

Il s'agit là de la première déclaration ministérielle de Georges Clemenceau, faite au Sénat en ce 20 mars 1906.

Quelques jours plus tôt, il a été nommé ministre de l'Intérieur dans le gouvernement constitué par Ferdinand Sarrien.

Celui-ci succède à Rouvier, renversé à cause des violents incidents qui avaient eu lieu lors de l'application de la loi de séparation des Eglises et de l'Etat.

Cette loi prévoyait que la puissance publique procèderait à un inventaire des biens possédés par l'Eglise catholique. Ce qui signifiait, en clair, que les gendarmes et certains agents de l'Etat auraient à pénétrer dans les lieux de culte, et même à ouvrir les tabernacles pour établir un tel inventaire. Cette disposition avait suscité des oppositions souvent violentes.

A Paris, les forces de l'ordre avaient dû enfoncer les portes de l'église Sainte Clotilde.

En province, des incidents semblables avaient eu lieu en Lozère, Ardèche, Haute-Loire, Maine-et-Loire, Vendée, Morbihan, Manche.

Mais c'est dans les Flandres, à Boeschèpe, non loin d'Hazebrouck, que s'était déroulé l'événement le plus dramatique : en mars 1906, le fils d'un agent de l'Etat avait tué un opposant aux inventaires en portant secours à son père qui était roué de coups. L'abbé Lemire, député de la circonscription, avait alors interpellé le gouvernement. Rouvier avait été mis en minorité et avait dû présenter sa démission.

Dans son discours d'investiture, Sarrien, qui lui succède, promet qu'il appliquera la loi de Séparation dans un esprit libéral.

D'où la déclaration de Clemenceau sur le comptage des chandeliers.

Au moment où il accède pour la première fois à un poste ministériel, Georges Clemenceau va avoir soixante-cinq ans. Le ministère qu'a constitué Sarrien est composé, avec Clemenceau, de fortes personnalités : Aristide Briand à l'Instruction publique et aux Cultes ; Raymond Poincaré aux Finances ; Barthou aux Travaux publics et aux PTT ; Bourgeois aux Affaires étrangères ; Leygues aux Colonies ; Doumergue au Commerce, au Travail et à l'Industrie.

Paradoxalement, c'est Sarrien lui-même qui est la personnalité la plus terne de la nouvelle équipe.

C'est sur les conseils pressants de son ami Maurice Sarraut, journaliste, futur directeur de *La Dépêche de Toulouse* et membre influent du parti radical que Clemenceau a accepté ce portefeuille ministériel :

« Allez-vous rester toute votre vie un démolisseur ? » lui avait demandé Sarraut. « Ne laisserez-vous dans l'histoire que le souvenir d'un tombeur de ministères ? N'avez-vous pas envie d'être un homme d'action ? Ne voyez-vous pas que vous serez le successeur de Sarrien, pour peu que vous vous en donniez la peine ? » [2]

Maurice Sarraut avait raison : sept mois après sa nomination comme Président du Conseil, Sarrien démissionne pour raison de santé et Clemenceau lui succède.

La plupart des ministres précédents restent en poste, sauf Léon Bourgeois, remplacé aux Affaires étrangères par un fidèle de Clemenceau, Stephen Pichon, et Poincaré, qui abandonne les finances à Joseph Caillaux.

Deux autres nominations font sensation : le colonel Picquart – celui de l'affaire Dreyfus – qui vient d'accéder au grade de général est nommé Ministre de la Guerre et René Viviani prend en charge un tout nouveau ministère créé par Clemenceau : le ministère du Travail.

Quant au nouveau chef du gouvernement, il conserve le portefeuille de l'Intérieur qu'il détenait précédemment.

Dans l'activité de journaliste de Clemenceau, une page se tourne : il quitte définitivement le journal *L'Aurore*. D'octobre 1897 à décembre 1899, il y aura publié 691 articles, principalement sur l'affaire Dreyfus, et de juin 1903 à mars 1906, 952. Soit un total, rien que pour *L'Aurore*, et sans compter les autres chroniques qu'il publiait ailleurs, de 1643 articles.

Précisément, c'est aussi à cette époque qu'il abandonne définitivement sa collaboration à *La Dépêche de Toulouse*. De 1894 à 1906, il y aura publié 746 articles.

Toutefois, si sa carrière de journaliste s'interrompt aux portes du pouvoir, elle n'est point achevée : il ne fait que poser la plume. Il la reprendra aussitôt après cette première expérience ministérielle.

En entrant au gouvernement, Clemenceau emmène avec lui trois des principaux rédacteurs de *L'Aurore*. D'abord, quelqu'un qui laissera une trace profonde dans l'histoire de la Troisième République : Georges Mandel. Puis François Albert et Emile Buré : c'est ce dernier qui avait trouvé le surnom de « Tigre » qui allait si bien au Vendéen.

Quand Clemenceau avait engagé Mandel à *L'Aurore*, deux ans plus tôt, il l'avait présenté ainsi aux autres membres de la rédaction :

« Votre nouveau collègue va désormais rédiger un billet de politique étrangère. Je viens de m'assurer, une heure durant, qu'il n'y connaissait rien. C'est ce que je souhaitais, il ne faut pas de préjugés dans ces questions. » [3]

Clemenceau, d'abord comme ministre de l'Intérieur, puis comme président du Conseil, doit se saisir d'entrée de deux dossiers brûlants : la suite à donner aux inventaires et l'agitation sociale qui a gagné la France et monte comme une inexorable marée.

La question des inventaires est vite réglée. Dans une circulaire confidentielle adressée aux préfets, le gouvernement recommande de ne pratiquer les inventaires que si aucune résistance n'est à prévoir. Quant à l'opposition véhémente du pape et de la hiérarchie catholique, elle est contournée par plusieurs modifications à la loi.

La séparation des Eglises et de l'Etat deviendra progressivement effective et le calme reviendra rapidement.

Il n'en va pas de même dans le domaine social où la situation est explosive. Pendant des décennies la question sociale a été ignorée, ou négligée, ou éludée par les différents gouvernements républicains opportunistes, plus soucieux d'attiser l'anticléricalisme pour souder leurs majorités que de procéder à de vastes réformes. C'était là, d'ailleurs, l'une des principales raisons de l'opposition de Clemenceau à ces gouvernements.

Ironie – ou cruauté – de l'histoire, c'est Clemenceau, l'un des hommes politiques les plus attentifs aux problèmes sociaux qui va prendre la violence de ces problèmes de plein fouet. Dès son accession au pouvoir, ils vont lui exploser à la face comme une grenade. Il sortira de cette première expérience gouvernementale avec une image qui lui collera à la peau : celle de briseur de grèves, d'homme à poigne, d'intraitable jacobin, de premier flic de France capable de faire tirer sur les émeutiers pour rétablir l'ordre.

Et pourtant, très jeune, Clemenceau avait perçu l'importance du problème social.

Souvenons-nous que le premier journal qu'il avait fondé à l'âge de vingt ans s'appelait *Le Travail*. Souvenons-nous aussi de son action comme maire de Montmartre, de ses programmes électoraux et de ses premiers discours de jeune parlementaire en faveur de la justice et de la réforme sociales.

N'est-ce pas lui qui, le 8 mai 1891, dans un discours émouvant à la Chambre des députés, avait annoncé de manière prémonitoire l'avènement de la classe ouvrière ?

« Messieurs, s'était-il écrié, est-ce que vous n'êtes pas frappés de l'importance qu'a prise la date du 1er mai ? N'avez-vous pas été frappés, en lisant les journaux, de voir cette multitude de dépêches, envoyées de tous les points de l'Europe et de l'Amérique, mentionnant ce qui s'était fait ou dit, le 1er mai, dans tous les centres ouvriers ? Vous avez suivi par la pensée ces imposantes processions qui se sont déroulées dans certaines villes provoquant les acclamations populaires. Vous avez vu, sur d'autres points, les collisions, les rixes. Ici l'enthousiasme, là la colère, partout la passion.

« Si bien qu'il a éclaté aux yeux des moins clairvoyants que partout le monde des travailleurs était en émoi, que quelque chose de nouveau venait de surgir, qu'une force nouvelle et redoutable était apparue, dont les hommes politiques auraient désormais à tenir compte. Qu'est-ce que c'est ? Il faut avoir le courage de le dire : c'est le Quatrième-Etat qui se lève et qui arrive à la conquête du pouvoir.» [4]

De 1891 à 1906 ce Quatrième-Etat a grandi. Il s'est donné des dirigeants, s'est organisé au sein d'un syndicalisme révolutionnaire, s'est forgé une doctrine d'action fondée sur la grève générale, sur le renversement violent de la société existante, sur le refus d'obéissance y compris en temps de guerre.

Dans le même temps un parti socialiste a vu le jour, occupant l'extrême gauche de la Chambre des députés et repoussant vers le centre le parti radical, qui reste toutefois massivement majoritaire et permettra à Clemenceau de gouverner pendant trente mois.

A la tête de ce nouveau parti socialiste, un homme de grande culture, un sanguin, un tribun : Jean Jaurès

Sur fond d'agitation sociale quasi permanente, le premier ministère Clemenceau sera marqué par les duels oratoires incessants entre le nouveau président du Conseil, Vendéen cinglant et ironique, et le chef du jeune parti socialiste, Tarnais tonnant et grondant.

Avec sa perspicacité habituelle, Anatole France prédit à Clemenceau des jours difficiles au gouvernement :

« Ce pouvoir que vous n'aviez ni recherché ni désiré, lui écrit-il, est venu à vous. Je m'en réjouis. Mais il vous est venu à l'heure des grandes difficultés, vous le savez mieux que moi ; toutes les tâches que la République a accomplies jusqu'à présent n'étaient que jeux d'enfant auprès de celles qui lui sont maintenant imposées. Il naît un nouvel ordre des choses. Je doute que la Chambre actuelle, même avec cette étonnante majorité républicaine, devienne facilement la « Constituante » qu'il va falloir. » [5]

Dès son entrée en fonction comme ministre de l'Intérieur une grêle de difficultés en provenance de tous les horizons s'abat sur le gouvernement. Trois jours avant sa prise de fonction, une épouvantable catastrophe minière a eu lieu à Courrières, dans le Pas-de-Calais, qui a fait plus de mille morts. Tout le bassin minier est sous le choc. 70 000 mineurs sont en grève. Ils réclament de meilleurs salaires et une amélioration de leurs conditions de travail, surtout en matière de sécurité. Des incidents, souvent sanglants, sont enregistrés dans le Nord et le Pas-de-Calais.

Aussitôt Clemenceau décide d'aller sur place.

Sans escorte.

A Lens, il se rend, seul, à une réunion houleuse organisée par le syndicat le plus révolutionnaire. Il y prend la parole :

« Je ne suis pas venu, dit-il, me mêler à votre réunion. Je suis venu simplement, en représentant du gouvernement de la République, vous dire que la grève constitue pour vous un droit absolu, qui ne saurait vous être contesté. Mais j'ajoute que, dans une République, la loi doit être respectée par tous. Donc, soyez calmes ! Vous n'avez pas vu de soldats dans la rue ; vous n'en verrez pas si vous respectez les droits de chacun, si vous respectez les personnes et les propriétés. C'est la première fois qu'un gouvernement n'envoie pas de soldats dans une grève. Montrez-vous dignes de cette mesure, prouvez à la France entière que vous êtes dignes de la confiance que nous plaçons en vous et de la liberté que vous revendiquez. » [6]

Clemenceau applique là une politique conforme aux idées qu'il a toujours défendues : respect de tous les droits, aussi bien du droit de faire grève que du droit au travail pour les non grévistes ; respect des personnes et des propriétés ; refus de la violence dans une République où la loi s'applique à tous sans exception. Il défend donc une sorte de pédagogie de la liberté et de la responsabilité qu'il a constamment prônée dans ses nombreux articles. Il avait d'ailleurs fait cette confidence à l'un de ses proches :

« Place Beauvau, je m'efforcerai d'appliquer ce que j'ai préconisé dans le journal. Je suis et je reste contre l'envoi préventif des soldats dans les grèves. J'espère que les socialistes auront à cœur de faciliter ma tâche pacificatrice. » [7]

Mais l'heure n'est pas à la pédagogie, et encore moins à la raison.

Les efforts du ministre sont vains.

La grève continue et vire à l'émeute. Il faut se résigner à envoyer la troupe pour rétablir l'ordre. La violence est telle qu'un lieutenant de dragon est tué à coups de pierres.

Le calme à peine rétabli dans le Nord, Clemenceau doit affronter – et réprimer – une grève dans le service public de la poste.

Cette nervosité sociale s'accroît à l'approche du 1er mai 1906. D'autant que les organisations syndicales ont annoncé leur intention de transformer cette journée en épreuve de force contre le gouvernement. Clemenceau les avertit de son intention de maintenir l'ordre coûte que coûte et fait venir à Paris 40 000 hommes de troupe. S'adressant au secrétaire général de la CGT il lui précise : « Votre moyen d'action est le désordre. Mon devoir, c'est faire de l'ordre. Le mieux pour chacun de nous est d'en prendre son parti. » [8]

Et le 1er mai se passe sans événements graves.

Mai 1906 est aussi le mois des élections législatives.

Clemenceau n'est ministre que depuis deux mois et, déjà, il a fait sentir sa poigne. Comment vont réagir les électeurs ? Ils font un triomphe à la gauche. Il est vrai que les problèmes sociaux ont tenu peu de place dans la campagne électorale. Les Français se sont surtout passionnés pour les affaires religieuses. La gauche sort donc largement majoritaire de ce scrutin et parmi les partis de gauche ce sont les radicaux socialistes, autrement dit les hommes de Clemenceau, qui sont les grands vainqueurs.

C'est après ces élections, en octobre, que Sarrien démissionne et qu'il est remplacé à la présidence du Conseil par Clemenceau.

Si celui-ci reçoit une investiture massive de la nouvelle Chambre – 376 députés lui votent la confiance, contre 94 – l'agitation sociale n'est pas éteinte pour autant. Au contraire, elle reprend de plus belle en mars 1907 avec une grève spectaculaire des électriciens qui, pendant deux nuits, plongent une partie de Paris dans la plus complète obscurité. Ensuite surgit un conflit aigu avec les instituteurs. Surtout, en juin 1907, de violents affrontements éclatent dans le Midi entre les forces de l'ordre et les viticulteurs mécontents de la mévente de leur vin. Pour couronner le tout, une vaste grève dans les sablières de Seine-et-Oise se traduit, à Draveil et à Villeneuve-Saint-Georges par six morts et une cinquantaine de blessés.

C'est sur cette toile de fond sociale qu'ont lieu durant cette période les multiples duels oratoires entre Jaurès et Clemenceau.

Les deux hommes, qui avaient combattu ensemble pour Dreyfus, se trouvent maintenant face à face.

Deux conceptions irréconciliables de la société les opposent. Clemenceau, nous l'avons vu, est libéral et pragmatique. Jaurès est révolutionnaire, dogmatique et romantique.

Alexandre Zévaès, qui les a bien connus tous les deux et les a longuement observés les décrit ainsi :

« L'un, Clemenceau, songeant surtout à la réalité présente et immédiate, l'autre, Jaurès, interrogeant l'horizon et entrouvrant de larges vues sur l'avenir : l'un plus nerveux, l'autre plus puissant ; l'un tout en nerfs, l'autre tout en chair. Opposition aussi d'éloquence qui résulte de cet antagonisme des tempéraments : l'un parlant une phrase simple, sobre, courte qui, de ses pointes acérées, pénètre et déchiquette l'adversaire ; l'autre maniant la vaste période, somptueuse, harmonieuse, classique par la construction et romantique par la richesse des métaphores. L'un est un sagittaire, l'autre un évocateur d'images. » [9]

En juillet 1906 et à la mi-juin 1907 l'affrontement entre les deux hommes constitue – pour le fond et pour la forme – l'un des grands moments de l'histoire sociale et parlementaire de la Troisième République.

Jaurès, au nom du parti socialiste, plaide pour la transformation de la propriété individuelle en propriété collective ou sociale. Ses discours, appuyés sur une vaste culture, sont à la fois émouvants et lyriques. Dans le domaine de l'éloquence, Jaurès est un orchestre à lui seul, sachant faire donner tantôt les cuivres, tantôt les cordes, ou faisant battre les tambours et sonner la charge.

Evidemment c'est Clemenceau qui, à chaque fois, monte à la tribune pour lui répondre :

« Il n'y monte pas, il s'y élance, observe Alexandre Zévaès. La taille est svelte, le pas allègre. Il parle. Il a soixante-six ans, et la voix a conservé une étonnante jeunesse. Souples, rapides, nerveux, ironiques, gouailleurs, les mots jaillissent à l'emporte-pièce. » [10]

Ayant été accusé sans ménagement par Jaurès d'agir contre la classe ouvrière en faisant appel à la troupe contre les grévistes, il réplique :

« Ceux qui agissent contre la classe ouvrière sont ceux qui l'encouragent à croire qu'elle ne peut avoir tort, et qu'il lui suffit de retourner, contre autrui, l'oppression dont elle a souffert. C'est une grande erreur sur laquelle vous devriez bien éclairer les ouvriers, monsieur Jaurès, de confondre le droit de grève et le droit à la matraque. Vous êtes à ma place, que ferez-vous si votre préfet vous télégraphie qu'on pille la maison d'un mineur ? Dites si, oui ou non, vous feriez protéger l'ordre ? J'attends votre réponse... Vous ne répondez pas ? En ne répondant pas, vous avez répondu. » [11]

Quant à la société idéale que Jaurès veut établir par le collectivisme, Clemenceau la qualifie de féerie :

« Dans un mouvement irrésistible d'idéalisme, monsieur Jaurès veut l'humanité heureuse, et rien ne lui coûte pour cela. Il parle, et toute l'organisation séculaire des sociétés humaines s'écroule soudainement. Monsieur Jaurès parle de très haut, absorbé dans son fastueux mirage ; mais, moi, dans la plaine, je laboure un sol ingrat qui me refuse la moisson ; d'où la différence de points de vue que sa bienveillance a tant de peine à me pardonner. Vous me dominez de toute la hauteur de vos conceptions socialistes ; vous avez le pouvoir magique d'évoquer, de votre baguette, des palais de féerie. Je suis l'artisan modeste des cathédrales, qui apporte une pierre obscurément à l'ensemble de l'œuvre et ne verra jamais le monument qu'il élève. J'ai l'air de rabaisser mon rôle ; dans ma pensée, je le grandis, car vos palais de féerie s'évanouiront en brouillard au contact des réalités, tandis qu'un jour la grande cathédrale républicaine lancera sa flèche dans les cieux. » [12]

Enfin, à Jaurès qui avait prétendu – injure suprême ! – que la politique sociale du gouvernement était « la négation de la Révolution française », Clemenceau rappelle la place éminente que la Révolution a faite à l'individu à travers la Déclaration des droits :

« La vérité, dit-il, c'est qu'il faut distinguer, dans l'organisation sociale, deux choses : l'homme et le cadre. Il paraît plus simple de réformer théoriquement le cadre ; chacun s'en donne à plaisir. Mais si vous voulez bien considérer que le cadre de l'organisation sociale est et ne peut être que le produit de conceptions humaines successives, modifier arbitrairement l'organisation sociale sans s'inquiéter de savoir si l'homme est en état de s'y adapter ne peut conduire qu'au désordre le plus caractérisé. Ainsi, même pour ceux qui prétendent refaire l'organisation sociale, tout ramène à la réforme primordiale de l'individu.

« Vous prétendez fabriquer directement l'avenir ; nous fabriquons, nous, l'homme qui fabriquera l'avenir, et nous accomplissons ainsi un prodige beaucoup plus grand que le vôtre. C'est notre idéal à nous, magnifier l'homme, la réalité plutôt que le rêve, tandis que vous vous enfermez, et tout l'homme avec vous, dans l'étroit domaine d'un absolutisme collectif anonyme. Nous mettons notre idéal dans la beauté de l'individualisme, dans la splendeur de l'épanouissement de l'individu au sein d'une société qui ne le règle que pour le mieux développer.

« C'est le développement de cette société de la Révolution française dans la justice et par la liberté qui est tout notre programme, et ce programme nous l'opposons hardiment à vos conceptions autoritaires et dogmatiques.

« La Révolution française n'a jamais voulu de ce que vous voulez. Elle a voulu directement le contraire. Elle a fait les Droits de l'homme, elle a proclamé la liberté, la souveraineté de l'individu et, l'ayant proclamée, elle a commencé de la réaliser. Et vous, mal émancipés jusque dans la révolte, vous cherchez le retour à l'unité dogmatique au moment même où elle fait banqueroute. » [13]

22

Reporter en Amérique du sud

« Chaque jour qui s'écoule me passe un nouveau fil à la patte ; voilà le plus clair de ma jouissance des grandeurs. Vous reconnaîtrez sans doute que je n'ai pas eu beaucoup d'agrément au pouvoir. Toutes les avalanches de toutes les montagnes semblent avoir choisi mon dos pour lieu de rencontre. » [1]

Se débattant au milieu de mille difficultés, le président du Conseil Georges Clemenceau n'a rien perdu de son humour, si l'on en croit ce billet qu'il trouve le temps d'adresser à un ami.

Mais l'heure sonne où il va être délivré de ce fil à la patte.

Les avalanches iront pleuvoir sur le dos d'un autre.

Le 20 juillet 1909 il est renversé par un vote hostile de la Chambre des députés.

Est-ce l'agitation sociale qui a eu raison de sa ténacité ? Est-ce Jaurès qui a réussi à le foudroyer de ses imprécations ? Même pas : il est victime d'un banal incident de séance qui l'oppose à Delcassé, ancien ministre des Affaires étrangères, sur la réorganisation de la marine. Clemenceau s'entête, avec maladresse, à critiquer un homme que tout le monde respecte. Lorsqu'il demande à la Chambre de lui renouveler la confiance, celle-ci lui est refusée par 212 voix contre 175.

Il sort de la grande scène politique par la petite porte, après trois ans et quatre mois d'exercice du pouvoir. Son ministère aura été le plus long de la Troisième République après celui de Waldeck-Rousseau.

Entré au gouvernement comme réformateur social, il le quitte avec la réputation, qui ne le lâchera plus, de briseurs de grèves.

Homme d'exception mettant sur le même plan la justice et l'autorité il a, sous la pression des événements, basculé dans le camp de l'autorité la plus rude.

Libéral se méfiant de l'Etat il a, dans tous les domaines, fait respecter l'ordre – donc l'Etat – d'une poigne de fer.

Démocrate attaché aux libertés il n'a pas craint, au nom de l'efficacité du service public, d'interdire à certains fonctionnaires de se syndiquer.

Défenseur dans sa jeunesse de l'existence des syndicats, il s'est proclamé non seulement l'adversaire mais surtout l'ennemi de la CGT en raison des doctrines d'anarchie et d'anti-patriotisme que, selon lui, cette Confédération propage.

Bref, dans beaucoup de domaines il aura pratiqué une politique contraire à ses intentions.

L'histoire est une sévère maîtresse d'école pour les hommes de pouvoir.

Clemenceau était trop intelligent pour ne pas savoir qu'il y a loin des idées aux réalités, loin des projets aux actes, loin du journalisme critique à l'exercice des responsabilités gouvernementales.

« Je suis un vieux républicain, dira-t-il plus tard. Vous pouvez supposer que le pouvoir m'a changé ; moi, je ne le sens pas, et je ne le crois pas. Mais je puis vous dire que les responsabilités du pouvoir ne sont pas un vain mot. Non. Quand un homme cherche sincèrement quel est son devoir et ce que commande l'intérêt du pays, et quand un pouvoir lui a été remis dont il est si facile de mésuser à certaines heures, faute d'un jugement toujours droit et toujours prompt, il sent cruellement la responsabilité d'une situation qui, pour une faute qui serait légère dans une autre circonstance, peut avoir une répercussion fatale sur le pays tout entier. » [2]

Si les circonstances n'ont pas permis à Clemenceau d'imposer toutes ses idées, du moins aura-t-il réussi à imposer son tempérament.

La France connaissait le journaliste et le parlementaire, elle a découvert l'homme d'Etat énergique et intraitable.

Elle saura s'en souvenir, le moment venu, quand le pays sera menacé dans son existence même.

En attendant, libéré des servitudes du pouvoir, le Tigre peut retourner à ses passions : le journalisme, les voyages, la littérature et, surtout, la peinture.

Son ami Claude Monet ayant sa résidence à Giverny, près de Vernon, dans l'Eure, Clemenceau, en 1908, avait décidé d'acheter dans le même département, à Bernouville, près de Gisors, un pavillon, ancien rendez-vous de chasse, avec une ferme attenante, le tout entouré de bois et de prés. Sa Vendée natale étant trop éloignée de Paris pour pouvoir s'y rendre fréquemment, il s'était reconstitué une sorte de petite Vendée à lui, proche à la fois de Paris et de Claude Monet. Il avait aménagé cette propriété avec beaucoup de soins, aussi bien l'intérieur de la maison – vestibule, vaste bibliothèque, chambres pour les amis – que les abords : pelouse, plantation d'arbres, d'arbustes et de fleurs.

C'est donc là qu'il se réfugie après avoir quitté la présidence du Conseil, partageant ses jours entre l'entretien de sa nouvelle demeure, la lecture, l'écriture et ses visites à Claude Monet.

Six mois se passent ainsi jusqu'au 1er février 1910 où il écrit à une amie qu'il doit aller en Amérique du sud faire des conférences de juin à septembre. Il ajoute que pour lui il s'agit là d'une question d'intérêt pécuniaire qu'il n'a pas le droit de négliger.

En effet, il lui reste encore à solder les dernières dettes de *La Justice* et, surtout, à payer sa nouvelle propriété de Bernouville.

Mais ce qu'il ne dit pas c'est qu'à soixante-neuf ans, et après un temps de repos, il est de nouveau saisi par le double démon des voyages et du journalisme. La preuve ? *L'illustration,* le grand magazine de référence de l'époque, publiera ses notes de voyage.

C'est donc à la fois un ancien président du Conseil et un grand reporter qui, le 28 juin 1910, prend gare de Lyon le train pour Naples d'où il doit embarquer pour l'Amérique latine.

Souffrant depuis un certain temps de la prostate, il se fait accompagner d'un jeune médecin, le docteur Maurice Ségard, qui lui a été recommandé par un ami.

Le 17 juillet, il fait escale à Montevideo, capitale de l'Uruguay. Il y reçoit un accueil chaleureux aussi bien des autorités locales que de la colonie française.

Même chose, en plus extraordinaire encore, en Argentine et au Brésil.

Au total, il prononce neuf conférences sur le thème de la démocratie :

- *La démocratie en général ;*
- *La démocratie dans l'Antiquité ;*
- *La démocratie et le Parlement ;*
- *Les rapports Parlement-gouvernement ;*
- *La démocratie sociale ;*
- *La démocratie, la guerre et la paix ;*
- *Les rapports de l'Eglise et de l'Etat dans une démocratie ;*
- *Démocratie et éducation ;*
- *Conclusion d'un visiteur sur l'Argentine.*

Ces conférences reprennent les idées qu'il a maintes fois développées aussi bien dans ses nombreux articles que dans ses discours parlementaires ou gouvernementaux.

Toutefois, retenons ici deux passages qui apportent quelques éclaircissements sur des points particuliers de sa pensée.

Dans le premier, il explique son évolution pour ce qui concerne le rôle du Sénat dans une république :

« Pendant une partie de ma vie, plus près de la théorie que de la réalité, j'ai eu foi en la Chambre unique, émanation directe du sentiment populaire. Je croyais le peuple toujours raisonnable. J'en suis revenu. Les événements m'ont appris qu'il fallait donner au peuple le temps de la réflexion. Le temps de la réflexion, c'est le Sénat. Aussi, ancien adversaire du Sénat, suis-je aujourd'hui sénateur, pour ma punition. » [3]

Dans le second passage, il explique pourquoi il rejette la violence dans les rapports sociaux :

« la Confédération ouvrière latine ne prépare que la révolution et la lutte des classes. Elle se montre tyrannique dans les syndicats, exigeant l'expulsion des ateliers des ouvriers non syndiqués, déclarant la guerre pour le moindre motif. Pour moi, je condamne formellement la grève générale. Les masses ouvrières s'y laissent entraîner par des chefs qui tâchent de conquérir une situation qu'ils ne savent obtenir par leur travail. Dans les grèves, j'admets que les ouvriers ont souvent raison ; mais il faut bien reconnaître que les patrons ont parfois aussi raison. De quelque côté que soient les torts, pourquoi régler ces différends par la violence ? Ne peut-on arriver à une entente en discutant ? Nous, Latins, nous n'y arrivons pas.

« L'élaboration des lois sociales, œuvre de justice, ne doit pas porter atteinte à la liberté individuelle. » [4]

Clemenceau n'a pas publié lui-même le texte de ses conférences, pour la simple raison qu'il ne les écrivait pas avant de les prononcer. Il jetait sur le papier des notes qui lui servaient de canevas, puis il improvisait.

Le docteur Ségard, qui l'a suivi partout durant ce voyage, a exposé, sur ce point précis, quelle était la méthode du conférencier :

« Avant de s'embarquer, il avait tracé son plan et rassemblé divers documents ; sur le bateau, à l'hôtel, la plume d'oie, de bon matin, courait sur de nombreux feuillets. Ces feuillets, Clemenceau les glissait en paquet dans la poche de sa redingote, avant de monter sur la scène. Mais je ne l'ai jamais vu, tandis qu'il parlait, recourir à ses notes ou lire autre chose qu'un chiffre, une citation, consignés sur un petit carré de papier.

« Combien de fois, à la fin d'une conférence, m'a-t-il confié : « Aujourd'hui, je leur ai dit d'autres choses que celles que j'avais prévues. » C'est que la conférence était souvent modifiée par une longue parenthèse, par une digression, où sa verve s'engouffrait.

« Il parlait, en marchant de long en large, tantôt les mains derrière le dos, tantôt la main à la poche, d'une voix un peu âpre, martelée, tranchante même pour ajouter le cas échéant à la netteté d'un raccourci. Dès que l'idée s'élevait, la voix devenait chaude, émue, prenante, allant au maximum de l'effet. » [5]

C'est d'ailleurs au docteur Ségard que l'on doit de connaître l'essentiel des propos tenus en Amérique du sud. C'est lui qui, en 1930, devait publier un ouvrage écrit à partir de ses notes personnelles et intitulé : *Sur la démocratie. Neuf conférences de Clemenceau rapportées par Maurice Ségard.*

Quant aux impressions de voyage rédigées par Clemenceau et parues dans *L'Illustration*, elles furent ensuite réunies en volume sous le titre : *Notes de voyage dans l'Amérique du sud* et publiées par Hachette en 1911.

De retour en France, Clemenceau reprend ses activités politiques et fait de nombreuses visites au département du Var dont il est toujours l'élu.

Au cours de l'une d'elles il doit être hospitalisé d'urgence, rapatrié à Paris et opéré de la prostate. Opération délicate et douloureuse chez un homme de soixante-dix ans. Une longue convalescence s'impose. Mais le Vendéen est solide et se rétablit rapidement.

En vérité, durant ces quelques années qui suivent sa démission du gouvernement, Clemenceau ne se console pas de ne plus avoir de journal à lui.

En avril 1910, avant de partir pour son voyage en Amérique du sud, il avait créé, avec quelques amis, un quotidien de province, *Le Journal du Var,* dont Georges Mandel avait été élu président du Conseil d'administration.

Mais ce titre ne lui donne pas satisfaction.

S'il est sénateur du Var, sa vie publique se déroule à Paris, là où tout se décide dans une France vivant toujours sous le régime d'une forte centralisation.

Il lui faut donc un organe bien à lui et paraissant chaque jour dans la capitale.

D'autant que la situation internationale se détériore et que les relations entre la France et l'Allemagne se tendent dangereusement. Bon observateur de la politique étrangère, il sent monter la tempête.

Raison de plus pour retrouver une tribune journalistique en complément de celle, politique, qu'il possède toujours grâce à son siège au Sénat.

C'est pourquoi le 6 mai 1913 paraît le premier numéro du nouveau journal qu'il vient de fonder : *L'Homme libre*.

23

L'Homme libre face à l'Allemagne

Le nouveau journal de Clemenceau, *L'Homme libre*, est créé un an et trois mois avant la déclaration de guerre d'août 1914.

Rien de surprenant si les articles quotidiens du patron seront en majeure partie consacrés aux affaires internationales et, surtout, aux relations entre la France et l'Allemagne.

Ici, un retour en arrière s'impose pour bien comprendre l'histoire de ces relations entre 1870 et 1914 et pour bien saisir la position de Clemenceau dans ce domaine durant ces quarante-quatre années qui séparent les deux guerres avec l'Allemagne.

Après sa cruelle défaite de 1870, la France vaincue se retrouve seule parmi les nations européennes.

La politique coloniale de Jules Ferry, ponctuée de nombreux incidents avec l'Angleterre, accroît encore cet isolement.

Pour en sortir, les gouvernements républicains qui se succèdent au pouvoir recherchent d'abord l'alliance de la Russie. Celle-ci est réalisée en 1893. Les deux nations y trouvent leur compte. La France, après vingt-trois ans de solitude, sort enfin de son isolement diplomatique et la Russie prélève chez nous d'importants capitaux – les fameux emprunts russes – nécessaires à son développement économique intérieur.

Dans un second temps la France, en 1900, cherche à se rapprocher de l'Italie. Toutefois, grâce à Delcassé, longtemps ministre des Affaires étrangères, anglophile convaincu et habile négociateur, c'est le rapprochement avec l'Angleterre qui se réalise de manière spectaculaire et à la grande surprise de beaucoup de diplomates. En 1904 un accord est signé entre les deux pays qui solde définitivement tous les contentieux coloniaux. C'est ainsi, entre autres décisions, que la France se désengage de l'Egypte au profit de l'Angleterre, et cette dernière du Maroc en notre faveur.

C'est le début de « l'Entente cordiale ».

Désormais, France, Russie et Angleterre sont à même d'opposer une « Triple-entente » à la « Triple-alliance » - Allemagne, Autriche, Italie – (encore appelée « Triplice ») qu'avait construite Bismarck.

Toutefois, entre 1905 et 1914, l'existence de ces deux blocs hostiles fait monter la tension internationale.

L'Allemagne craint d'être encerclée et se lance dans une course aux armements pour renforcer sa puissance aussi bien sur terre que sur mer. Elle se sert du Maroc – débarquement surprise de Guillaume II à Tanger en mars 1905 et présence d'un navire allemand à Agadir en 1911 – pour maintenir une pression continuelle sur la France.

Finalement, un traité est signé avec l'Allemagne le 4 novembre 1911 sous l'impulsion de Joseph Caillaux, alors président du Conseil. Aux termes de cet accord, la France cède à l'Allemagne une partie du Congo français et, en contrepartie, obtient une totale liberté d'action au Maroc.

C'est dans son discours au Sénat critiquant ce traité que l'on trouve l'essentiel de la pensée de Clemenceau sur les relations entre les deux pays.

Contrairement à certaines idées reçues, disons tout de suite que le Tigre n'a jamais été, ni dans ses allocutions de jeune parlementaire ou de vieux sénateur, ni dans ses innombrables articles de journaliste, un fanatique aveugle de la Revanche. A dire vrai, ce mot n'appartient pas à son vocabulaire. Toujours, il a préféré parler de « Réparation ».

C'est dire qu'il a constamment fait preuve de beaucoup de prudence et de retenue dans ses propos publics sur l'Allemagne. Son mot d'ordre a toujours été : pas de provocation. Et à de multiples reprises il a répété qu'il n'avait pas de sentiment mauvais, et encore moins de haine, à l'endroit du peuple allemand. Il se prononce constamment en faveur de la paix, qu'il juge non seulement désirable mais encore nécessaire au développement des idées françaises dans le domaine de la civilisation.

La paix, oui, mais pas à n'importe quel prix !

Sa position se trouve parfaitement résumée dans son discours sur la Convention Franco-allemande de 1911 :

« De bonne foi, dit-il, nous voulons la paix, nous la voulons parce que nous en avons besoin pour refaire notre pays. Mais enfin, si on nous impose la guerre, on nous trouvera. »[1]

Cela dit, la longue et douloureuse histoire des deux peuples l'amène à penser qu'il existe une contradiction quasi insurmontable entre l'établissement et le développement de la République en France et la montée en puissance d'une Allemagne gouvernée par des Hohenzollern assoiffés d'impérialisme. Il a le pressentiment qu'un nouveau conflit entre les deux pays se traduirait nécessairement, soit par l'effondrement de la République dans notre pays, soit par la fin des Hohenzollern dans la nation voisine. D'où une extrême prudence de sa part dans la mesure où, pour lui, l'urgence est à la consolidation de la République. Sa hantise est que la France, sous les menées de nationalistes irresponsables à la Déroulède, ne se lance étourdiment dans une guerre avant que d'être prête.

Cette contradiction, il l'exprime au Sénat de manière lapidaire et sous les applaudissements de ses collègues, toutes tendances confondues, quand il constate :

« La difficulté entre l'Allemagne et nous est celle-ci : c'est que l'Allemagne croit que la logique de sa victoire est dans la domination, et que nous ne croyons pas que la logique de notre défaite soit dans la vassalité. » [2]

N'oublions jamais que Clemenceau identifie toujours République et Patrie. S'il y a guerre avec l'Allemagne il faut que les deux en sortent victorieuses. « Nous ne voulons pas, dit-il, nous ne pouvons pas subir la même épreuve une seconde fois. Il ne suffit pas d'être des héros. Nous voulons être des vainqueurs. » [3]

En vérité, comme à son habitude, il applique aux relations franco-allemandes une analyse « darwinienne ». Il considère que l'Allemagne ne porte pas les caractères qui doivent marquer l'avenir de l'humanité :

« Son gouvernement est fort, constate-t-il, il est puissant, il a l'avantage de l'action immédiate. Et si c'était la force, la victoire, le sabre, le fer, le poing ganté de fer, comme on aime tant à le dire dans les brasseries d'Outre-Rhin, qui devaient assurer l'avenir de l'humanité, il aurait toutes les chances. » [4]

Mais voilà, l'avenir n'est ni à la force ni au sabre mais au droit et aux autres valeurs incarnées dans la République. Et de surcroît la France est l'héritière de ces valeurs. Elle vient d'une grande histoire et entend la conserver :

« Il n'est point de peuple digne de ce nom qui élabore, plus obstinément que nous, pour le compte de l'humanité tout entière, des idées générales qui magnifieront l'avenir. » [5]

En toile de fond des préoccupations de Clemenceau il y a toujours le lancinant souvenir de la guerre de 1870 :

« Ceux qui ont vu 1870-71 ne peuvent plus laisser échapper une chance, si minime fût-elle, de ne pas revoir les effroyables jours dont l'horreur ne pourrait qu'être centuplée. Au moins, si la destinée m'inflige encore, en l'avivant, ce supplice sans nom, dont le souvenir me hante, ai-je bien résolu de ne jamais mettre à mon compte la plus petite part de responsabilité dans tout ce qui peut affaiblir mon pays livrant le suprême combat pour l'existence. » [6]

Tous ses articles de *L'Homme libre* vont donc s'inscrire dans une double démarche : Appel à l'unité des partis politiques face à la grave menace extérieure, appel au sens des responsabilités des Français pour fournir au gouvernement les moyens matériels et humains nécessaires à la défense du pays.

Pendant l'année qui précède la déclaration de guerre, *L'Homme libre* est le créneau où veille le vieux patriote et d'où il lance en permanence ses avertissements et ses appels à l'énergie et aux sacrifices.

« Je suis disposé, écrit-il, à ne rien refuser au gouvernement, quel qu'il soit, des moyens de défense qu'il sollicite des Chambres. » [7]

Ainsi se prononce-t-il sans réserve en faveur du service militaire de trois ans :

« Si le peuple recule devant le service de trois ans, je réponds qu'il nous faut sans délai renoncer à notre indépendance et aller solliciter à genoux l'amitié de l'Allemagne, qui ne demande qu'à se servir de nous pour déborder sur le reste du monde ; en échange de quoi elle nous permettrait peut-être de garder la Bourgogne et la Champagne. » [8]

Il invite les autres partis, et surtout le parti socialiste, à prendre la même résolution car « c'est bien la vie ou la mort de la France qui sera l'enjeu de l'affreuse partie dont l'horreur, du jour au lendemain, peut nous être imposée ». [9]

Durant toute cette période, la lucidité de Clemenceau est prémonitoire. Il dénonce sans relâche une Allemagne qui propose la paix « mais prépare une guerre à ce point généralisée que l'imagination se révolte à la seule évocation du tableau ». [10]

Et de dénoncer la « puérilité » du pacifisme.

Et de clouer au pilori ceux dont l'esprit reste fermé aux manifestations de l'évidence.

Et d'en appeler à la mémoire de Gambetta dont l'attitude en 1870 « consacra les républicains comme un parti de patriotique fierté ». [11]

A un ministre de la Guerre qui, de façon dérisoire, tente de masquer les retards de l'armement français en proclamant que notre pays dispose d'une « force morale » qui prime toutes les autres et qu'avec de mauvaises armes on peut accomplir des exploits étonnants, Clemenceau, furieux, réplique : « Achetez donc des arbalètes ! »

A soixante-treize ans, le vieux lutteur, l'infatigable journaliste, l'irascible Vendéen n'a rien perdu de la pugnacité de sa jeunesse. En concentrant toutes ses forces sur une seule idée, celle de défense nationale, son énergie semble s'être décuplée.

Une énergie farouche, exclusive, intrépide qui, bientôt, sera l'ultime recours de la patrie au bord de l'abîme.

24

L'Homme enchaîné se déchaîne

De la fondation de *L'Homme libre* en mai 1913 jusqu'à son accession à la présidence du Conseil en novembre 1917, Clemenceau va être sans relâche aux basques du Président de la République, du gouvernement, du ministère de la Guerre, de l'Etat-Major, de la bureaucratie militaire, des administrations, pour les pousser à l'action, aux réformes, à la transparence, et pour les soumettre à un rigoureux contrôle parlementaire.

Aux basques : c'est bien l'expression qui convient.

Il connaît trop les complaisances des politiques, les atermoiements des administrations, les lenteurs des bureaux pour ne pas dénoncer chaque jour le laisser-aller des uns et les négligences des autres alors que la guerre se trouve à nos portes.

Sa première cible est le Président de la République, Raymond Poincaré, élu à l'Elysée en janvier 1913, à qui Clemenceau reproche de manquer de caractère.

Ce grief est ancien.

Dès 1902, dans un éditorial de sa revue *Le Bloc*, il s'était attaqué en termes très vifs au « poincarisme » :

« M. Poincaré, avait-il écrit, fut longtemps un des jeunes prodiges de la République nouvelle. Comme la plupart des jeunes prodiges il n'a rien fait de prodigieux, bien que l'âge commence à grisonner ses tempes. Ce n'est pas le désir qui lui a manqué, je suppose, ni les moyens, car il compte par l'intelligence, la culture, les dons de l'orateur, au premier rang de nos politiciens. Le caractère seulement lui a fait défaut, avec la petite flamme d'idéal qui meut les hommes et les jette aux nobles périls. » [1]

Bref, dès cette époque il considère Poincaré comme un bourgeois calculateur, gérant sa carrière politique plus en notaire provincial prudent qu'en réformateur sachant prendre des risques.

Par la suite les relations entre les deux hommes passèrent par des alternances de calme et de tempêtes. Ainsi, à la veille de la guerre, Clemenceau se trouve-t-il d'accord avec Poincaré pour porter le service militaire à trois ans. Ainsi, dès le début des hostilités, salue-t-il et soutient-il l'appel du président de la République à « l'Union Sacrée ». Il semble même vouloir se réconcilier durablement avec l'Elysée lors d'une entrevue empreinte d'une grande cordialité.

Eclaircie de courte durée.

Un remaniement ministériel qui lui déplaît relance la querelle entre les deux hommes, le Tigre accusant le Chef de l'Etat de constituer un gouvernement de « nullités ».

Son autre cible est le pouvoir gouvernemental.

Les graves carences de ce pouvoir éclatent au grand jour le 13 juillet 1914 quand le Sénat écoute le rapport de l'un des siens, Charles Humbert, membre de sa commission de l'Armée, sur l'état de l'armement en France. Notre situation est catastrophique :

« Par tous les moyens, révèle Charles Humbert, certains services, en particulier l'Etat-Major général de l'Armée, ont cherché à nous cacher la vérité.

« Instabilité ministérielle, organisation vicieuse des services de l'administration centrale, répugnance pour les responsabilités, impossibilité de tout contrôle sérieux venant du dehors ; voilà pourquoi nous ne commençons d'en sortir que grâce à ce fait inouï d'une commission parlementaire obligée de se substituer au ministère de la Guerre pour réclamer les réformes militaires les plus impérieusement indispensables [...] Une nation comme la France, qui dépense pour son armée les millions sans compter, et qui lui donne toute sa jeunesse aussi longtemps qu'on le lui demande, a le droit d'exiger que l'on n'hésite pas à opérer quelques réformes, et même à briser, s'il le faut, quelques résistances, pour lui rendre en puissance et en sécurité l'équivalent de ses sacrifices. » [2]

Il n'en faut pas plus pour que le Tigre bondisse à la tribune, saisisse le gouvernement à la gorge, impose au Sénat de siéger sans discontinuer pour connaître toute la vérité :

« Il faut en finir, tonne-t-il à l'adresse de Viviani, président du Conseil. Le moment est arrivé pour le Parlement même de prendre toutes ses responsabilités. Les administrations ont fait défaut, les gouvernements ont fait défaut, il y a encore un Parlement. Qu'il se lève, qu'il parle, qu'il agisse ! S'il pouvait y avoir des ministres qui s'abandonnent, je n'admettrais pas que le Parlement s'abandonnât, ou, s'il s'abandonnait, il y aurait au moins un parlementaire qui ne s'abandonnerait pas. » [3]

Et dans le numéro de *L'Homme libre* du 15 juillet qui suit cette angoissante séance, il dénonce « les gens dont l'incurie nous a mis si arrogamment en route vers l'effondrement », il fustige « l'omnipotente impuissance des bureaux » et tire de manière foudroyante la leçon de ces graves carences :

« Nous ne sommes ni défendus ni gouvernés !» [4]

Autre violente colère : contre la censure militaire.

Rappelons qu'une loi d'août 1849 concernant l'état de siège donnait aux autorités militaires le droit de suspendre ou d'interdire purement et simplement toute publication périodique dans le cas où l'état de siège serait proclamé.

Dès le 30 juillet 1914, les dépêches télégraphiques sont censurées.

Un décret du 2 août, puis une loi du 9 août, promulguent l'état de siège sur l'ensemble du territoire. Un « bureau de presse » est aussitôt créé au ministère de la Guerre. Sa mission : viser toutes les informations militaires.

Parallèlement à ces décisions gouvernementales, Viviani adresse un message aux directeurs de publications dans lequel il se dit prêt à les associer au contrôle de l'information. Une Assemblée extraordinaire de la presse parisienne accepte cette proposition et constitue une commission qui sera l'interlocuteur du gouvernement. La censure ainsi décidée s'exercera techniquement sur les morasses (les épreuves papier), les journaux devant ensuite « échopper » - autrement dit gratter sur les clichés de plomb – les passages incriminés. Les journaux paraîtront donc avec des « blancs » et le musée Clemenceau, à Paris, conserve des exemplaires de quotidiens ainsi censurés, entre autres l'exemplaire du 8 décembre 1916 où l'éditorial de Clemenceau a été censuré en totalité. Ne subsiste que le titre : *Toute la vérité*. Signalons que souvent, dans des cas semblables, Clemenceau envoyait par la poste, sous pli cacheté, aux abonnés du journal ou aux hommes politiques, ses articles qui avaient été ainsi « caviardés ».

Dès la déclaration de guerre le gouvernement, grâce à la censure, interdit donc la publication de toutes les informations relatives aux opérations militaires, sauf celles émanant des autorités. Le champ d'application est apparemment bien délimité, et cela en concertation avec les directeurs de journaux. Sauf que les bureaucrates chargés de la mise en oeuvre de ces décisions vont les étendre indûment à d'autres sujets, entre autres la politique.

De nécessaire, la censure est vite devenue insupportable.

Dès le début, Clemenceau se pose en adversaire déterminé de cette censure sortant du cadre strictement militaire pour s'étendre à tout le champ politique :

« Je reconnais en temps de guerre, écrit-il, le droit de censure du gouvernement sur les matières d'ordre diplomatique et militaire. Mais une chose est d'avoir un droit, autre chose de l'exercer avec intelligence. Nous avons le droit d'exiger qu'on nous dise partout et toujours la vérité. » [5]

Et il complète sa pensée dans *L'Homme libre* du 24 septembre 1914 :

« Tout homme de bon sens comprendra que la censure ne peut s'appliquer qu'aux matières d'ordre militaire. En dehors de cela elle n'est et ne peut être qu'un inacceptable abus de pouvoir. C'est ainsi que la question fut présentée par moi au syndicat de la presse avec l'approbation de la presque unanimité. Hélas ! je vois que nos gouvernants ne l'entendent pas de même. On leur a donné une fraction de toute- puissance, ils ne veulent pas moins que le bloc entier. J'accepte qu'il soit utile de nous soumettre à la raison des nouvelles militaires, mais quel lien cela peut-il avoir avec un article politique qui plaît ou qui ne plaît pas à Sa Majesté le gouvernement ? J'ai l'extrême audace de penser qu'il n'est pas du tout nécessaire pour vaincre de se mettre sous la botte du premier basochien militaire. »

A Bordeaux, où le président de la République et le gouvernement se sont réfugiés aussitôt après la déclaration de guerre pour éviter d'être faits prisonniers par l'armée allemande qui déferle vers Paris, un grave incident oppose Clemenceau à Malvy, ministre de l'Intérieur.

Le Tigre, qui a suivi le gouvernement et qui a réussi malgré mille difficultés à faire imprimer *L'Homme libre* sur les rotatives de *La Dépêche de Toulouse*, révèle dans son journal que des blessés rapatriés du front ont voyagé dans des wagons à bestiaux non désinfectés.

A cause de cette grave négligence des autorités, nombre d'entre eux ont contracté le tétanos.

Fureur du gouvernement : Malvy fait saisir *L'Homme libre* le 29 septembre et suspend sa parution jusqu'au 7 octobre.

Fureur de Clemenceau : il décide sur le champ de créer un nouveau journal par simple changement de titre.

Et le 30 septembre, *L'Homme libre* devient *L'Homme enchaîné*, qui est saisi à son tour et ne pourra reprendre une parution régulière que le 8 octobre à Paris, où Clemenceau est de retour.

Gouvernement et Président, eux, ne rentreront dans la capitale que deux mois plus tard, début décembre 1914.

Le Tigre attaque aussi dans son journal le vocabulaire des autorités militaires. Un communiqué officiel venant de proclamer que « le sort de la France » dépend d'une grande bataille engagée dans les environs de Maubeuge, il s'insurge contre le rédacteur de ce texte :

« Le sort de la France ne peut dépendre ni de cette bataille ni de celles qui vont suivre. Son sort dépend de la résistance indéfinie que les Français, tous les Français opposeront sans jamais faiblir, à l'envahisseur. Dire à la France qu'elle est perdue si ses soldats rencontrent la défaite dans une bataille, c'est d'un malheureux qui ne peut plus peser le sens des mots. » [6]

Certains civils aussi sont dans sa ligne de mire. Ainsi en va-t-il des embusqués, des timorés, des résignés :

« Qu'on débusque les embusqués !» demande-t-il avec force au gouvernement. Et d'ajouter :

« Tous à l'œuvre de la défense, sans qu'aucun bras, sans qu'aucun cœur y puisse manquer. Tous ! Tous ! qu'il aille solliciter ses lettres de servitude allemande, le bâtard qui se cachera quand c'est l'heure de se montrer. Assez de complaisances pour les lâchetés plus ou moins dorées. La rigoureuse loi pour tous [...] Que le gouvernement cloue au poteau d'infamie le vil troupeau des dégénérés qui, n'ayant pas su vivre, se montreraient indignes même de mourir réhabilités. » [7]

D'août à décembre 1914, pendant les cinq premiers mois de la guerre, le Parlement s'étant mis volontairement en congé pour laisser les mains libres au gouvernement, Clemenceau ne dispose que d'une seule tribune pour lancer ses avertissements et mobiliser l'opinion : son journal.

L'Homme libre devenu *L'Homme enchaîné* retentit donc quotidiennement des imprécations du Vendéen, constamment présent sur le rempart pour dénoncer les faiblesses et les incuries des responsables politiques. Ayant toujours le sens de la formule, il déclare à ses collaborateurs : « Ces gens-là me font déjeuner d'une colère et dîner d'une rage ». [8]

Jean Martet, qui à l'époque est journaliste à *L'Homme enchaîné*, raconte comment, au journal, s'extériorisait cette colère et cette rage :

« M. Clemenceau arrivait au journal assez tard dans l'après-midi, vers cinq ou six heures. Il sortait du Sénat. Il était d'une humeur épouvantable. M. Clemenceau, donc, entrait dans son cabinet de travail comme un taureau dans l'arène. Il entrait, le melon en bataille, et la première chose qu'il apercevait, c'était, devant la cheminée, le pare-feu en cuivre. Alors il se dirigeait tout droit vers le pare-feu, et d'un coup de pied où il mettait toute sa force et toute sa fureur, il l'envoyait valser au travers de la pièce sans un mot [...] C'était, ce coup de pied, une admirable façon de se détendre et de se soulager. Il eût sans doute préféré flanquer le coup de pied dans le ministère. Mais il faut se contenter de ce qu'on a. » [9]

A partir de janvier 1915 la situation change.

Le Parlement décide de tenir à nouveau des sessions ordinaires.

Partisan d'un étroit contrôle parlementaire non seulement sur le gouvernement mais aussi sur l'Armée, Clemenceau se fait élire membre puis président de deux commissions, celle de l'Armée et celle des Affaires extérieures. Il dispose alors d'un pouvoir d'investigation considérable.

L'activité de ces commissions – surtout celle de l'Armée – est incessante et s'applique en priorité aux questions relatives au service de santé militaire, à l'armement, aux munitions, aux effectifs, au ravitaillement.

Fin 1915, comme président de ces commissions, il commence ses célèbres visites au front. Autre façon de s'informer au contact des combattants. En bousculant, au passage, les hiérarchies militaires.

Dans *L'Homme enchaîné* il raconte ce qu'il a vu :

« Je viens de visiter le front, écrit-il dans le numéro du 14 mai 1916, depuis le Pas-de-Calais jusqu'à la frontière suisse, et, pour la première fois, après vingt-deux mois de guerre, j'ai pu tout voir, tout constater, interroger librement chefs et soldats sur toutes matières, et recevoir des réponses faites en toute liberté.

« Il y a visite aux armées et visite aux armées. Nulle trace de parade dans l'extrême simplicité de mon cas. J'ai pu aller partout, accompagné d'hommes qui avaient qualité pour dire et commenter techniquement. J'ai voulu voir : j'ai vu [...]

« Cette enquête m'a fait parcourir plus de deux mille kilomètres en automobile, avec des repos de trois ou quatre heures de marche, par jour, dans la boue des tranchées – le tout coupé d'entretiens d'autant plus instructifs qu'ils ont abouti, sur tous les points, à des conclusions unanimes.

« La formule que je puis aujourd'hui présenter au public n'est pas pour l'inquiéter. Loin de là, puisqu'elle est de confiance absolue dans la victoire finale de nos armes, pourvu que certaines conditions d'organisation soient non plus seulement parlées, mais effectivement réalisées. » [10]

Quand il rend compte à ses lecteurs de ce long périple parmi les poilus, Clemenceau a soixante-quinze ans. Jamais il n'a autant mérité son surnom de Tigre.

Tigre avec les ministres lors de leurs auditions devant les deux commissions du Sénat où il les harcèle de questions sur leur administration. Avant de comparaître, certains disent de manière plaisante – et parfois tremblante – qu'ils vont descendre dans la fosse aux lions. Et quand ils en ressortent, ils ajoutent qu'effectivement ils y ont vu le Tigre.

Tigre lors de ses visites au front où il entend se porter sur les premières lignes, malgré les conseils de prudence, « pour mieux flairer le boche ».[11] Un jour il se hisse même sur le rebord d'une tranchée et, agitant sa canne, lance aux Allemands qui sont à proximité : « Et sachez bien qu'on vous flanquera tous dehors ! »

Tigre enfin dans ses articles dénonçant inlassablement les fanfaronnades et les rodomontades de l'ennemi héréditaire.

Face aux troupes de Guillaume II il en appelle au courage, à la vaillance, bref, à cette fureur française héritée des guerres de la Révolution.

Car pour Clemenceau il ne fait aucun doute que cette lutte est celle de la civilisation contre la barbarie.

De l'individu libre contre des masses endoctrinées :

« Chez nous, écrit-il, la puissance de la masse n'est que la résultante des énergies individuelles librement déployées. Ils ont des machines de guerre. Nous avons des soldats [...] Nos hommes savent très bien, d'une conscience sûre, ce qui les attache à la patrie. Cette France, à laquelle ils apportent le sacrifice total, ils la sentent, ils la vivent, ils la disent par leurs actes [...] Là est le roc inébranlable contre lequel tous les efforts des cohortes allemandes viendront irréparablement se briser. Dans l'histoire, nos chefs militaires ou civils ont pu connaître des défaillances. Le peuple, toujours, a su les réparer.» [12]

Le peuple, en ces années sombres, ce sont les poilus. Ici, Clemenceau, que l'on dit misanthrope et revenu de tout, trouve d'émouvants accents de tendresse pour parler de ces soldats de la boue :

« Je ne puis détacher ma pensée de ces hommes qui sont au feu. Sur une ligne mouvante qui va de la mer du Nord à l'extrémité des Vosges, ils sont là, jour et nuit, terrés en des tanières de boue, grelottants, engourdis, mais le cœur cuirassé d'une ardente vaillance qui leur fait affronter en souriant le froid, la faim, la mort. »[13]

Jamais, peut-être, dans toute notre histoire parlementaire, un homme - pour l'heure hors du pouvoir - n'aura disposé d'un tel pouvoir.

Pouvoir de contrôle et d'investigation avec sa double présidence des commissions du Sénat où il se comporte comme un Conventionnel de 1793, sommant les ministres de rendre des comptes. Là, c'est le représentant du peuple qui agit.

Pouvoir d'intimidation sur les administrations, les bureaucrates, les embusqués, les pacifistes, les défaitistes, qu'il saisit au collet, secoue de sa poigne de fer et pousse dans la tranchée pour que toutes les énergies – toutes sans aucune exception – soient mobilisées et tendues vers un seul objectif : la victoire. Là, c'est l'impérieux jacobin qui domine.

Pouvoir d'opinion avec ses articles quotidiens dans *L'Homme libre* puis dans *L'Homme enchaîné*. Selon Gustave Geffroy, Clemenceau a écrit 1 121 articles dans *L'Homme enchaîné*. Si l'on ajoute à cela les 455 articles de *L'Homme libre*, cela fait au total 1 576 articles rédigés entre le 6 mai 1913 et la mi-novembre 1917. Là, c'est le journaliste-combattant qui se révèle au grand public.

Pouvoir de séduction, enfin, avec ses multiples visites aux premières lignes du front, apportant soutien et réconfort aux soldats. Gustave Geffroy assure que c'est à cette période que Clemenceau devint subitement le plus populaire de tous les serviteurs du pays.

Et il est vrai que c'est dans les tranchées, au contact direct des poilus, autrement dit du peuple en armes, que commence de se dessiner, derrière le profil du Tigre, la silhouette légendaire du Père la Victoire.

25

Son dernier article

Au lendemain d'une violente altercation avec Clemenceau, Raymond Poincaré, Président de la République, écrivait dans ses *carnets*, à la date du 27 août 1914, soit quelques jours seulement après la déclaration de guerre :

« Entre deux séances du conseil des Ministres, j'ai reçu une visite bourrue de M. Clemenceau. Il est de nouveau déchaîné. Après quelques semaines de trêve, nous voici brouillé comme avant la guerre. *Le Temps* de ce soir regrette que M. Clemenceau ne soit pas ministre. Il n'a tenu qu'à lui de l'être. Mais il ne voulait pas être ministre, il voulait être le ministère. Plus je réfléchis, plus je me dis : « Tant que la victoire est possible, il est capable de tout compromettre. » Un jour viendra peut-être où j'ajouterai : « Maintenant que tout paraît perdu, il est capable de tout sauver. » [1]

A la mi-novembre 1917, quand Poincaré nomme Clemenceau président du Conseil, tout paraît perdu en effet.

Qui se souvient de la situation désastreuse de la France à cet instant précis ?

Après plus de trois années de guerre, l'Union Sacrée a volé en éclat.

Beaucoup d'hommes politiques, derrière Joseph Caillaux, souhaitent une paix sans victoire avec l'Allemagne.

Cette dernière profite de cet affaiblissement de la volonté française pour tenter de transformer ce pacifisme en défaitisme. A Paris, ses espions attisent cette démoralisation et plusieurs journaux d'extrême gauche reçoivent des fonds secrets de l'ennemi pour entretenir ce climat débilitant.

Malvy, le ministre de l'Intérieur, ferme les yeux sur ces agissements coupables au prétexte qu'il ne veut pas poursuivre en justice les représentants de la classe ouvrière.

Déjà, le caricaturiste Forain avait senti souffler le vent du défaitisme quand il avait publié, quelques mois plus tôt, son fameux dessin représentant deux poilus dans la boue des tranchée :

- Pourvu qu'ils tiennent, dit l'un.

- Qui ça ? demande l'autre

- Les civils !

Les civils, en effet, sont en train de craquer.

Dans un rapport parlementaire, le sénateur Jules Jeanneney dénonce les embusqués et porte au grand jour cette gangrène qui gagne tous les organes de la société. Ce qui fut pacifisme évolue vers la trahison. Même le pape, involontairement, alimente cette campagne défaitiste. Le 15 août 1917, Benoît XV diffuse de Rome une note intitulée « Sur la paix » où il met au premier rang des priorités, en cas d'armistice, la restauration de l'indépendance de la Belgique. Quant à l'Alsace-Lorraine, le pape déclare que cette région doit faire l'objet d'un compromis raisonnable.

Evidemment, le terme de « compromis » appliqué à une question aussi grave fait tonner Clemenceau qui qualifie aussitôt Benoît XV de pontife allemand.

Sur le terrain des opérations militaires la situation n'est guère meilleure.

L'unité de commandement des forces alliées n'est toujours pas réalisée et l'échec de l'offensive Nivelle, en avril 1917, au Chemin des Dames, qui a causé des pertes effroyables, est suivi de mutineries militaires et de grèves dans les industries d'armement.

En Italie, les Alliés, le 24 octobre 1917, sont bousculés par les forces austro-allemandes. A Caporetto le front a été rompu, les pertes sont considérables, le gouvernement, en catastrophe, doit envoyer Foch sur place.

Enfin la révolution russe porte au pouvoir des dirigeants qui décident de retirer leur pays du combat, permettant ainsi à l'Allemagne de rapatrier sur le front de l'Ouest ses troupes mobilisées à l'Est.

C'est bien d'une France au bord de l'abîme qu'hérite Clemenceau.

Quelques jours avant sa nomination il accusait encore Poincaré, en termes véhéments, de ne pas vouloir savoir et de ne pas savoir vouloir.

Lui, en revanche, est bien décidé à savoir et à vouloir.

A tout savoir sur les manœuvres et les trahisons des défaitistes de l'arrière et sur les manquements ou les hésitations des chefs à l'avant.

A tout vouloir pour rattraper la France au bord du gouffre et la remettre en état de combattre et de vaincre.

Tout cela se résumera d'une phrase qui deviendra bientôt célèbre : Je fais la guerre !

Politique intérieure ? Je fais la guerre ! Politique extérieure ? Je fais la guerre ! Politique économique ? Je fais la guerre ! La Russie nous trahit ? Je fais la guerre ! Notre alliée la Roumanie est obligée de capituler ? Je fais la guerre !

Son unique pensée, son idée fixe, son horizon exclusif, c'est la guerre totale. Cela suppose, chez ce vieux sceptique, une foi admirable dans les ressources de l'armée et les vertus de la race. Moment inoubliable de l'histoire de France où l'énergie d'un individu exceptionnel va modifier le cours des choses et imposer sa volonté aux événements. Ceux qui pensent que l'histoire est écrite par les masses, les classes ou les races feraient bien de méditer sur ces heures de la mi-novembre 1917 où un homme, à lui seul, repousse la fatalité comme on détourne le cours d'un fleuve puis, en quelques semaines, et malgré ses soixante-seize ans, redonne vigueur et dynamisme à un peuple et à une armée au bord de l'abandon.

Clemenceau, depuis longtemps, avait identifié le mal dont souffrait le pays : le manque de volonté de ses gouvernements successifs, dû à l'absence de caractère des présidents du Conseil désignés par Poincaré.

Quelques jours avant sa nomination il avait dit à son secrétaire particulier, Jean Martet : « Poincaré m'offrira le pouvoir. J'accepterai. On ne peut pas refuser le pouvoir. Mais je ne l'aurai pas cherché. Ensuite, le pouvoir qu'on m'offrira aura ceci de spécial et de nouveau que ce sera le pouvoir – le vrai. » [2]

La veille de sa nomination – le 15 novembre 1917 – *L'Homme enchaîné* avait publié un éditorial qui sera le dernier article de sa longue carrière de journaliste et qui portait un titre prémonitoire : *On demande un gouvernement*. Il y écrivait :

« L'heure est venue de gouverner au grand jour, car c'est la condition première du régime républicain. » [3]

Gouverner, autrement dit agir, et non se laisser mener par les événements.

« Les circonstances exigeaient un chef, observe Gaston Monnerville ; il le serait pleinement. » [4]

Toute sa politique est annoncée dans sa déclaration d'investiture faites aux députés, le 20 novembre 1917 :

« Nous avons accepté d'être au gouvernement pour conduire la guerre avec un redoublement d'efforts en vue du meilleur rendement de toutes les énergies.

« Nous voudrions que la confiance dont nous vous demandons le témoignage fût un acte de confiance en vous-mêmes, un appel aux vertus historiques qui nous ont faits Français. Jamais la France ne sentit si clairement le besoin de vivre et de grandir dans l'idéal d'une force mise au service de la conscience humaine, dans la résolution de fixer toujours plus de droit entre les citoyens, comme entre les peuples capables de se libérer. Vaincre pour être justes, voilà le mot d'ordre de tous nos gouvernements depuis le début de la guerre. Ce programme à ciel ouvert, nous le maintiendrons.

« Nous avons de grands soldats d'une grande histoire, sous des chefs trempés dans les épreuves.[...] Ces Français que nous fûmes contraints de jeter dans la bataille, ils ont des droits sur nous. Ils veulent qu'aucune de nos pensées ne se détourne d'eux, qu'aucun de nos actes ne leur soit étranger. Nous leur devons tout, sans aucune réserve. Un seul devoir, et simple : demeurer avec le soldat, vivre, souffrir, combattre avec lui. Abdiquer tout ce qui n'est pas la patrie. L'heure nous est venue d'être uniquement Français.[...] Plus de campagnes pacifistes, plus de menées allemandes. Ni trahison ni demi-trahison :

la guerre. Rien que la guerre. Nos armées ne seront pas prises entre deux feux. La justice passe. Le pays connaîtra qu'il est défendu. »

Et s'adressant plus spécialement aux parlementaires :

« Nous marcherons du même pas, avec vous, aux réalisations dont la nécessité s'impose. Nous sommes sous votre contrôle. La question de confiance sera toujours posée. »

Enfin, dans une extraordinaire péroraison, l'infatigable lutteur, le pourfendeur des traîtres, des tièdes et des embusqués, retrouve les puissantes images du journaliste pour annoncer la victoire finale :

« Un jour, de Paris au plus humble village, des rafales d'acclamations accueilleront nos étendards vainqueurs, tordus dans le sang, dans les larmes, déchirés des obus, magnifique apparition de nos grands morts. Ce jour-là, le plus beau de notre race, après tant d'autres, il est en notre pouvoir de le faire. Pour les résolutions sans retour, nous vous demandons, messieurs, le sceau de votre volonté. » [5]

La Chambre des députés lui accorde sa confiance par 418 voix contre 65 (dont 64 socialistes). Il y a 40 abstentions (25 socialistes et 15 radicaux-socialistes).

En un seul discours, le Tigre a reconstitué, avec cette majorité massive, sinon l'Union Sacrée du début des hostilités, du moins une union nationale qui va lui permettre d'exercer un vrai pouvoir.

A la fois président du Conseil et ministre de la Guerre, il prend aussitôt un ensemble de décisions concernant le front et l'arrière qui vont créer les conditions de la victoire.

D'abord, il envoie Caillaux et Malvy en Haute Cour de justice pour leurs relations coupables, ou leurs complaisances, avec les pacifistes pro-allemands Almereyda, directeur du journal libertaire *Le Bonnet Rouge*, et Bolo. Caillaux sera détenu vingt-sept mois puis condamné à dix ans de dégradation civique. Malvy sera condamné à cinq ans de bannissement pour forfaiture. Almereyda se suicidera dans sa cellule et Gaston Duval, un autre rédacteur du *Bonnet Rouge*, sera condamné à mort et fusillé. Quant à Bolo, un aventurier qui se faisait appeler Bolo-Pacha, il sera convaincu d'avoir reçu de l'Allemagne des sommes considérables pour l'achat du quotidien français *Le Journal* et sera condamné à mort par un Conseil de Guerre. Parallèlement, Clemenceau procède a une grande lessive de hauts fonctionnaires nommés par Malvy. Ainsi destitue-t-il le préfet de police et le directeur de la sûreté.

Sur le front, il obtient, lors de la mémorable conférence interalliée de Doullens, le 26 mars 1918, que soit enfin réalisée l'unité de commandement de toutes les armées engagées dans la lutte contre l'Allemagne. C'est au général Foch qu'échoit ce poste capital qui va permettre une meilleure coordination de toutes les forces au combat.

Le propos de cet ouvrage n'est pas de raconter dans le détail l'histoire militaire de la Grande Guerre ni celle du ministère Clemenceau de 1917-1918. Rappelons simplement, et une fois de plus, que la seule volonté d'un homme d'exception a permis, à la fin de 1917, un retournement complet de la situation intérieure de la France, suivi d'une série d'offensives qui ont débouché sur la victoire finale.

Le 20 novembre 1917, à la Chambre des députés, dans sa déclaration d'investiture, Clemenceau avait proclamé : « Nous nous présentons devant vous dans l'unique pensée d'une guerre intégrale. »

Un an plus tard, presque jour pour jour, le 11 novembre 1918, à cette même tribune, devant cette même Assemblée, sous les ovations des élus et du public, l'indomptable patriote apporte l'armistice signé quelques heures plus tôt par les Allemands et annonce le retour à la mère patrie de l'Alsace et de la Lorraine qui, elles aussi, pendant de nombreuses années, avaient été son unique pensée.

Lui qui avait été élu pour la première fois député quarante-sept ans plus tôt à cette Assemblée de Bordeaux qui avait ratifié l'amputation du territoire national, lui qui avait protesté contre ce crime, il lui était donné d'être l'artisan de la Réparation.

Et cet athée obstiné trouve les mots du sacré pour saluer la fidélité à la France de l'Alsace et de la Lorraine : « La religion du souvenir, dit-il, la religion de la patrie française furent entretenues dans le sanctuaire de la famille alsacienne. »

++++++++++++++++++++++++++++++++

Dès son accession au pouvoir, Clemenceau avait confié *L'Homme Enchaîné* à son ami Nicolas Pietri.

Le lundi 5 mai 1918, *l'Homme enchaîné* redevenait *L'Homme libre.*

Plus jamais le Tigre ne reprendra sa plume de journaliste politique.

Sa carrière d'éditorialiste s'était achevée à l'instant où avait commencé son destin de Chef de guerre.

Une carrière qui avait débuté en 1861 quand il avait fondé son premier journal, *Le Travail*, et qui avait duré un demi-siècle.

Un demi-siècle de combats pour la liberté, la République, la justice et la patrie.

26

Une certaine idée de la République

Pour Clemenceau, gagner la guerre c'était aussi assurer la victoire d'une institution à laquelle il tenait plus qu'à lui-même : la République.

Durant toute sa carrière de journaliste il avait défendu cette idée, martelée avec force pendant l'affaire Dreyfus, que la patrie ce n'était pas seulement le sol mais aussi, mais surtout, un ensemble de valeurs humaines, un foyer de droit et de justice auquel se rattachent tous les hommes, si différents qu'ils soient d'opinion, tout cela étant incarné précisément dans la République.

De 1913 à 1917, dans *L'Homme libre* puis dans *L'Homme enchaîné*, il avait constamment rappelé que le choc de la France et de l'Allemagne était le combat de la civilisation contre la barbarie, de la liberté contre l'autoritarisme, de la démocratie contre l'impérialisme.

De l'individu libre contre la masse servile.

Ce en quoi il renouait avec les ambitions universalistes de la Révolution française.

Aurait-il été un bon Français, et encore plus un bon républicain, s'il n'avait pas eu, chevillé à l'âme, cet ardent besoin, comme les révolutionnaires de 1789, de proclamer, de diffuser, de défendre les valeurs de l'universelle humanité ?

Si d'autres, plus tard, se feront « une certaine idée de la France », lui, très jeune, s'était fait, sous l'influence de son père Benjamin, une certaine idée de la République. Et cette idée mérite d'être précisée car derrière le terme de République peuvent se dissimuler des réalités très diverses et parfois extrêmement opposées. Trois exemples suffiront à le prouver.

Avant Clemenceau il y avait eu, de 1800 à 1804, sous Bonaparte, un régime consulaire qui n'était rien d'autre qu'une dictature dissimulée sous le masque constitutionnel d'une République.

Après Clemenceau il y aura des républiques socialistes soviétiques, appellation couvrant le pouvoir totalitaire, soit d'un tsarisme rouge avec Staline, soit d'une gérontocratie dictatoriale avec ses successeurs.

Enfin il y aura aussi, plus récemment, des républiques islamiques où le mot de république ne sera rien d'autre que l'habillage politique d'un fanatisme religieux et d'un cléricalisme de combat.

Rien de tout cela ne correspond à la République de Clemenceau.

Sa République à lui ne sert le pouvoir ni d'un homme, ni d'une oligarchie, encore moins d'une religion : elle représente la Société de Droit. En conséquence, elle exprime les thèmes fondamentaux du libéralisme politique : séparation des pouvoirs, respect et développement de toutes les libertés, y compris la liberté de l'enseignement et la liberté religieuse, refus du collectivisme, confiance dans l'individu et ses libres initiatives, justice sociale, sens des responsabilités...

De surcroît, la République libérale de Clemenceau est d'abord et avant tout d'essence parlementaire. Le Parlement y détient la souveraineté parce qu'il émane directement du peuple. D'où son hostilité à la présidence de la République, qu'il juge aussi inutile à la vie politique que la prostate à l'activité organique. D'où le refus, dans sa jeunesse, de la Seconde Chambre. N'émanant pas directement du peuple, elle risque d'être fortement conservatrice, sinon aristocratique. D'où, pendant la guerre, son implacable volonté de soumettre l'autorité militaire au pouvoir civil, parfaitement résumée dans la phrase fameuse qui dit que la guerre est une chose trop sérieuse pour la laisser aux seuls militaires. D'où, enfin, sa lutte constante contre le scrutin proportionnel qu'il considère comme un prisme déformant de la volonté populaire et qui éloigne l'élu de l'électeur. Clemenceau proclame en effet que la loi des lois de la République est le scrutin majoritaire. Mieux, pour lui, le scrutin majoritaire est le « drapeau » de la République. En mars 1913, lors d'un important débat sur la réforme de la loi électorale, il s'était opposé, au Sénat, à Aristide Briand, à l'époque président du Conseil et défenseur de la représentation proportionnelle. « Je ne peux pas permettre, avait-il dit, qu'on supprime tout ce qui a permis de réaliser l'apaisement dans le pays, je veux donc le principe majoritaire. Je ne transigerai pas sur ce principe et, ce faisant, je reste au drapeau. »[1] En conséquence de quoi Briand fut battu, démissionna et fut remplacé par Barthou.

C'est donc ce type de République : libérale, parlementaire, respectueuse du scrutin majoritaire, porteuse de valeurs universelles, modèle et référence pour le monde entier, qu'il fait triompher face à l'impérialisme allemand.

Et cela grâce au courage, à l'abnégation, au sacrifice des poilus.

Faire triompher ce type de République c'est, pour lui, maintenir de la vie française au cœur de la civilisation :

« Je dis la vie française, toute la vie française, avec la multiplicité de ses aspects de pensée et d'action. Voilà ce que représente l'obscur troupier, notre fils, notre frère, là-bas, dans la boue de sa tranchée, jouant sa vie vingt-quatre heures par jour, sur la chance d'un coup de mitraille, pour que le rayonnement de la France soit sauvé. »[2]

Le respect mêlé de tendresse qu'éprouve le vieux Bleu de Vendée pour ces obscurs troupiers, autrement dit les poilus, a donc de profondes racines : pour lui, ils représentent la République au combat car ils sont l'émanation de cette école primaire laïque et obligatoire, mise en place par les lois de 1881 et qui, reprenant les ambitions de la Révolution, se donne comme finalité de fournir à la nation non seulement des hommes instruits mais encore des citoyens. Le poilu sait donc pourquoi il combat. Il ne se sacrifie pas pour la gloire d'un homme mais pour maintenir de la vie française au cœur de la civilisation.

Le poilu est porteur des valeurs universelles de la République.

Le 11 novembre 1918, quand il avait apporté l'armistice aux deux tribunes de la Chambre des députés et du Sénat, il n'avait pas manqué de saluer en termes émouvants le sacrifice des combattants :

« Salut à l'Alsace et à la Lorraine enfin retrouvées : c'est l'œuvre de nos grands morts qui nous ont fait cette admirable journée. Quant aux vivants, nous les attendons pour les regarder passer dans les cris, les larmes, les applaudissements enthousiastes sous l'arc triomphal. Par eux, la France retrouve sa place dans le monde pour poursuivre sa course magnifique dans l'infini du progrès humain, autrefois soldat de Dieu, aujourd'hui soldat de l'humanité, toujours soldat de l'idéal. » [3]

Ainsi unissait-il, dans cet hommage au peuple en armes, la vieille France de la Monarchie à la jeune France de la République, la France des soldats de Dieu à celle des soldats du Droit.

A l'opposé d'un nationaliste comme Charles Maurras, qui considère qu'il existe deux France, une bonne, celle d'avant 1789, et une mauvaise, celle issue de la Révolution, Clemenceau pense qu'il n'y a pas antinomie mais continuité de l'une à l'autre. Pour lui, la République sort de la Monarchie selon une loi d'évolution à la Darwin et non selon une loi de régression à la Maurras.

A l'opposé aussi d'un autre écrivain, Maurice Barrès, qui construit son nationalisme non plus sur le rationnel comme Maurras, mais sur l'émotionnel de la Terre et des Morts, Clemenceau édifie le sien sur l'universel, fidèle en cela à Michelet qui avait proclamé : « Le Dieu des Nations a parlé par la France ». L'historien Michel Winock a fortement souligné ce fait quand il a écrit : « Le nationalisme de la France républicaine avait vocation universelle. »[4]

Maurras, Barrès, Clemenceau incarnent donc trois formes distinctes de nationalisme. Le premier s'exprime à partir d'une vision pessimiste de l'histoire contemporaine par rapport à l'époque monarchique, le deuxième s'enracine profondément dans la singularité de la terre française et le troisième, celui de Clemenceau, repose en totalité sur une mystique de l'universel directement issue de la Révolution française.

Et ce sont les poilus de la Grande Guerre, enfants de la République et soldats du Droit, qui ont été, jusqu'au suprême sacrifice, l'incarnation de cette mystique de l'universel.

27

Chasseur de caïmans et de tigres à quatre-vingts ans !

La République avait gagné la guerre et triomphé de l'impérialisme allemand.

Il lui restait maintenant à gagner la paix.

« Ce sera peut-être le plus difficile », avait dit Clemenceau au général Mordacq, directeur de son cabinet militaire.

Le 1er décembre 1918, une réunion des Alliés pour préparer les négociations de paix a lieu à Londres où un Conseil des Quatre est formé par la France, la Grande-Bretagne, les Etats-Unis et l'Italie et le 18 janvier 1919 s'ouvre solennellement à Paris, au Quai d'Orsay, la Conférence de la Paix.

Cette conférence est une lourde machine : 27 pays y participent et 52 commissions spécialisées sont formées pour aider les négociateurs.

Clemenceau est élu président et dirige les travaux.

Lloyd George représente l'Angleterre, le président Wilson les USA et Orlando l'Italie.

Quand commencent les négociations, le Tigre a eu soixante-dix-sept ans au mois de septembre précédent.

Il est l'objet de toutes les curiosités.

Chacun des Trois Grands en a laissé un portrait qui nous permet de mieux cerner sa personnalité à l'instant où sa popularité est au plus haut.

Lloyd George : « Clemenceau était la plus forte personnalité politique de la Troisième République. Au sein des commissions il était la terreur, plus encore des inutiles que des malfaisants. C'était un vieux grognard, un vieux sauvage, à coup sûr puissant, mais désagréable et de caractère détestable. Il avait une indomptable énergie, un courage à toute épreuve et le don de communiquer aux autres sa combativité et sa confiance. » [1]

Lansing (Assistant du président Wilson) : « Clemenceau avait l'apparence extérieure d'un vieux mandarin chinois d'autrefois ; le teint mat, les pommettes saillantes, le front massif, les sourcils proéminents, le regard aigu, la moustache grise, longue et tombante, le cou court, les épaules larges et arrondies, le corps trapu. Un type d'homme saisissant, respirant la vigueur intellectuelle, la maîtrise de soi, la volonté froide et implacable. Tel un Mongol massif et impassible, il contemplait le cours des événements avec un stoïcisme oriental, calculant, avec l'instinct précis de l'Occidental, où se trouvaient les intérêts de la France à laquelle il avait consacré ses pensées et son énergie. »[2]

Orlando : « Sa phrase tombait dans la discussion comme la hache sur la branche. Avec un épigramme aussi agressif que mordant, il brisait les arguments et l'esprit de la thèse adverse. L'interlocuteur se trouvait acculé, et il n'était plus possible de discuter ; il fallait casser, ou céder, ou ajourner. Il n'eut qu'une seule passion, mais elle fut immense : la France ; une seule puissance, mais elle fut dominatrice : la volonté. Cette volonté, je n'en ai jamais connu de supérieure, tant elle demeurait solide, inflexible, énergique et résolue. »[3]

La Conférence dure plus de six mois, marquée par de nombreux affrontements entre Alliés sur le sort qu'il convient de réserver à l'Allemagne.

Au mois de février 1919, alors qu'il supporte la fatigue et la pression de la direction de cette Conférence, Clemenceau est victime d'un attentat. Alors qu'il sort de son domicile de la rue Franklin, un anarchiste, Emile Cottin, tire neuf balles de revolver sur sa voiture. Trois l'atteignent mais aucun organe vital n'est touché. Après une brève convalescence il reprend place à la présidence de la Conférence.

Finalement, le Traité de paix est signé le 28 juin 1919 dans un lieu hautement symbolique : la Galerie des Glaces du château de Versailles, en présence d'une délégation de grands mutilés de guerre :

« J'ai tenu, explique Clemenceau, à faire comprendre aux Allemands que la paix serait signée dans ce même château où Guillaume avait été proclamé empereur d'Allemagne. »

Le Traité de Versailles nous restitue l'Alsace et la Lorraine, nous cède pour une durée déterminée la propriété des mines de la Sarre en réparation des destructions subies dans nos charbonnages du Nord-Pas-de-Calais, nous rend la totalité du Congo français, nous donne mandat sur le Cameroun, le Togo et la Syrie, consacre le désarmement de l'Allemagne qui se trouve obligée de reconnaître sa responsabilité morale dans le déclenchement du conflit et se voit contrainte de réparer les dommages causés par elle dans nos régions dévastées.

Surtout, ce Traité nous permet d'occuper pendant quinze ans la rive gauche du Rhin.

Sur les conseils de Foch, Clemenceau aurait voulu une forme de neutralisation définitive de cette zone de telle sorte que la limite géographique de l'Allemagne fût repoussée sur le Rhin. C'était revenir à la vieille idée des « frontières naturelles ». Mais Anglais et Américains refusent catégoriquement ce qu'ils considèrent comme une annexion pure et simple de la Rhénanie, ne voulant pas créer une sorte d'Alsace-Lorraine à l'envers, au profit de la France et au détriment de l'Allemagne.

Cette affaire empoisonnera durablement les relations entre Clemenceau et Foch, ce dernier reprochant au Tigre d'avoir perdu la paix.

Soulignons au passage que l'on voit mal comment Clemenceau, sur ce point précis, aurait pu fléchir le veto des Anglais et des Américains. De surcroît la France, si elle acceptait de renoncer à l'annexion de la Rhénanie, avait obtenu en contrepartie des garanties de la part de la Grande-Bretagne et des USA : les deux pays s'engageaient solennellement à apporter une aide militaire à la France au cas où, sans provocation de sa part, elle serait à nouveau menacée par l'Allemagne.

En définitive, ce Traité de paix, résultat de nombreux compromis et, de ce fait, plein d'imperfections, ne pourra avoir de réalité que si la France et ses alliés sont bien décidés à l'appliquer fermement et sans aucune concession.

Lors du débat de ratification à la Chambre, un député résume la situation quand il déclare :

« C'est une paix qu'il nous faudra gagner à la sueur de notre front, pendant toute une série d'années. C'est une paix plastique et pragmatique, qui sera ce que nous la ferons. »

Clemenceau acquiesce :

« Ce Traité si complexe, dit-il aux parlementaires, vaudra par ce que vous vaudrez vous-mêmes, il sera ce que vous le ferez. Ce que vous allez voter aujourd'hui, ce n'est même pas un commencement, c'est le commencement d'un commencement. » [4]

En vérité les parlementaires, et la France derrière eux, sont déjà en passe de se diviser en deux camps qui deviendront de plus en plus hostiles.

Il y a ceux qui, comme Foch, pensent que le seul moyen d'assurer la sécurité du pays à long terme réside dans l'annexion définitive de la Rhénanie et qui reprochent à Clemenceau d'avoir cédé aux Anglais et aux Américains en acceptant une occupation qui ne sera que temporaire.

En face, il y a ceux qui, partisans d'une réconciliation rapide avec l'ennemi héréditaire, jugent que ce Traité est trop rude pour l'Allemagne dans certaines de ses dispositions et qu'il devra être appliqué avec souplesse et modération.

A vrai dire, lors des négociations, Clemenceau avait été placé devant une redoutable alternative : soit rompre et se fâcher durablement avec nos deux principaux alliés, soit préserver la précieuse alliance franco-anglo-américaine. Le Tigre avait choisi de se rallier à cette seconde branche de l'alternative. Ses adversaires ne manqueront pas de l'accuser d'avoir sacrifié la sécurité à long terme de la France à son amitié pour les Anglais et les Américains.

La signature et la ratification du Traité de Versailles et de plusieurs autres traités annexes ne marquent pas le terme de l'activité de Clemenceau. Il est toujours président du Conseil et la gestion intérieure de la France requiert toute son attention.

Ainsi doit-il préparer maintenant les élections législatives qui, en raison de la guerre, n'ont pas eu lieu depuis six ans. Il considère d'ailleurs qu'il convient d'aller au-delà de cet objectif et qu'il est nécessaire de renouveler tous les élus à tous les étages de la vie démocratique – municipalités, cantons, Parlement – pour que la France entame la nouvelle étape de l'après-guerre avec un personnel dirigeant neuf.

Il s'ouvre de cette idée au général Mordacq :

« Il ne faut pas que ce malheureux pays, après une guerre pareille et, aussi, après une victoire de cette envergure, aille tomber dans le désordre et entre les mains des partis extrêmes. Il est de toute nécessité que, pour panser ses plaies, la France puisse travailler tranquillement ; l'ordre, cette fois, devient capital. J'orienterai le pays dans ce sens. Une fois les élections terminées – municipales, législatives et sénatoriales – nous arriverons au mois de décembre. Alors, je m'en irai... »[5]

Les partis extrêmes qu'évoque Clemenceau sont ceux qui se réclament de la révolution bolchevique. Depuis octobre 1917, la propagande communiste a gagné la France. Sous son influence, des grèves ont lieu en plusieurs endroits.

Le danger bolchevique constitue donc la toile de fond de la campagne électorale dont Clemenceau prend la tête.

Une campagne qui se développe selon deux axes : contre le bolchevisme qui, selon lui, veut installer chez nous la sanglante dictature de l'anarchie russe et pour une vaste « Union nationale », qu'il ne veut plus appeler « Union Sacrée » mais qu'il met en œuvre en permettant aux candidats aux législatives qui le souhaitent de se réclamer de lui au nom d'un « bloc national » qui devra constituer le centre de gravité de la nouvelle Chambre.

Cinq jours avant les élections législatives, fixées au 16 novembre 1919, les milieux d'extrême gauche favorables au bolchevisme déclenchent une grève générale de tous les ouvriers imprimeurs de la presse de Paris. Jamais une grève aussi spectaculaire et d'une telle ampleur n'a eu lieu, s'attaquant spécialement à la presse, organe principal, à l'époque, du débat politique. Il s'agit là d'une véritable intimidation à l'adresse du gouvernement. Et d'une réelle menace pour les institutions démocratiques. Mais c'est oublier que le Tigre n'est pas homme à se laisser intimider. Sa riposte est foudroyante : il créé un journal, *La Presse de Paris*, qu'il met aussitôt à la disposition des journaux qui ne peuvent paraître.

Et le 16 novembre 1919 le « bloc national » clemenciste triomphe aux élections législatives en emportant 437 sièges sur un total de 613.

La nouvelle Chambre compte près de 60% de nouveaux élus dont beaucoup d'anciens combattants qui font le serment de rester unis comme au front. D'où le nom de « Chambre bleu horizon » qui qualifiera cette Assemblée.

Quatre jours plus tard, les Américains réservent à Clemenceau la plus mauvaise nouvelle de toute son existence. En effet, le 20 novembre, le Sénat des Etats-Unis déjuge le président Wilson et refuse de ratifier le Traité de Versailles. C'est l'une des poutres maîtresses de tout un édifice patiemment construit qui s'écroule ainsi, vidant de toute réalité le pacte de garantie militaire promis à la France.

Après les élections législatives, un autre scrutin se profile en France. Le septennat de Raymond Poincaré s'achève et l'élection présidentielle est programmée pour le mois de janvier 1920.

Dans l'entourage de Clemenceau, nombreux sont ses amis et conseillers qui le pressent de poser sa candidature à l'Elysée.

Orgueil ? Usure ? Fatigue ? Le vieux Vendéen, qui a renoncé à demander le renouvellement de son mandat de sénateur, tergiverse et refuse de s'engager franchement dans la campagne. Toutefois, il laisse ses proches présenter « officieusement » sa candidature.

Cette hésitation va lui coûter l'élection.

Son vieil ennemi Aristide Briand profite de ses atermoiements pour intriguer auprès des groupes parlementaires, laissant entendre aux catholiques que si Clemenceau est élu président ce sera la guerre avec le pape.

Finalement, Clemenceau se retire avant le scrutin et c'est Paul Deschanel qui, le 17 janvier 1920, est élu président de la République.

A Londres, à l'annonce du résultat de cette élection, Lloyd George constate, avec un humour tout britannique : « Cette fois, ce sont les Français eux-mêmes qui ont brûlé Jeanne d'Arc ! »

Sans attendre l'installation du nouveau président, Clemenceau, dès le lendemain, présente à Raymond Poincaré sa démission et celle de son gouvernement.

Il quitte aussitôt Paris.

Deux semaines plus tard, il chasse le caïman sur le Nil.

Il vient d'être saisi de nouveau par le démon des voyages, cet autre versant de la passion journalistique.

Après l'Egypte et le Soudan ce sera l'Asie du Sud-Est – Inde, Ceylan, Malaisie, Indonésie. Puis les Etats-Unis. Si bien que de février 1920 à décembre 1922 cet increvable octogénaire sera plus souvent à l'étranger qu'en France.

En Egypte, au Soudan, en Asie, il reçoit un accueil chaleureux des autorités locales comme des colonies françaises et se trouve dans l'obligation de participer à de nombreuses réceptions. Tout le monde veut approcher, et même toucher, le vainqueur de la guerre franco-allemande ainsi que l'étonnant vieillard qui chasse le caïman sur le Nil et s'apprête à tuer le tigre dans les Indes.

« Je voyage en potentat, écrit-il de Khartoum, à son frère Albert. On me rend tout facile. Khartoum que je croyais misérable est un paradis. Je suis logé dans un palais comme il n'y en a pas, au milieu d'un jardin tropical tout de verdure et de fleurs sans parler de tous les oiseaux. Je n'ai aucune nouvelle de Paris et n'ai pas l'idée de m'en plaindre. Pas de journal. Le gouverneur me communique quelquefois des dépêches où il est question du président Wilson. Elles sont heureusement incompréhensibles. » [6]

Toutefois, si Clemenceau a choisi ces différentes destinations ce n'est nullement un hasard.

Il entend se documenter sur l'islam, le bouddhisme et l'hindouisme dans la perspective d'une œuvre philosophique de grande ampleur qu'il médite d'écrire depuis longtemps.

Ce sera *Au soir de la pensée.*

« Ce qui passionnait, ce qui a toujours et surtout passionné le président, dit un jour Nicolas Pietri au général Mordacq, c'est la question des religions. Cet homme les connaissait à fond, et comme peu de personnes, les plus anciennes comme les plus récentes. » [7]

Beaucoup de sites le touchent et l'émeuvent.

Deux surtout : Borobudur et Bénarès.

Dans *Au soir de la pensée* on trouve la description du premier :

« Borobudur est le monument auprès duquel pâlissent les plus beaux édifices de l'Inde. Des superpositions de terrasses où les processions se déroulent en des aventures de bas-reliefs figurant toutes les légendes de la vie de Bouddha. Le gothique s'est manifestement trompé en cherchant la hauteur pour se rapprocher de la Toute-Puissance. La mosquée, avec la grande bulle d'air dont elle nous enveloppe, m'a toujours inspiré, plus que nos cathédrales, le sentiment de mon infirmité. Borobudur nous représentait plutôt un soulèvement volcanique des puissances terrestres vers l'Infini, le temple de l'effort. » [8]

Et c'est dans une lettre à son ami Claude Monet qu'il décrit sa fascination devant Bénarès :

« Il ne sera pas dit que je suis venu à Bénarès prendre le plus prodigieux bain de lumière et que je n'aurai pas trouvé un mot à dire à l'homme qui s'appelle Claude Monet. Un grand fleuve bleu clair, avec une grande courbe de palais blancs, qui vont s'estompant dans une poudre d'aurore. Tout de même, si j'étais Claude Monet je ne voudrais pas mourir sans avoir vu ça. Je ne veux pas aller en paradis si je n'y retrouve pas Bénarès et les fleurs et le culte insensé et pourtant inexplicable, et ces bonnes vaches sacrées qui venaient le matin me manger les colliers fleuris dont on m'avait enguirlandé. Java est merveilleuse, Ceylan est admirable, mais rien ne tient devant Bénarès. » [9]

Ce voyage dans l'Asie du Sud-Est, qui dure huit mois, de septembre 1920 à mai 1921, met quand même la santé de l'octogénaire à rude épreuve.

A Calcutta, il tombe malade et les médecins, affolés, le pressent de rentrer en France au plus vite.

« Je demande des soins, leur réplique l'incorrigible vieillard, je ne demande pas des conseils. » [10]

Et à Nicolas Pietri qui l'accompagne :

« Que je meure à Calcutta, que je meure à Paris, que je meure un mercredi, que je meure un samedi, cela n'a aucune importance, mais vous ne voudriez pas que je sois arrivé à la porte de l'Inde et que je retourne en France sans avoir visité l'Inde. Ou je mourrai, ou je visiterai l'Inde. » [11]

Il visitera l'Inde.

Comme prévu.

Et même il participe, chez le maharadjah de Bikaner, à trois jours de chasse durant lesquels il tue deux tigres.

Le 19 février 1921, *L'Illustration* publie une photo qui deviendra célèbre où l'on voit les tigres abattus au cours de cette partie de chasse gisant au pied du Tigre en pleine forme.

Puis Clemenceau gagne Bombay et Mysore, où il chasse le buffle, mais sans succès.

Enfin il rentre à Paris où il arrive fin mai 1921.

A quatre-vingts ans, après avoir succombé une nouvelle fois à son démon des voyages – et de la chasse aux fauves – il va être ressaisi par celui du journalisme.

Mais cette ultime aventure de presse sera de très courte durée.

28

Dernière tentative journalistique : *L'Echo National*

« La paix, avait dit Clemenceau, ne peut être assurée qu'à la condition que le Traité de Versailles soit serré de près, et que l'Allemagne soit mise en demeure de remplir toutes ses obligations, qu'il s'agisse de réparations ou d'indemnités ; et à la condition surtout que toutes les mesures soient prises pour que la France soit garantie contre toute agression future. Sinon, ce sera à recommencer ! » [1]

Quand il rentre de son voyage en Asie du Sud-Est, en mai 1921, il découvre que le Traité de Versailles est loin d'être « serré de près » par le gouvernement en place dirigé par Aristide Briand.

Déjà il relève des fléchissements coupables dans la volonté nationale.

Il partage le point de vue d'André Tardieu qui juge que la politique de Briand face à l'Allemagne est celle du chien crevé au fil de l'eau. Il décide donc de saisir toutes les occasions de s'exprimer pour manifester ses inquiétudes sur la façon dont la France applique ce Traité.

En juin 1921, il livre au général Mordacq le fond de sa pensée :

« Dès maintenant, dit-il, il faut s'attendre à des difficultés continuelles des Allemands qui, voyant l'Amérique indifférente et l'Angleterre retourner à sa vieille politique traditionnelle anti-française, vont se croire tout permis et feront tout pour obtenir l'annulation du Traité. Voilà où nous en sommes. Voilà où nous a conduits cette politique de faiblesse que nous menons depuis dix-huit mois. » [2]

Deux mois plus tard, lors d'un séjour en Corse chez son ami Nicolas Pietri, il profite d'une réception informelle à la mairie de Sartène pour justifier son action lors des négociations du Traité de paix :

« Nos alliés craignaient de rendre la France trop puissante, en lui accordant les justes réparations que nous étions en droit d'exiger. J'ai souvent eu l'impression que je discutais non avec des alliés mais avec des adversaires. Le Traité, tel qu'il est, reste ce qu'il était humainement possible d'obtenir. Le Traité de Versailles que j'ai signé restera l'éternel honneur de ma vie. Le drame pour la

France est qu'on ne l'a pas appliqué intégralement, et on a fait trop de concessions à l'Allemagne. On a trop cédé sur les avantages obtenus. Il importait, au contraire, de ne céder sur aucun point. » [3]

Après quoi Clemenceau profite de la publication, cette année-là, du livre d'André Tardieu, *La Paix*, pour donner à cet ouvrage une importante préface.

Né en 1876 à Paris, André Tardieu est l'étoile montante de la politique française. Doué d'une intelligence exceptionnelle, il avait été reçu premier à l'Ecole Normale supérieure mais avait bientôt démissionné pour se former à la diplomatie. En 1899, membre du cabinet de Waldeck-Rousseau, il avait été le rédacteur de la loi de 1901 sur les Associations. Ensuite, journaliste au *Figaro* et au *Temps*, il s'était fait apprécier pour ses articles de politique étrangère. Elu député républicain en 1914, il est mobilisé et blessé. En avril 1917, il est nommé Haut Commissaire aux Etats-Unis. Lors des négociations du Traité de Versailles, il fait partie de la délégation française constituée par Clemenceau, avec Jules Cambon et Stephen Pichon. C'est à lui que le Tigre confie la rédaction d'une note destinée à justifier, par l'histoire et la géographie, le détachement de la Rhénanie de l'Allemagne.

En 1921, quand il publie son livre, André Tardieu appartient donc au premier cercle des clemencistes, avec Georges Mandel, Jules Jeanneney, Jean Martet, Nicolas Pietri, Georges Wormser, le général Mordacq, entre autres.

Dans sa préface, Clemenceau s'élève avec véhémence contre les thèses de l'économiste anglais John Maynard Keynes qui, dans un ouvrage publié l'année précédente, *Les Conséquences économiques de la paix*, affirme qu'il faut adoucir les réparations infligées à l'Allemagne.

Toute cette activité signifie-t-elle que Clemenceau s'apprête à redescendre dans l'arène politique ?

« Le Tigre se réveille, note le général Mordacq en octobre 1921. Ce n'était plus le Clemenceau désabusé que je voyais depuis quelques mois. Je trouvai chez lui aussi bien au point de vue physique qu'au point de vue vigueur intellectuelle, un changement complet. » [4]

Du coup, tout son entourage le presse de reprendre sa plume d'éditorialiste, à défaut de se lancer de nouveau dans la politique active. Mais il juge que sa position de vainqueur de la Grande Guerre et son statut de signataire du Traité de Versailles lui interdisent de retomber dans la polémique. Et puis, son intention est autre :

« Etablissez un projet de budget pour un journal, dit-il à André Tardieu, montrez-le à Wormser et venez m'en parler tous les deux. »

Et à Nicolas Pietri :

« Je n'ai aucunement l'intention de reprendre la plume du journaliste. Je ne puis, après ce que j'ai fait, m'abaisser à des polémiques inévitables. Mon autorité, s'il m'en reste, y serait gâchée. Mais j'ai le devoir d'empêcher certaines choses que je prévois et qui annihileront la victoire. D'autre part, il faut à Tardieu un vrai champ d'action. Il a du nerf : je veux l'aider à développer sa politique et à affirmer sa personnalité. Je n'ai plus d'espoir qu'en lui. C'est pour lui que je fonde ce journal. »[5]

Les réunions se succèdent alors sous le regard attentif du Père la Victoire qui est aussi un vieux connaisseur des aventures de presse.

Et le 10 janvier 1922 paraît le premier numéro de *L'Echo national* – c'est le titre qui a finalement été retenu – et qui porte sur sa première page les mentions suivantes :

Fondateur, Georges Clemenceau

Directeur, André Tardieu.

Ce sont les amis personnels de ces deux hommes qui ont constitué le capital de la nouvelle entreprise.

Le premier éditorial d'André Tardieu donne l'orientation de ce nouveau quotidien : il y attaque l'attitude d'Aristide Briand qui vient d'accepter une proposition anglaise d'organiser une conférence internationale sur les suites économiques de la guerre et à laquelle l'Allemagne sera invitée. Pour Tardieu, la France se trouve bien depuis deux ans entre les mains de dirigeants d'abdication.

Si Clemenceau n'écrit pas lui-même dans ce journal, ses positions sont vivement défendues dès qu'elles se trouvent critiquées ou attaquées.

Surtout, *L'Echo national* va suivre avec une particulière attention le voyage que Clemenceau a décidé de faire aux Etats-Unis et qui doit se dérouler du 11 novembre au 20 décembre 1922.

Le Tigre avait été profondément meurtri par l'attitude du Sénat américain qui avait refusé de ratifier le Traité de Versailles. Ce rejet avait été suivi d'un retour de l'Amérique à sa position isolationniste. Beaucoup de critiques s'étaient alors élevées contre les Américains et beaucoup d'entre eux, par l'intermédiaire de leurs grands journaux, se montraient désireux de connaître le point de vue de Clemenceau.

Ce fut l'origine de ce voyage.

Il fit savoir qu'il irait aux USA de son propre chef, sans aucun mandat de personne :

« Tout ce que j'ai à dire aux Américains, je le dirai simplement et gentiment. Simplement parce que l'Amérique est le pays des choses simples et droites ; gentiment parce que les Américains sont nos grands amis. »[6]

Plusieurs semaines avant son départ, *L'Echo national* évoque abondamment ce déplacement et précise que six articles rédigés par le Tigre paraîtront dans les principaux journaux américains dès le début de son séjour. Ils porteront les titres suivants :

- *Les mythes du militarisme ;*
- *Le matérialisme économique ;*
- *Réactions de défaite et de victoire ;*
- *La révolte allemande ;*
- *La France veut vivre ;*
- *L'ordre européen.*

C'est la vente de ces six articles qui doit couvrir les frais du voyage.

Le 18 novembre 1922, Clemenceau arrive à New York.

Il y est accueilli par des personnalités américaines et françaises et par une imposante foule qui acclame « le cher vieux Tigre ».

Le 21 novembre il prononce dans cette ville son premier grand discours devant cinq mille personnes.

Après New York il se rend à Boston, New-Haven, Chicago, où 25 000 personnes viennent l'écouter. C'est ensuite Saint Louis, Baltimore et Washington, où il est invité à déjeuner à la Maison Blanche par Harding, le nouveau président des Etats-Unis.

Le voyage s'achève par Philadelphie et Pittsburgh.

Le 20 décembre, il est de retour au Havre.

Des nombreuses allocutions prononcées, toutes en anglais, devant des milliers d'auditeurs, on retiendra surtout la volonté de Clemenceau d'expliquer aux Américains la position de la France :

« Je viens expliquer à l'Amérique que la France n'est ni militariste ni impérialiste et que, si elle maintient une armée forte, c'est parce qu'elle n'a pas, dans l'état actuel de l'Europe, d'autres garanties. Que ces garanties soient, et nous désarmerons [...] Pendant plus de cinquante ans j'ai été mêlé aux crises les plus pénibles en France. Pensez-y ! Dans une seule vie, j'ai vu mon pays envahi deux fois par les Germains. Je suis le seul survivant de ceux qui ont protesté contre l'annexion de l'Alsace et de la Lorraine. Je ne veux pas que l'annexion recommence. » [7]

Quand il rentre à Paris, une mauvaise surprise l'attend : les ventes de *L'Echo national* n'ont pas réussi à imposer ce journal à l'opinion publique. Il est déçu par son jeune protégé Tardieu dont la politique, à travers ses éditoriaux, manque de netteté.

En vérité, André Tardieu possède tous les dons, sauf le principal, le caractère, et cela irrite le vieux Vendéen :

« La première qualité d'un homme politique qui aspire à gouverner un jour son pays, c'est le caractère, et, quand il s'agit de l'intérêt de l'Etat, il ne faut ménager personne, même ses amis, quand ils vous trompent. J'en ai maintes fois donné l'exemple. » [8]

Le 31 décembre 1923, il faut se résoudre à interrompre la parution de *L'Echo national.*

La dernière aventure de presse de Clemenceau n'aura duré que vingt-trois mois.

Il vient d'avoir quatre-vingt-deux ans et ses deux grandes carrières – politique et journalistique – s'achèvent pratiquement au même moment. En effet, son voyage aux Etats-Unis marque la fin définitive de son activité politique militante et l'arrêt de *L'Echo national* sonne le terme de sa vie de journaliste et de patron de presse.

Mais le vieil homme n'a pas fini d'étonner son monde : il va tomber amoureux d'une personne de quarante ans plus jeune que lui. Cela nous vaudra un livre sur Démosthène mais, surtout, plus de six cents lettres, vives, alertes, tendres, ironiques, où il va révéler un aspect méconnu de ses multiples talents : celui d'épistolier.

Epistolier, autrement dit journaliste de l'intime…

29

Le vieil homme amoureux

Le jeudi 3 mai 1923, à 10h35, une dame sonne à la porte du domicile parisien de Georges Clemenceau, au 8 de la rue Franklin.

La quarantaine, Alsacienne, épouse d'un professeur de littérature comparée à la Sorbonne, elle dirige, aux éditions Plon, une collection, *Le Livre Français*, qui publie des volumes à la fois simples et sérieux à destination de la jeunesse d'Alsace-Lorraine, écrits par une élite de personnalités.

Elle s'appelle Marguerite Baldensperger.

Elle voudrait que Clemenceau lui rédige un ouvrage pour cette collection.

« Un domestique ouvre la porte et prend ma carte, raconte-t-elle, me laissant dans la petite antichambre. Il revient aussitôt, m'introduisant dans le cabinet en disant : « Monsieur le Président vient de suite ». Juste le temps de m'asseoir et de faire des yeux le tour de la pièce : Clemenceau entre. Je me lève et lui dis mon émotion, évoquant les grands jours...

- Les grands jours sont loin. Asseyez-vous, madame, et merci.

« Il s'installe sur sa chaise, au centre de sa belle table en demi-cercle, et je suis juste en face de lui :

- Eh bien, madame, que voulez-vous de moi ? Vous avez devant vous un homme tout entier voué à un travail qui l'absorbe et l'amuse... C'est tout le résumé d'une longue expérience de la philosophie variée des hommes. Ce volume s'appelle *Au Soir de la Pensée* et paraîtra sans doute après ma mort. »

Marguerite Baldensperger lui demande alors s'il n'aurait pas quelques feuilles pour sa collection, par exemple sur son expérience de la Grande Guerre :

- Non, aucune. Rien là ne pouvant convenir à la jeunesse. Je me suis promis de n'en parler jamais... J'ai vécu là-bas des heures qui paient toute une vie. Ils étaient sublimes, ils ne le savaient pas ; ils sont redevenus médiocres, ils ne le croient pas.

Marguerite Baldensperger avance alors l'idée d'un ouvrage sur Lincoln :

- Ah, madame, vous me reportez à tant d'années en arrière !... Lincoln, je ne l'ai pas connu, étant arrivé aux Etats-Unis l'année de sa mort. Décidément, non : pas Lincoln. Il fut un homme heureux, puisqu'il fut compris de son pays. »

Ayant évoqué d'autres idées, Clemenceau les repousse toutes :

- J'ai dit trop de mal des hommes pour pouvoir parler de ceux que j'ai pu rencontrer dans ma vie.

Puis soudain :

- Tenez, il y a un homme à qui je dois des heures délicieuses, à qui je dois beaucoup : c'est Démosthène… Mais oui, un *Démosthène* pour les jeunes. Il me faudrait bien un petit mois pour lui consacrer quelques pages. »

Trois semaines plus tard, Marguerite Baldensperger retourne rue Franklin pour finaliser le projet d'un ouvrage sur Démosthène. Dans le cours de la conversation, Clemenceau, voyant que son interlocutrice, comme la fois précédente, est vêtue de noir, s'autorise une question :

- Pardonnez-moi, madame, de qui êtes-vous en deuil ?

Elle raconte alors le drame qui l'a foudroyée et dont elle éprouve beaucoup de mal à se remettre : un an plus tôt, elle a perdu une fille, l'aînée de ses quatre enfants, dans des circonstances à la fois mystérieuses et tragiques. Depuis, au bord du désespoir, elle tente d'oublier cette terrible épreuve en se consacrant en totalité à son œuvre du *Livre Français*.

Long silence de Clemenceau, profondément ému :

- Je vais beaucoup penser à vous. Il faut reprendre le goût de la vie. Il faut lutter. Je vous aiderai.

Puis se levant et lui tendant la main au-dessus de sa table de travail :

- Mettez votre main dans la mienne. Voilà. Je vous aiderai à vivre et vous m'aiderez à mourir. Tel est notre pacte. Embrassons-nous. »

« Tel fut, constate Marguerite Baldensperger, le début d'un sentiment qui devait transformer ma vie. »[1]

Et celle de Clemenceau, pourrait-on ajouter.

Le vieux misanthrope bourru et irascible de quatre-vingt-deux ans va s'éprendre de cette femme émouvante et blessée qui a la moitié de son âge. Sentiment partagé qui nous vaudra sept cents lettres du Tigre à son amie.

Les premières commencent par « Chère madame », puis l'on passe vite à « Ma Chère Amie », puis à « Chère grande Amie », enfin à « Très belle Dame et plus que charmante Amie ».

Cette amitié amoureuse redonne vivacité, jeunesse et humour à un Clemenceau que l'on découvre plein d'attention et de prévenance et qui se sent refleurir « tel un vieux chardon desséché ». Il se compare à un vieux hibou qui, de sapin en sapin, suit une hirondelle. Il ne manque jamais de se moquer de son âge : « Oui, je suis toujours là, immobile comme une vieille borne usée par les tempêtes, mais résistante aux effritements. » [2]

Et de poursuivre :

« Il était inscrit au grand livre des choses qu'un vieux Pithécanthrope délabré se donnerait des airs d'archange pour dire à une belle dame : Je suis à vous. » [3]

Et plus loin :

« Je vous vois dans les airs comme ces fusées qui éclatent en étoiles multicolores. Oserai-je vous demander de garder, s'il est possible, quelques étincelles pour mon retour. Moi j'envoie tout un incendie de pensées. »

Et ce dernier billet est signé : « Un vieux brasier qui fume au lieu de flamber. »[4]

Les lettres, ou longues ou brèves, volent ainsi de Georges vers Marguerite et de Marguerite vers Georges. Il guette l'arrivée du facteur, s'intéresse aux heures des levées, ordonne même à son chauffeur, quand il se trouve en Vendée, d'aller poster du courrier à la ville voisine. Souvent, il peste contre la Poste, ses lenteurs, ses retards, ses grèves, qui bloquent les lettres de sa chère amie. « Ce pays est devenu la propriété des fonctionnaires, qui usent du droit d'abuser. » Tout juste s'il ne regrette pas de n'être plus ministre de l'Intérieur pour remettre bon ordre à tout cela. C'est que, avoue-t-il, « de vieux restes de lave bouillonnent sous ma tranquillité. »[5]

Est-il un vieux fou ? Il se pose la question. Et y répond :

« Si absurde que ce puisse être, s'élancer follement au-delà de soi-même est peut-être moins fou que de se racornir en-deçà. »[6]

Et soudain, au détour d'une phrase, cette exclamation qui le résume tout entier, lui et toute son existence : « Ma raison d'être est d'enfanter des ouragans ! »[7]

Citons encore cet aveu émouvant, d'une poétique retenue :

« C'est de votre belle et noble jeunesse que ma vieillesse a besoin. Deux vieux, nous n'aurions rien à nous dire. Vous jeune, et moi vieux, je peux vous raconter la vie, et vous, vous me la chanterez. »[8]

On pourrait continuer pendant des pages à citer des extraits de ces lettres tendres, vives, drôles, piquantes. Elles nous dévoilent un autre Clemenceau que celui de la légende guerrière. Elle nous font découvrir, sous le cuir tanné du combattant politique, un vieux cœur qui s'émeut, s'enflamme, s'emballe, sans rien perdre de sa lucidité. Conscient de son âge et ne cessant d'en plaisanter. Mêlant tendresse et ironie, et même dérision. Mais surpris, et presque ébloui, d'être ainsi terrassé par la cavalerie des sentiments amoureux. Parlons-en des sentiments : sans doute avaient-ils été refoulés tout au long d'une vie vouée à la lutte et aux orages. Ils reviennent ici par vagues et submergent un vieux bonhomme tout étonné de se découvrir une nouvelle jeunesse. Comme quoi il n'est jamais trop tard pour aimer.

Nous avons aussi dans cette volumineuse correspondance écrite dans les dernières années de la vie de Clemenceau un inestimable témoignage sur ses travaux et sur ses longues méditations face à l'Océan.

En effet, en décembre 1919, il avait loué pour ses vieux jours une ancienne maison de pêcheur, en Vendée, à Saint Vincent sur jard, au lieu-dit « Belébat ».

A partir de 1920, il partagea son temps entre son domicile parisien et cet endroit solitaire qu'il appelait « son château horizontal », posé sur le sable, face à la mer, sous le ciel immense de ce coin de Vendée. En 1923 il avait vendu sa propriété de Bernouville et les meubles avaient été transportés à Belébat.

Dans ses lettres à Marguerite Baldensperger il évoque souvent ses terres « qui sont en sable » et qui ne lui appartiennent même pas :

« La maison est sous les roses qui grimpent à ma fenêtre. Je vois la mer à travers les fleurs. » [9]

Et il retrouve la vivacité du style journalistique pour évoquer la météo :

« Temps affreux. Chaud et froid. Pluie, vent, tonnerre. La mer monte au-dessus du ciel. Je suis sûr qu'il y a des poissons dans les nuages. » [10]

Le 7 août 1925, il informe Marguerite qu'il vient de mettre un point final à son *Démosthène*. Il a pris grand plaisir à écrire un ouvrage sur ce personnage qui lui ressemble : tous deux orateurs ; tous deux épris d'indépendance pour leur patrie ; tous deux luttant pour réveiller les énergies face au danger. Le grand Athénien qui s'était levé pour défendre la liberté des Grecs face aux prétentions de Philippe de Macédoine n'est-il pas de la même race que le grand patriote qui s'est dressé pour sauver la République face à l'impérialisme de Guillaume II ?

Le 3 octobre de la même année, il annonce qu'il va signer avec la revue *L'Illustration*, un contrat pour la publication des bonnes pages de son livre *Au Soir de la Pensée.*

Toujours cette même priorité donnée à la presse pour faire connaître ses idées, même les plus philosophiques.

Le 4 avril 1926, il apprend la mort de son très cher et vieil ami Gustave Geffroy, fidèle compagnon de toutes ses aventures journalistiques. Le jour des funérailles il écrit à Marguerite :

« On va enterrer un morceau de mon passé. Je vais revoir trop d'amis, qui sont morts sans être au cimetière. C'est l'un des spectacles ordinaires de la vie. Par déférence, je dirai les trois paroles demandées. Mais combien plus beau le silence. J'y vois la plus éloquente manière de s'exprimer.» [11]

Marguerite est aussi la confidente de ses colères politiques, d'autant que le Tigre juge que les gouvernements qui se succèdent ne cessent de remettre en cause, sous la pression de l'Allemagne, parfois soutenue par les Américains, l'essentiel des clauses du Traité de Versailles :

« Je mourrai bien malheureux de laisser notre France aux mains des Briand, des Poincaré, des Tardieu. [12]

« Déjà nous manquions de courage. Nous allons avoir maintenant le triomphe de la lâcheté. Je n'ose pas en dire davantage. [13]

« Nous avons sous les yeux le plus beau syndicat de faillites. Nous sommes bons si, avec assez d'échecs, on peut faire une victoire. Et voici le pauvre Tardieu lui-même qui met tous ses pieds dans la marmelade. Je m'admire de n'en pas pleurer. » [14]

« On prétend que Briand n'est pas en état de reparaître sur la scène et que Poincaré consentirait à prendre les Affaires étrangères en laissant les finances à Tardieu qui est prêt pour tout ce qu'on voudra. Je n'attache aucune importance à ces histoires qui au fond ne changeront rien. On ne fait pas du mouvement avec des additions d'inerties. »[15]

Parfois, au beau milieu d'une lettre, on retrouve le coup de griffe du Tigre. Ainsi dissuade-t-il Marguerite de demander la rédaction d'un livre sur la vie de Turenne à Pétain : « Il est de tempérament flemmard et n'attend pas d'être fatigué pour avoir besoin de se reposer [...] Ne comptez en aucun cas sur Pétain. Je suis absolument certain qu'il n'écrira pas le livre que vous lui demandez. A votre place, je compterais plutôt sur la vie de Pétain par Turenne que sur la vie de Turenne par Pétain. »[16]

C'est aussi à travers cette correspondance que l'on peut suivre, au mois d'août de 1926, la dernière intervention publique de Clemenceau dans les affaires politiques du moment. Elle prend la forme d'une lettre ouverte à Coolidge, à l'époque président des Etats-Unis, à propos des dettes interalliées.

On se souvient que pendant la Grande Guerre la France avait dû emprunter des fonds à l'Amérique. Notre dette à l'endroit de notre alliée s'élevait, à la fin des hostilités, à un peu plus de quatre milliards de dollars. Le Traité de Versailles avait stipulé que l'Allemagne, qui était reconnue responsable de la guerre, aurait à verser des Réparations, lesquelles serviraient à la France pour rembourser l'Amérique. Une clause de garantie liait d'ailleurs le remboursement de la dette américaine aux versements des Réparations allemandes. Mais les Etats-Unis avaient refusé de ratifier le Traité de Versailles. Entre 1920 et 1926 ils ne cessèrent pas d'exiger de la France le remboursement de sa dette alors que durant la même période l'Allemagne faisait tout pour échapper au paiement de ses Réparations. La pression américaine avait fini par exaspérer Clemenceau, d'autant que les dirigeants américains au pouvoir se comportaient dans cette affaire en véritables boutiquiers, voire en usuriers.

« Les Américains, avait dit Clemenceau au général Mordacq, sont retournés à leur passion des affaires et par conséquent à leur passion de l'or, qu'ils entassent dans leurs coffres, sans se douter qu'un jour arrivera où ils ne sauront qu'en faire. »[17]

Le général Mordacq ayant insisté pour qu'il fasse connaître publiquement sa position, sous une forme ou sous une autre, il décide donc d'intervenir dans le débat par une lettre ouverte au président Coolidge.

Le 5 août 1926, il en informe Marguerite Baldensperger :

« Il m'a semblé que je devais à mon pays de prendre position dans le débat américain, 1°/ parce qu'aucun de nos gouvernements ne l'a fait ; 2°/ parce que je ne peux pas rester l'ami de gens qui nous étranglent au coin d'un coffre-fort. J'ai donc fait ce matin une sorte de « papier » que je relirai demain matin pour une forme définitive et j'ai télégraphié à l'Agence Havas pour lui demander de m'envoyer quelqu'un. Surtout ne vous jetez pas en travers de mes projets. Je me dois à moi-même de faire ce que je fais. Si vous essayiez de me contrecarrer, je ne vous dirais plus rien. »[18]

La *lettre à Coolidge* est courte mais ferme, et même parfois féroce dans certains de ses passages.

Clemenceau relève d'abord que les divergences qui se sont élevées entre les trois grands pays alliés au cours des dernières années « menacent d'affecter gravement l'avenir du monde civilisé ».

Puis, s'adressant aux Américains, il pose cette question : « Nous sommes débiteurs et vous êtes créanciers. Il semble que ce soit pure affaire de caisse. N'y a-t-il donc point d'autres considérations à envisager ? »

Et de souligner que si l'Amérique a donné son or, la France a donné son sang. Et de rappeler qu'il a fallu trois longues années avant que les Etats-Unis ne se décident à intervenir. Et de poursuivre :

« Oui, nous avons jeté tout au gouffre, le sang et l'argent, comme ont fait, pour leur part, l'Angleterre et les Etats-Unis. Mais c'est le territoire français qui a été scientifiquement ravagé. Trois mortelles années nous avons attendu cette parole américaine : « La France est la frontière de la liberté. » Trois années de sang et d'argent coulant par tous les pores. Venez lire dans nos villages la liste sans fin de nos morts, et comparons, si vous voulez. N'est-ce pas « compte de banque » la force vive de cette jeunesse perdue ? »

Soupçonnant les Américains de vouloir donner à la dette française le caractère d'un emprunt commercial classique « avec de bonnes hypothèques sur nos biens territoriaux », il lance, à l'adresse de Coolidge :

« Cela, monsieur le Président, il faut bien que j'en vienne à vous le dire, nous ne l'accepterons jamais. La France n'est pas à vendre, même à ses amis. »[19]

Cette lettre produit une profonde impression des deux côtés de l'Océan, d'autant qu'elle émane de celui qui, depuis plus d'un demi-siècle, est l'ami sincère des Etats-Unis.

Profonde impression, mais sans aucun résultat.

Coolidge se garde bien de répondre à Clemenceau et se borne à indiquer que cette lettre n'aura aucune influence sur l'attitude de son pays.

Cette année 1926 s'achève par une nouvelle épreuve pour Clemenceau : en décembre il perd son vieil ami Claude Monet.

« J'espère, dit-il au général Mordacq, que l'année 1927 ne me frappera pas aussi durement. J'ai vu en effet disparaître deux êtres que j'aimais particulièrement : Geffroy et Monet. Au cœur de notre longue amitié je ne me rappelle pas que ni l'un ni l'autre m'aient causé la moindre peine et cependant, quelquefois, je les ai quelque peu bousculés ! » [20]

Ce n'est pas 1927 qui va être pénible pour le Tigre, mais 1929.

Cette année-là, quelques mois avant de mourir, et dans un dernier sursaut d'énergie, il va devoir livrer un épuisant combat contre la mort pour répondre au maréchal Foch qui, de sa tombe, vient de lancer contre lui la flèche du Parthe.

30

Dernier rugissement du Tigre

Pendant toutes les négociations du Traité de Versailles et durant les années qui suivirent, le maréchal Foch n'avait jamais cessé de critiquer de manière agressive les clauses de ce Traité, jugeant qu'elles n'offraient pas à la France les garanties suffisantes quant à sa future sécurité face à l'Allemagne.

Clemenceau avait toujours fait preuve d'une étonnante mansuétude face aux incartades du Maréchal, se contentant, pendant les négociations, de le rappeler à son devoir de réserve de militaire, et évitant de le sanctionner publiquement.

A plusieurs reprises, entre 1920 et 1929, Foch avait continué d'attaquer Clemenceau.

Fidèle à sa ligne de conduite, il n'avait jamais répondu.

C'est ainsi qu'en 1922, alors que l'ancien président du Conseil s'embarquait pour les Etats-Unis en vue d'y faire une série de conférences pour défendre la France, Foch avait profité de cette occasion pour donner une interview au *New York Tribune*, fort injurieuse dans le fond et dans la forme :

« Clemenceau va là-bas pleurnicher et faire du sentiment, comme un vieillard qu'il est. Si je pouvais lui donner un conseil, je lui dirais : restez chez vous. [...] Clemenceau a perdu la paix. Son apologie n'aurait que peu de succès en France ; il espère en avoir plus aux Etats-Unis. Ce voyage est une entreprise de réclame personnelle. Il est dépourvu de toute utilité pratique. » [1]

Une fois encore le Tigre avait gardé le silence.

Quand Foch meurt, le 20 mars 1929, Clemenceau, après avoir hésité, décide finalement d'aller s'incliner devant la dépouille mortelle de l'ancien commandant en chef des armées alliées. Il s'en explique auprès du général Mordacq :

« J'ai un peu hésité, avoue-t-il. Vous comprenez qu'après ce qui s'était passé entre lui et moi en 1920, il y avait de quoi hésiter, puis j'ai réfléchi que, derrière lui, il y avait une famille qui le pleurait et qui ne pouvait être rendue responsable de ces incidents malheureux. Mon devoir était donc d'aller lui porter mes condoléances. Enfin, il y avait aussi le souvenir du Foch des grands jours, du Foch de la Marne, de l'Yser, de Doullens, de la victoire... et de tout ce qu'il avait fait pour la France ! Foch, depuis la guerre, n'a cessé de m'attaquer : jamais je n'ai répondu. Je n'ai rien à me reprocher de ce côté et cependant les occasions ne me manquaient pas. Enfin, n'en parlons plus, la question est réglée. » [2]

Clemenceau se trompe.

La question n'est pas réglée.

De sa tombe, Foch va lui décocher une dernière flèche. Et quelle flèche !

Quelques semaines après sa mort paraît à Paris un livre qui a pour titre *Le Mémorial de Foch, mes entretiens avec le Maréchal*. Il est signé de Raymond Recouly.

L'auteur n'est pas un inconnu. Raymond Recouly est le chef du service de politique étrangère du Figaro. Il a écrit plusieurs livres d'histoire. Pendant dix ans, de 1919 à la fin de 1928, il s'est entretenu deux fois par mois avec Foch, dont il est le journaliste confident, un peu comme Jean Martet, à la même époque, est le journaliste confident de Clemenceau. Foch a autorisé Recouly à rédiger un ouvrage à partir de ces nombreux entretiens. Il a même relu le manuscrit et lui a donné sa pleine approbation. Simplement a-t-il souhaité que ce livre ne paraisse qu'après sa mort.

Le Mémorial de Foch est donc un ouvrage accrédité dans lequel l'auteur a respecté scrupuleusement la pensée et les paroles du Maréchal. S'il n'est pas de la plume de Foch, c'est tout comme.

Or ce livre est un brûlot pour Clemenceau.

Onze chapitres sont consacrés au « drame du Traité de paix »

« L'expression de drame n'est pas de moi, précise Raymond Recouly, mais de Foch lui-même qui l'employa à plusieurs reprises, lorsqu'il me parlait du Traité. » [3]

Ces onze chapitres sont un véritable réquisitoire contre l'attitude de Clemenceau durant les négociations pour la paix. Pour Foch, Clemenceau a consenti à une paix qui mutilait les droits essentiels de la France dès lors que celle-ci ne s'installait pas définitivement sur le Rhin en annexant les territoires de la Rhénanie.

Pour Foch, abandonner le Rhin est à la fois un crime de lèse-France et de lèse-patrie.

« Sourd à mes avertissements, à mes adjurations, M. Clemenceau abandonna imprudemment, légèrement la principale ligne de résistance. Il transigea sur les points essentiels. Il accepta un compromis, un marchandage dont nous ne pouvions qu'être les mauvais marchands. » [4]

Accuser Clemenceau de lèse-France et de lèse-patrie, lui reprocher d'avoir « marchandé » les intérêts supérieurs du pays, l'accabler de reproches hautains, souligner son caractère autoritaire, dominateur et cassant, étaler au grand jour les divergences qui avaient surgi entre les alliés durant la conférence et, surtout, se donner le beau rôle du militaire intègre faisant la morale aux politiques, tout cela fait rugir le Tigre quand il découvre ce brûlot.

Cette fois, il décide de répondre.

Au général Mordacq, qui lui rend visite dans ce moment de colère et qui, lui, n'a pas encore lu le livre, il lance :

- Alors, nous allons-nous battre ?

Et Mordacq, tout surpris :

- Mais, monsieur le Président, je n'ai pas du tout l'intention de me battre contre vous !

- Oh ! il ne s'agit pas de vous, mais de Foch. C'est contre lui que nous allons nous battre.

- Vous n'allez pas entamer la lutte avec un mort ? Ce ne serait par digne de vous.

- Et pourquoi pas ? Il faut bien que nous nous battions, puisque lui-même m'attaque du fond de sa tombe. » [5]

En ce mois de mai 1929, Clemenceau va avoir quatre-vingt-huit ans. Il n'est pas en bonne santé. Il se dit lui-même « pourri de diabète ». Depuis de nombreuses années il a constamment les mains gantées en raison d'un eczéma récurrent qui le ronge. Il a mauvaise mine. Il a repris ce teint jaunâtre qui inquiète si fort ses proches. Dans ses lettres à Marguerite Baldensperger, il y a des confidences qui ne trompent pas : « La fatigue souffle sur ma flamme intellectuelle... Corps lourd, jambes molles, cerveau de plomb. » [6]

Qu'importe : il a décidé de se battre et rien ne peut le retenir.

Il donne ses ordres aux anciens de son cabinet, accourus à son appel. Le général Mordacq est chargé de la documentation militaire. Jean Martet et Georges Wormser, de la documentation politique et diplomatique.

Se battre, pour lui, cela veut dire écrire un livre en réponse au *Mémorial de Foch.*

Il déclare à ses amis :

« Depuis dix ans, j'ai méprisé toutes les calomnies. Toutefois il semble que, dans ce livre, et sous l'inspiration du Maréchal, on ait cherché à les réunir toutes, à en faire une véritable synthèse. L'occasion se présente, non seulement vis-à-vis de Foch, mais vis-à-vis d'autres encore, d'en faire justice : je la saisis. Il faut que le pays et l'étranger, précisément, sachent enfin la vérité. Je la dois à ma mémoire, à ma famille, à mes amis. Ma décision est irrévocable ! Je vais me mettre à l'œuvre. Je ne suis pas à un âge où l'on peut différer. » [7]

Aussitôt il se met au travail.

Le plan général du livre est vite établi, de même que la liste des documents dont il a besoin. Il écrit avec rage. Il sent la mort venir. Il veut que son livre paraisse avant la fin de l'année.

Début juillet, il part s'installer en Vendée.

« Je n'ai averti personne de mon arrivée, écrit-il à Mme Baldensperger, d'où une solitude qui aurait des charmes n'était l'invention de Foch et de ses Mémoires. » [8]

Il reprend tout de suite sa vie de forçat de la plume.

En ce début de juillet 1929, il est à cinq mois de la mort.

Il se lève très tôt le matin, parfois à trois heures. Ce commencement d'été est caniculaire. Il envie Marguerite, qui est restée dans sa propriété des Vosges :

« Une vague de chaleur à mourir, lui écrit-il. Je ne peux ni penser ni même vivre. Je ne peux pas faire un mouvement. Le travail avance un peu mais il reste encore beaucoup à faire. Pendant ce temps vous vous rafraîchissez les yeux, à l'ombre de vos sapins, avec les pics des Vosges qui vous en font voir de toutes les couleurs. Pendant ce temps la mer déverse sur moi toutes les vapeurs de ses chaudières. » [9]

Il a trouvé assez vite le titre de son livre.

Ce sera : *Grandeurs et misères d'une victoire.*

En revanche, il éprouve beaucoup de difficultés à rédiger la préface. Elle est importante. C'est elle qui va donner le ton à tout l'ouvrage. Enfin il y met un point final :

« La préface du Foch est refaite d'une façon toute différente, écrit-il le 18 juillet à Marguerite. Je n'y toucherai plus. » [10]

Pour cette préface – et d'ailleurs pour l'ensemble du livre – il est revenu au genre qu'il pratique le mieux : le ton direct, familier et imagé du style journalistique. Si bien que l'on peut dire que *Grandeurs et misères d'une victoire*, déchirante justification de Clemenceau, présente toutes les caractéristiques d'une œuvre de presse : c'est un livre dont le sujet même est constitué par l'actualité la plus pressante, c'est un livre vibrant de l'indignation du vieux patriote aux prises avec les misères de la grandeur, c'est un livre brûlant de la dernière énergie d'un homme au bord de la tombe, victime de la plus odieuse des blessures, celle qui est faite à son honneur, mais qui, tel un soldat, ne veut pas mourir avant d'avoir jeté ses dernières forces dans la bataille.

Dans la version définitive de l'ouvrage la préface s'appelle « Envoi » et s'ouvre par les phrases suivantes :

« Le Parthe, au galop de sa course, décochait encore un trait derrière lui. Au moment de s'engouffrer dans la nuit funèbre, le maréchal Foch paraît avoir laissé tout un lot de flèches perdues, à l'arc incertain d'un sagittaire improvisé.» [11]

Puis il s'adresse à Foch comme à un vieux compagnon d'armes qui s'est rendu coupable d'une grave infidélité :

« Voyons, Foch ! Foch ! mon bon Foch ! Vous avez donc tout oublié ? Moi, je vous vois tout flambant de cette voix autoritaire qui n'était pas le moindre de vos accomplissements. Oui ! on riait quelquefois. On rageait, mais on espérait, on voulait tout ensemble. L'ennemi était là qui nous faisait amis. Foch, il y est encore. Et c'est pourquoi je vous en veux d'avoir placé votre pétard à retardement aux portes de l'histoire pour me mettre des écorchures dans le dos – ce qui est une injure au temps passé. [...] Quelle faute pour votre mémoire, d'avoir eu besoin de tant d'années pour m'adresser vos puériles récriminations par la voix d'un intermédiaire qui, quel qu'il soit, n'a pas connu de la guerre ce que nous avons connu ! » [12]

Si Clemenceau souligne les grandes heures de Foch en trois occasions : la Marne, l'Yser, Doullens – il lui rappelle aussi qu'il a commis de lourdes fautes :

« Je vous ai sauvé du Parlement dans la mauvaise affaire du Chemin des Dames. Si j'étais demeuré à mon banc, où seriez-vous aujourd'hui ? » [13]

Et de conclure :

« J'avais et j'ai encore des provisions de silence au service de ma patrie. Mais puisque l'on ne manquerait pas d'imputer ma modération à défaillance, je ne puis demeurer sans paroles. Vous m'appelez. Me voici. » [14]

Le reste du livre s'organise selon un ordre thématique : l'unité de commandement réalisée à Doullens en mars 1918, l'emploi des contingents américains et la crise des effectifs britanniques, l'armistice, l'insubordination militaire de Foch pendant les négociations du Traité de paix où il sort de son obligation de réserve pour critiquer dans la presse Clemenceau et les Alliés.

Surtout, les huit derniers chapitres sont consacrés aux mutilations du Traité de Versailles par les Américains et par les divers gouvernements français qui se succèdent entre 1920 et 1929.

Dans le chapitre de conclusion, Clemenceau s'adresse au Soldat inconnu :

« Ce ne sont pas les histoires de Foch qui me hantent, lui dit-il, c'est l'avenir de la France qui se joue en ce moment sous nos yeux.[...] Aujourd'hui, l'Allemagne tente de refaire, dans les procédures de la paix, un empire germanique qu'elle n'a pu réaliser par la guerre.[...] Nous voyons ainsi, dans l'implacable lumière des faits, l'Allemand en bataille, et le Français insouciant, battant des mains aux orateurs qui lui annoncent les violations du Traité de paix. » [15]

Ces sombres lignes seront les dernières de Clemenceau.

Elles sont écrites à la fin de l'été de 1929.

Trois ans et demi plus tard, Adolf Hitler deviendra Chancelier du Reich...

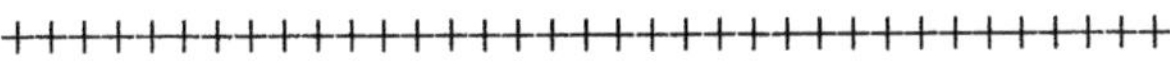

La rédaction de *Grandeurs et misères d'une victoire* a épuisé Clemenceau.

Début octobre, il quitte la Vendée et rentre à Paris.

C'est là qu'il va relire les épreuves de son livre.

Son dernier billet à Mme Baldensperger est daté du 9 octobre : « Nuit assez bonne. J'ai pu travailler un peu ce matin. Il me semble que je vais plutôt mieux. Je commence la revue de mes dernières corrections. » [16]

Il meurt six semaines plus tard, le dimanche 24 novembre 1929 à 1h45 du matin, d'une crise d'urémie.

La nuit précédente, il avait encore travaillé à son livre pour rajouter deux pages au chapitre sur la crise des effectifs après le Chemin des Dames.

Dans son testament, il avait demandé à être enterré en Vendée, au Colombier, près de son père.

Selon ses dernières volontés, on plaça dans son cercueil deux bouquets de fleurs desséchées qui lui avaient été offerts par des soldats, pendant la guerre, alors qu'il visitait les tranchées.

Son corps fut conduit de son domicile parisien au lieu de l'inhumation sans aucun cortège. Autour de la fosse, pour le dernier adieu, il n'y eut que la famille, quelques amis parmi les plus fidèles et, surtout, beaucoup de paysans et de paysannes de sa chère Vendée, venus spontanément accueillir l'un des leurs de retour dans sa terre natale.

CONCLUSION

Orateur d'abord, journaliste ensuite, écrivain… parfois

Clemenceau est mort comme il avait vécu : la plume à la main, dans un dernier combat pour justifier la position de la France lors des négociations du Traité de Versailles, mais avec une double blessure à l'âme.

La première, c'était de voir se multiplier les abandons des gouvernements français face à la remontée de l'Allemagne.

La seconde, c'était sa dernière querelle avec Foch. A ce propos, il avait déclaré à Jean Martet, alors qu'il était en train de rédiger *Grandeurs et misères d'une victoire :*

« Je me suis lancé dans ce livre en détestant Foch. Mais chemin faisant je me suis rappelé ces moments que nous avions passés ensemble, lui et moi. C'est une assez triste histoire. Je serais parti si content s'il avait pu y avoir entre nous une espèce d'amitié. » [1]

Confidence émouvante de la part de l'un des vainqueurs de la Grande Guerre qui, avant de mourir, s'était vu traîné devant le tribunal de l'Histoire par l'autre vainqueur.

La querelle entre Foch et Clemenceau, loin d'avoir la dimension d'un drame antique, présente plutôt les caractères d'une triste comédie des rancœurs et des jalousies. Et dans cette affaire, c'est Clemenceau qui est grand et Foch qui semble médiocre, ternissant sa gloire par une vilenie d'outre-tombe.

Au vrai, une question se pose : les deux vainqueurs de 1914-1918 auraient-ils pu nouer une amitié véritable et durable ? Il semble que non, appartenant l'un et l'autre à des éducations et à des mondes trop différents :

Foch élève des jésuites, chrétien, pratiquant, coulé dans ce moule militaire où prévalaient l'ordre et la discipline ;

Clemenceau élève de la communale, agnostique, anticlérical, libertaire, peu respectueux des chefs, des titres et des grades.

La vie de Foch est une belle courbe ascendante sans aspérités. Celle de Clemenceau est une ligne brisée coupée de chutes et traversée d'orages.

Et puis, surtout, Foch, Clemenceau, ce sont deux France, encore ennemies, toujours irréconciliables : celle du curé et celle de l'instituteur, la cléricale et la laïque, celle qui vient de l'ancienne Monarchie et celle qui sort de la Révolution. Opposées en tout, mais temporairement réconciliées dans la défense ardente de la patrie.

Toujours à Jean Martet, Clemenceau avait fait cette confidence : « Je suis un mélange d'anarchiste et de conservateur, dans des proportions qui restent à déterminer. »[2]

Il se connaissait bien : anarchiste avec Blanqui, Louise Michel, les Communards. Anarchiste quand il renversait les gouvernements comme châteaux de cartes. Diable pour l'Eglise, Satan pour le pape, révolutionnaire pour les bourgeois, il redevenait conservateur dès qu'il s'agissait de la France et de sa mission universelle dans le monde.

De son anarchisme de jeunesse procède son individualisme, puis son libéralisme de l'âge mûr. La liberté qu'il proclame dans tous les domaines – la politique, la presse, la religion, l'économie, l'enseignement – il la veut totale, exclusive et c'est en quoi il se rapproche des anarchistes. Mais, homme de grande culture et de méditation, il sait qu'une telle liberté laissée à elle-même serait, dans la vie sociale, un torrent dévastateur de toute société, de toute vie en collectivité. Comment dompter cette énergie, à la fois si dangereuse, si nécessaire, et si bienfaisante ?

Par la responsabilité personnelle et par le Droit.

La responsabilité personnelle et le Droit : seules vertus capables de placer l'individu au centre de l'organisation sociale en lui permettant d'exprimer et de développer, dans la justice, toutes ses virtualités.

Tout cela, pour Clemenceau, se résume en deux mots : la République, la patrie.

Conservateur, il l'est assurément, et en premier lieu dans l'idée qu'il se fait de la patrie, et du rôle dans l'univers de la France éternelle. Mais conservateur d'un genre particulier. Pour lui, cette France-là n'est pas un musée mais le résultat d'une évolution. A travers les siècles et dans le fracas du monde, cette France-là est porteuse de liberté et de justice.

Cet homme contradictoire, mais riche de mille facettes, avait dominé – et souvent écrasé – le personnel politique de son temps. Jeune, il s'était imposé par sa plume, sa langue, et parfois son pistolet. Et n'avait pas craint de s'en prendre à cette institution sacrée, l'Armée, quand elle s'était gravement fourvoyée lors de l'affaire Dreyfus.

Une telle carrière, on s'en doute, a laissé derrière elle une montagne de discours et d'écrits. Impossible de comprendre la Troisième République sans la contempler du haut de cette montagne.

Nous l'avons déjà souligné mais il faut le redire : Clemenceau a appartenu à la belle époque de la presse écrite. Pas de radio, pas de télévision : l'écrit règne en maître comme moyen de communication. Dans notre histoire politique et parlementaire c'est aussi l'époque – sauf quelques rares exceptions – où toute presse est d'abord et avant tout une presse d'opinion. La République s'installe. Elle est jeune et fragile. Elle trouve, face à elle, de puissants ennemis – monarchistes, bonapartistes, cléricaux – bien décidés à l'abattre. Ses premiers pas sont marqués par des scandales – Panama, trafic des décorations – qui la blessent et la rendent vulnérable.

Rien de surprenant, donc, si les combats d'idées font rage et s'installent dans la presse quotidienne. Qui s'est modernisée. Qui a maîtrisé le procédé d'impression rotatif. Qui crache chaque nuit à grande vitesse des milliers d'exemplaires. Qui porte ainsi dans les cantons les plus reculés du pays les fièvres et les grondements de la grande capitale.

La tribune parlementaire et la presse quotidienne sont les deux vecteurs des idées. Si l'on ambitionne d'être un homme politique de premier plan, il est recommandé d'être en même temps orateur et journaliste.

Clemenceau fut les deux.

Meilleur orateur que journaliste, diront certains de ses biographes.

Et, de surcroît, cet homme débordant d'énergie voulut être, en plus, romancier et dramaturge.

Passons rapidement sur ce dernier aspect. Son roman *Les plus forts*, et sa pièce de théâtre *Le voile du bonheur*, furent loin d'être des succès et, aujourd'hui, plus personne ne s'en souvient. Les raisons d'un tel échec s'expliquent aisément : Clemenceau n'était pas fait pour insuffler la vie à des personnages, mais pour donner feu et flamme à des idées.

Il aura donc été d'abord un orateur, ensuite un journaliste et en dernier – mais en dernier seulement – un conteur.

Souvent, le journaliste se hisse au niveau de l'orateur, comme c'est le cas dans ses éditoriaux lors de l'Affaire Dreyfus. C'est là que le style est le plus original : sec, net, dépouillé, précis. La phrase va à l'idée sans détour, comme le soldat marche à l'assaut.

La réussite de Clemenceau orateur et journaliste, et l'échec de Clemenceau romancier et dramaturge, s'éclairent par trois considérations.

La première, c'est qu'il a besoin de la pression de l'événement, autrement dit de la contrainte du temps, pour aller à l'essentiel. Sinon il s'égare. Les journalistes qui s'expriment dans une presse quotidienne travaillent sous la férule d'une implacable maîtresse d'école : l'horloge. Pas le temps de flâner dans les méandres d'un style artiste quand il faut tenir les délais et faire l'heure. La pression que subit l'éditorialiste est de même nature que celle qui s'exerce sur l'orateur. Dans les deux cas les mots d'ordre sont : précision, concision, clarté, netteté.

Le Clemenceau orateur et le Clemenceau journaliste maîtrisaient à la perfection ces éléments-là. C'est dans ces deux disciplines aussi que brillaient le mieux deux autres de ses qualités : son sens de la formule et son art des images. Quand il proclame à la tribune du Parlement : « La Révolution est un bloc ! », tout est dit en une seule image, tellement frappante que son ami Claude Monet en fera une toile.

Dans ces instants-là il parle – ou il écrit – comme on tire au pistolet : la formule fait mouche.

A l'inverse, de telles qualités se diluent et se perdent dans le labyrinthe des digressions et le terne des métaphores quand il se lance dans le roman ou la nouvelle. Son grand défaut, ici, est de vouloir imiter le genre artiste des frères Goncourt. Quand il s'entête à vouloir être littérateur, la réussite est rarement au rendez-vous. Tous ses dons naturels – spontanéité, vivacité, sens de la formule – disparaissent et meurent étouffés sous un amas d'épithètes molles comme des édredons. Ainsi en est-il quand il nous décrit la Grèce et « ses golfes heureux », nous entraînant vers des îles « qui se pâment dans la volupté du flot », nous montrant un soleil couchant « qui apaise l'horizon de mourantes couleurs ».

A mourir en effet, ces raffinements surannés de styliste se pâmant devant les tournures artistes des frères Goncourt.

Jacques Bainville l'avait bien dit : « Georges Clemenceau parlait mieux qu'il n'écrivait, heureusement ! » [3]

Quand il avait décidé de se lancer sans son roman *Les plus forts*, il s'en était ouvert à l'une de ses amies autrichiennes, Berta Szeps :

« Je vais te confier un secret. J'ai écrit un roman. Avant de retourner à l'arène pour livrer des combats, une envie a dominé : créer des êtres, inventer des situations. Je ne sais si j'ai réussi à faire un roman intéressant. »

Cette amie, qui le connaissait bien, jugea, avant la parution de l'ouvrage, que ce serait un échec. « Clemenceau n'est pas le romancier-né, confia-t-elle à un proche, c'est l'idéologue, l'animateur qui crée des pensées mais qui ne saura jamais créer des êtres. » [4]

S'il fallait classer les genres où a excellé cet homme exceptionnel gratifié par la nature de multiples talents et doté d'une incroyable énergie, il faudrait donc placer en premier l'art oratoire.

Clemenceau est d'abord et avant tout l'orateur-né.

Ses discours ont traversé le temps sans vieillir parce qu'ils sont faits non de rhétorique, mais de nerf, de chair et de sang.

Vient ensuite le journaliste, souvent très proche de l'orateur.

Il présente là aussi de rares qualités de spontanéité et de vivacité. « Finalement, constate l'historien Jean-Baptiste Duroselle, il apparaît avec une lumineuse évidence que Clemenceau, fort inégal dans les sphères de l'imagination littéraire, a excellé dans le journalisme. » [5]

En troisième lieu on trouve l'épistolier, tardivement révélé au grand public par les *Lettres à une amie*.

Puis vient loin derrière, mais très loin, le conteur. Parfois il peut nous étonner, voire nous charmer, surtout quand il évoque sa chère Vendée.

Quant au romancier et au dramaturge, mieux vaut les oublier…

Orateur, journaliste, épistolier : voilà donc le vrai Clemenceau.

Or, remarquons ceci : la parole, l'éditorial, la lettre, c'étaient très exactement les trois formes d'expression qui convenaient le mieux à son instinct de grand fauve de la politique. C'étaient des outils à sa main, adaptés à cette époque où le peuple français, progressivement, avait appris à lire et à penser par lui-même dans une école laïque, gratuite et obligatoire. Le règne de la presse écrite à grande diffusion pouvait donc s'ouvrir. Cet âge d'or de la presse quotidienne d'opinion commence dans les années 1880 aussi bien à Paris qu'en province, et dure jusqu'en 1914. C'est dire que la presque totalité de la carrière politique et journalistique de Georges Clemenceau s'inscrit à l'intérieur de cette courbe.

Quant à vouloir briller dans une œuvre purement littéraire et romanesque comme ses amis Zola, Daudet ou Goncourt, c'était une autre affaire.

Et ici peut-être faudrait-il laisser le mot de la fin au dramaturge Henri Bernstein, qui souligne que la plus belle œuvre d'art composée par Georges Clemenceau n'est rien d'autre que sa vie elle-même. Et de poser cette question : « Quel poème, quel sujet de tragédie surpasse en pathétique la destinée de ce contemporain ? »

Aucun en effet, car il lui fut donné de vibrer de toutes les cordes de la destinée humaine, et de vivre avec intensité dans la passion, dans la frénésie, dans l'ingratitude, dans le risque, dans le danger, dans la haine, dans le mépris.

Et aussi dans la joie la plus haute et la plus pure de l'Alsace et de la Lorraine retrouvées, de la patrie victorieuse, et de la France enfin rendue à son destin de messagère du Droit et de soldat de l'Humanité.

FIN

Annexe 1

IL FAUDRAIT PLUS DE 100 VOLUMES POUR CONTENIR TOUS LES ARTICLES ÉCRITS PAR CLEMENCEAU

Gustave Geffroy d'abord, dans son ouvrage *Georges Clemenceau*, Paris, Larousse, 1919, page 189 et Georges Wormser ensuite, dans son livre *La République de Clemenceau*, Paris, PUF, 1961, pages 512 à 518, ont recensé l'œuvre de presse du Tigre, autrement dit le nombre d'articles publiés par Clemenceau de 1861 à 1917 dans les différents titres où il a écrit.
Selon Gustave Geffroy, si cette œuvre de presse devait être réunie en volumes cela représenterait plus de 100 volumes in-8° de 350 pages chacun.
Voici le détail de cette œuvre de presse dans les différents titres concernés :

LE TRAVAIL (1861-1862), ...8 articles

LE MATIN (1862), ...1 article

LE TEMPS (1865-1870), ...76 articles

LA JUSTICE (1880-1897), ...688 articles

LA DÉPÊCHE DE TOULOUSE (1894-1906), ...746 articles

LE JOURNAL (1895-1897), ...79 articles

L'ÉCHO DE PARIS (mars à septembre 1897), ...16 articles

L'AURORE (1ère série, 1897-1899), ...691 articles

LE BLOC (1901-1902) 60 numéros rédigés en totalité par Clemenceau

L'AURORE (2ème série, 1903-1906), ...952 articles

NEUE FREIE PRESSE de Vienne (1902-1905)............ 11 articles

L'HOMME LIBRE (1913-1914) ....506 articles

L'HOMME ENCHAÎNÉ (1914-1917), ...1070 articles

Annexe 2

TABLEAU DE LA PRESSE DE PARIS LORS DU LANCEMENT DE LA JUSTICE (1880)

Lorsque Clemenceau lance son journal *La Justice*, en 1880, il paraît, rien qu'à Partis, 60 titres quotidiens. C'est l'âge d'or de la presse écrite. Le tableau ci-dessous, qui donne les différents titres et leur tirage en juillet 1880, est extrait de l'ouvrage *Histoire générale de la presse française*, (tome 3, de 1871 à 1940), de Claude Bellanger, Jacques Godechot, Pierre Guiral, Fernand Terrou, PUF, 1972, p. 234.

Journaux républicains

Petit Journal, 583 820
Petite République, 196 372
Lanterne, 150 531
Intransigeant, 71 601
Paix, 52 949
Petit national, 46 837
France, 43 753
Petit Parisien, 39 419
Rappel, 33 535
Marseillaise, 28 818
Nouveau Journal, 27 384
Temps, 22 764
Liberté, 17 921
Mot d'Ordre, 16 316
Siècle, 15 082
XIXe Siècle, 14 881
National, 14 543
Evénement, 14 085
Réveil social, 13 316
Justice, 12 847
Vérité, 12 263
République française, 11 506
Voltaire, 10 451
Citoyen, 10 351
Petit Républicain, 9890
Télégraphe, 8464
Journal des Débats, 6935
Journal à un sou, 5643
Prolétaire, 5600
Globe, 4625
Soir, 4556
Droit, 3111
Presse, 2048
Courrier du Soir, 1919

34 titres 1 514 321

Journaux conservateurs

Figaro (avec supplément) 104 924
Petit Moniteur, 100 476
Soleil, 45 190
Petit Caporal, 25 051
Petite Presse, 22 629
Gaulois, 14 854
France nouvelle, 14 554
Moniteur Universel, 13 872
Univers, 10 367
Peuple français, 9463
Estafette, 8846
Pays, 6715
Patrie, 6434
Monde, 6130
Paris-Journal, 6051
Gazette de France, 5864
En Avant, 4948
Français, 4718
Union, 4592
Défense, 4288
Civilisation, 3735
Ordre, 3153
Gazette des tribunaux, 2918
Constitutionnel, 2135

24 titres 431 107

NON CLASSABLES

Gil Blas, 28 257
Grand Journal, 10 236

BIBLIOGRAPHIE SOMMAIRE

OUVRAGES DE CLEMENCEAU

- *De la génération des éléments anatomiques*, thèse de médecine, deux éditions, 1865 et 1868 (cette dernière avec une introduction de Charles Robin)
- Traduction de l'anglais de : *Auguste Comte et le positivisme*, de John Stuart Mill, 1866
- *La mêlée sociale*, Paris, Charpentier et Fasquelle, 1895.
- *Le Grand Pan*, Paris, Charpentier et Fasquelle, 1896. Réédité en 1995 par l'Imprimerie Nationale dans la collection *Acteurs de l'Histoire*, avec une présentation de Jean-Noël Jeanneney
- *Les Plus Forts*, Paris, Fasquelle, 1898
- *Au pied du Sinaï*, Paris, H. Fleury, 1898
- Sept volumes d'articles sur l'affaire Dreyfus édités par Stock :
L'Iniquité, 1899 ; *Vers la réparation*, 1899 ; *Contre la justice*, 1900 ; *Des juges*, 1900 ; *Justice militaire*, 1900 ; *Injustice militaire*, 1902 ; *La honte*, 1903.
Signalons que ces sept volumes sont en cours de réédition à La Mémoire du Livre. A la date de février 2004, les deux premiers avaient paru.
- *Au fil des jours*, Paris, Fasquelle, 1900.
- *Le Voile du bonheur*, Paris, Fasquelle, 1901.
- *Discours pour la liberté*, Paris, Cahiers de la Quinzaine, 1903.
- *Aux Embuscades de la vie*, Paris, Fasquelle, 1903.
- *Figures de Vendée*, Paris, Mery et Hessèle, 1903
- *Notes de voyage dans l'Amérique du sud*, Paris, Hachette, 1911.
- *Dans les Champs du Pouvoir*, Paris, Payot, 1913.
- *La France devant l'Allemagne*, Paris, Payot, 1916
- *Démosthène*, Paris, Plon, 1926.
- *Au Soir de la pensée*, Partis, Plon, 1927, 2 volumes.
- *Claude Monet, les Nymphéas*, Paris, Plon, 1928
- *Grandeurs et Misères d'une Victoire*, Paris, Plon, 1930
- *Lettres à une Amie*, 1923-1929, Paris, Gallimard, 1970

La Société des Amis de Clemenceau a publié deux volumes de discours :
- *Discours de guerre*, Paris, Plon, 1934
- *Discours de Paix*, Paris, Plon, 1938

SUR INTERNET : Plusieurs des titres mentionnés ci-dessus sont disponibles sur Internet, sur le site GALLICA, bibliothèque numérique de la bibliothèque de France, entre autres les *Discours pour la liberté, La Mêlée sociale, Les Discours de guerre, Au fil des jours, Grandeurs et misères d'une victoire, etc.*

OUVRAGES SUR CLEMENCEAU

1° Témoignages de collaborateurs :
De nombreux ouvrages sur Clemenceau ont été publiés depuis sa mort en 1929. Retenons ici, pour leur valeur de témoignage, ceux de quatre de ses collaborateurs les plus proches : Gustave Geffroy, Jean Martet, le général Mordacq et Georges Wormser.

Gustave GEFFROY :
- *Georges Clemenceau, sa vie, son œuvre*, Paris, Larousse, 1919
Jean MARTET :
- *Le silence de M. Clemenceau*, Paris, Albin Michel, 1929.
- *Monsieur Clemenceau peint par lui-même*, même éditeur, 1929
- *Le Tigre*, même éditeur, 1930
- *La Mort du Tigre*, même éditeur, 1930
Général MORDACQ :
- *Le ministère Clemenceau*, Paris, Plon, 1930, 4 volumes.
- *Clemenceau au soir de sa vie*, Paris, Plon, 1933-1936, 2 volumes
- *Clemenceau*, Paris, éditions de France, 1939
Georges WORMSER :
- *La République de Clemenceau*, Paris, PUF, 1961.
- *Clemenceau vu de près*, Paris, Hachette, 1979

2° Synthèse indispensable :
A lire absolument l'œuvre monumentale – et indispensable – de l'historien Jean-Baptiste DUROSELLE., *Clemenceau*, Paris, Fayard, 1988, 1077 pages, qui est la synthèse la plus complète sur le Tigre.

3° Autres ouvrages :
- Jacques JULLIARD, *Clemenceau briseur de grèves*, Julliard/Archives, 1965
- Gaston MONNERVILLE, *Clemenceau*, Fayard, 1968
- Philippe ERLANGER, *Clemenceau*, Grasset, 1968
- Annick COCHET, *Clemenceau et la Troisième république*, Denoël, 1989
- Pierre GUIRAL, *Clemenceau en son temps*, Grasset, 1994
-Jean-Jacques BECKER, *Clemenceau l'intraitable*, Liana Levi, 1998 ; *Clemenceau en 30 questions*, Geste éditions, 2001
- Christine HEMAR, *Georges Clemenceau*, Figures de l'Histoire, Hatier, 2002

OUVRAGES GÉNÉRAUX SUR LA PRESSE

- Claude BELLANGER, Jacques GODECHOT, Pierre GUIRAL, Fernand TERROU, *Histoire générale de la presse française*, tome 3, de 1871 à 1940, PUF, 1972
- Thomas FERENCZI, *L'invention du journalisme en France*, Payot, 1993
- Christophe CHARLE, *Le siècle de la presse (1830-1939)*, Seuil, 2004

Sur la presse de province :

- Henri LERNER, *« La Dépêche », Journal de la démocratie. Contribution à l'histoire du radicalisme en France sous la Troisième République*, Toulouse, Université de Toulouse-Le Mirail, 1978, 2 vol.
- Marc MARTIN, *La presse régionale, des Affiches aux grands quotidiens*, Fayard, 2002
- Jean-Paul VISSE, *La presse du Nord-Pas-de-Calais, 1819-1944*, Presse universitaire du Septentrion, Villeneuve d'Ascq

NOTES ET RÉFÉRENCES

PREFACE
1 – Francisque VARENNE, *Georges Mandel, mon patron*, Paris, Défense de la France, 1947, p. 38 à 44
2 – Gustave GEFFROY, *Georges Clemenceau, sa vie, son oeuvre*, Paris, Larousse, 1919, p.189
3 – Lettre à Mme Baldensperger, citée par l'historien Jean-Baptiste DUROSELLE dans son livre *Clemenceau*, Paris, Fayard, 1988, p.965
4 – Gustave GEFFROY, op.cit. p.114
5 – C'est dans un discours prononcé à la radio de Londres le 25 novembre 1940 que le général de Gaulle a déclaré : « C'est cette sainte fureur française, celle de Jeanne d'Arc, celle de Danton, celle de Clemenceau, qui nous rend l'espérance, qui nous fait retrouver des armes. » Charles DE GAULLE, *Discours et messages, pendant la guerre, 1940-1946*, tome 1, Livre de Poche,1974, p.47

CHAPITRE 1
1 – Gustave GEFFROY, op.cit. p. 72
2 – Gustave GEFFROY, op.cit. p. 12
3 – dans Jean-Baptiste DUROSELLE, op.cit.p.63

CHAPITRE 2
1 – Sur Etienne Arago, voir le livre de Muriel TOULOTTE, *Etienne Arago, 1802-1892, une vie, un siècle*, Perpignan, publications de l'Olivier, 1993
2 – Gustave GEFFROY, op.cit. p.16
3 – Gustave GEFFROY, op.cit. p.18 et 19
4 – Jean-Baptiste DUROSELLE, op.cit. p.47
5 – Etienne Arago, *Les Bleus et les Blancs*, 2 volumes, Paris, Hetzel, 1863, tome 1, p.6-8
6 – Gustave GEFFROY, op.cit. p.133

CHAPITRE 3
1 – Alexis de TOCQUEVILLE, *Souvenirs*, Gallimard/folio, 1999, p.160
2 – Anecdote racontée par Georges SUAREZ, *La vie orgueilleuse de Clemenceau*, Paris, Les éditions de France, 1930, p.51
3 – *Le Journal*, 27 novembre 1896
4 – *De la génération des éléments anatomiques*, par le Dr G. Clemenceau avec une introduction par M. Ch. Robin, Paris, G. Baillière, 1867
5 – Dans Jean-Baptiste DUROSELLE, op.cit. p.69
6 – Voir à ce propos Jean-Baptiste DUROSELLE, op.cit. p.83
7 – *Le Temps* du 29 janvier 1867
8 – *Le Temps* des 23 novembre 1869 et 7 mai 1870
9 – *La Justice*, 21 juillet 1882
10 – *Le Temps* du 15 novembre 1867
11 – *Le Temps* des 25 septembre 1868 et 1er mai 1869
12 – *Le Temps* du 11 octobre 1865

CHAPITRE 4
1 – Victor HUGO, *Oeuvres politiques complètes*, Paris, Jean-Jacques Pauvert, 1964, p. 684
2 – Victor HUGO, *Œuvres complètes*, Lausanne, éd. Rencontre, 1968, tome 3, *Choses vues*, p. 201
3 – Gustave GEFFROY, op.cit., p. 30
4 – L'expression est de Gustave GEFFROY, op.cit., p.31

5 – Cette lettre figure dans : *Georges CLEMENCEAU, dossier de documentation* de 132 pages établi par le Centre national de documentation pédagogique, Paris, 1979
6 – Chiffres dans MALLET ET ISAAC, *La naissance du monde moderne 1848-1914*, Marabout université, Verviers, 1980, p. 129
7 – Victor HUGO, *Œuvres politiques complètes*, op.cit. p.687
8 – Victor HUGO, *Choses vues*, op.cit. p.224 à 227
9 – Ibid., p.239
10 – Louise MICHEL, *Mémoires*, ed. Sulliver, Arles, 1997, p.127

CHAPITRE 5
1 – Victor HUGO, *Choses Vues*, op.cit., p. 249
2 – Ibid.
3 – William SERMAN, *La Commune de Paris*, Fayard, 1986, p. 188
4 – Ibid., p. 187
5 – Jean-Baptiste DUROSELLE, op.cit., p. 108
6 – Victor HUGO, *Choses Vues*, op.cit., p. 261
7 – Ibid., p. 263

CHAPITRE 6
1 – William SERMAN, op.cit., p. 228
2 – Ibid., p. 232
3 – Benoît MALON, *La troisième défaite du prolétariat*, dans Louise MICHEL, *La Commune, histoire et souvenirs*, Paris, La Découverte, 2002, p 139
4 – William SERMAN, op. cit., p. 243
5 – Sur la Commune de Paris il est indispensable de lire en totalité le grand discours que Clemenceau a prononcé à la Chambre des députés le mardi 16 mai 1876 sur l'amnistie des Communards. Témoin privilégié, il analyse avec une rare perspicacité les causes de la Commune et en dresse le terrible bilan.
6 – Victor HUGO, *Choses Vues*, op.cit. p. 325
7 – Louise MICHEL, *La Commune*, op. cit. p.370 et suivantes.
8 – Jean-Baptiste DUROSELLE, op. cit., p. 135
9 – Louise MICHEL, *Mémoires*, Arles, ed. Sulliver, 1997, p. 31
10 – Jacques CHASTENET, *Histoire de la Troisième République*, Paris, Hachette,1952, tome 1, p. 214
11 – Ibid., p.106

CHAPITRE 7
1 – Jacques CHASTENET, op.cit., p. 221
2 – Discours de Clemenceau à la Chambre des députés, 16 mai 1876
3 – Victor HUGO, *Œuvres complètes, volume « Politique »*, Paris, Robert Laffont/Bouquins, 1985, p. 918, 920, 922
4 – Georges CLEMENCEAU, Catalogue de l'exposition du Cinquantenaire, paris, 1979, p. 29
5 – Ibid., p. 29
6 – Sur les différents groupes politiques des débuts de la Troisième République, voir le livre – un classique – de François GOGUEL, *La politique des partis sous la IIIe République*, Paris, Seuil, 1958. Voir aussi le livre de René REMOND – un autre classique- *La République souveraine*, Paris, Fayard, 2002
7 – Jacques CHASTENET, *Histoire de la Troisième République*, tome 2, p. 31
8 – Sur le journal *Le Rappel* et sur la presse de cette période, voir : Histoire générale de la presse française, Paris, PUF, 1972, tome 3, p. 149 à 238

CHAPITRE 8
1 – Jacques CHASTENET, op. cit. tome 2, p.67

2 – *Journal de la France et des Français*, Paris, Gallimard/Quarto, 2001, p. 1727
3 – J.B. DUROSELLE, op.cit., p.170
4 – Discours de Marseille du 23 octobre 1880, dans *La Justice* du 1er novembre 1880
5 – Ibid.
6 – Ce programme se trouve dans J.B. DUROSELLE, op.cit., p. 164 à 166
7 – *Journal Officiel*, Chambre des députés, 31 mars 1885
8 – Jean MARTET, *M. Clemenceau peint par lui-même*, Paris, Albin Michel, 1929, p. 152
9 – *Journal Officiel*, Chambre des députés, 31 juillet 1885 (discours du 30 juillet)
10 – Jean MARTET, op.cit., P. 149

CHAPITRE 9
1 – Léon DAUDET, *Souvenirs et Polémiques*, Paris, Robert Laffont/Bouquins, 1992, p. 21, 22, 216 et suivantes
2 – Gustave GEFFROY, op.cit., p. 55, 56, 58
3 – Léon DAUDET, op.cit., p. 218
4 – Sur les élections de 1885 voir : Jacques CHASTENET, op.cit., tome 2, p.174 à 177
5 – Sur l'aventure du général Boulanger, voir : Adrien DANSETTE, *Le Boulangisme*, Paris, Perrin, 1938
6 – Jacques CHASTENET, op.cit., p. 178
7 - Ibid., p. 184
8 – Ibid., p. 192
9 – Ibid., p. 196
10 – Ibid, p. 207
11 – Ibid., p.245
12 – Maurice BARRES, *Leurs figures*, Livre de Poche, p. 185
13 - Ibid., p. 191
14 – Léon DAUDET, op.cit., p.369

CHAPITRE 10
1 – J.B. DUROSELLE, op.cit., p.303
2 – Ibid, p.291 à 298
3 – Catalogue de l'exposition, op.cit., p.32
4 – Jean MARTET, *Le silence de M. Clemenceau*, Paris, Albin Michel, p.256
5 – Gustave GEFFROY, op.cit., p.73
6 – Ibid., p.74
7 – Georges WORMSER, *Clemenceau vu de près*, Paris, Hachette/littérature, 1979, p.126
8 – Ibid, p.127
9 – Ibid., p.130

CHAPITRE 11
1 – Jean ROSTAND, *Esquisse d'une histoire de la biologie*, Paris, Gallimard/Idées, 1964, p.150
2 – Gustave GEFFROY, op.cit., p.72
3 – Georges CLEMENCEAU, *La Mêlée sociale*, Paris, Charpentier, 1895
4 – Ibid., p.III
5 – Ibid., p. 98 et 137

CHAPITRE 12
1 – Sur l'affaire Dreyfus la synthèse la plus complète et la plus récente est le livre de Jean-Denis BREDIN, *L'Affaire*, Paris, Fayard-Julliard, 1997. Le texte du bordereau y figure p. 87. Voir aussi Eric CAHM, *l'affaire Dreyfus*, Paris, Livre de poche/références, 1994 et Joseph REINACH, *Histoire de l'affaire Dreyfus*, Paris, Fasquelle, 1929, 7 volumes
2 – Joseph REINACH, op.cit., tome 1, p.108
3 – Eric CAHM, op.cit., p.22

4 – Alfred DREYFUS, *Cinq années de ma vie*, Paris, Maspéro, 1982, p.57
5 – Georges CLEMENCEAU, *L'Iniquité*, Paris, Mémoire du Livre, 2001, p.59 et 60
6 – Jean Denis BREDIN, op.cit., p.140
7 – CLEMENCEAU, *L'Iniquité*, op.cit., p.55

CHAPITRE 13
1 – Le discours de Clemenceau au banquet Goncourt a été publié dans son livre *Le Grand Pan*, Paris, Imprimerie Nationale, Acteurs de l'Histoire, 1995, p.452 à 459
2 – Jean-Baptiste DUROSELLE, op.cit., p.322
3 – Georges WORMSER, *Clemenceau vu de près*, op.cit., p.165
4 – CLEMENCEAU, *Le Grand Pan*, op.cit., p.471 à 479
5 - Georges WORMSER, op.cit., p.171
6 – CLEMENCEAU, *Le Grand Pan*, op.cit., p.63,64,69
7 – Ibid., p.95
8 – Ibid., p.102
9 – Ibid., p.7
10 – L'Oeuvre de Léon BLUM (1891-1905), Paris, Albin Michel, 1954, p.21 à 23

CHAPITRE 14
1 – Charles PEGUY, *Notre Jeunesse*, Paris, Gallimard, 1933, p.105
2 - Ibid., p.95
3 – Eric CAHM, op.cit., p.66
4 – Jean-Denis BREDIN, op.cit., p.306
5 – CLEMENCEAU, *l'Iniquité*, op.cit., p.66
6 – Ibid, p.55-56
7 – Ibid., p.73
8 – Ibid, p.64
9 – Ibid., p .88 et 98
10 - Ibid., p.77
11 – Ibid., 187-188

CHAPITRE 15
1 – Henri MITTERAND, *Zola*, tome III, *L'Honneur*, 1893-1902, Paris, Fayard, 2002, p.379
2 – Emile ZOLA, *La vérité en marche*, Paris, GF-Flammarion, 1969, p.121. Ce volume de poche contient tous les textes de Zola concernant l'affaire Dreyfus et, évidemment, *J'accuse*.
3 – Ibid., p.123
4 – Ibid., p.66
5 – Ibid., p.66
6 – Henri MITTERAND, *Zola*, op.cit., p .334
7 – Ibid., p.337
8 – Ibid., p.338
9 – Emile ZOLA, *La vérité en marche*, op.cit., p.67
10 – Ibid., p.69
11 – Ibid., p.112
12 – Léon DAUDET, *La vie orageuse de Clemenceau*, Paris, Albin Michel, 1938, p.159
13 – Alain PAGES, *J'accuse*, Paris, Perrrin, 1998, p.30
14 – Emile ZOLA, *La vérité en marche*, op.cit., p.117
15 – Ibid., p.121
16 – Ibid., p. 123

CHAPITRE 16
1 – J.D.BREDIN, *L'Affaire*, op.cit., p.376
2 – Ibid., p.376

3 – CLEMENCEAU, *L'Iniquité*, op.cit., p.200
4 – Ibid., p.217
5 – Bernard-Henri LEVY, *Les aventures de la liberté*, Paris, Grasset, 1991, p.9 à 11
6 – Sur le rôle des intellectuels durant l'affaire Dreyfus voir : Pascal ORY et Jean-François SIRINELLI, *Les intellectuels en France de l'affaire Dreyfus à nos jours*, Paris, Armand Colin, 1992
7 – Eric CAHM, *l'affaire Dreyfus*, op.cit., p.109
8 – Le texte intégral de la plaidoirie de Clemenceau au procès ZOLA a été publié dans *l'Iniquité*, op.cit., p.254 à 279
9 – CLEMENCEAU, *L'Iniquité*, op.cit., p.286

CHAPITRE 17
1 – *L'Iniquité*, op.cit. p.288
2 – J.D. BREDIN, op.cit., p.580
3 – Une nouvelle édition des sept volumes de Clemenceau a commencé en 2001
4 – Gustave Geffroy, op.cit., p.93-94
5 – Dans le catalogue de l'exposition du cinquantenaire, op.cit., p.38
6 – DUROSELLE, op.cit., p.443-444
7 – Jean MARTET, *M. Clemenceau peint par lui-même*, op.cit., p.177
8 – Charles PEGUY, *Notre Jeunesse*, op.cit., p.194

CHAPITRE 18
1 – Catalogue de l'exposition, p.40
2 – Ibid., p. 40
3 – Ibid., p.40
4 – Ibid., p.40
5 – Gaston MONNERVILLE, *Clemenceau*, Paris, Fayard, 1968, p.173
6 – Dans son livre *Clemenceau vu de près*, Georges WORMSER donne une reproduction de ce tableau et explique qu'il figura dans le cabinet du Tigre, rue Franklin, durant toute sa vie. Après sa mort, il fut vendu à la famille royale d'Angleterre.
7 – DUROSELLE, op.cit., p.459
8 - Ibid., p.456

CHAPITRE 19
1 – Francisque VARENNE, *Georges Mandel, mon patron*, Paris, Défense de la France, 1947, p.15
2 – Gustave GEFFROY, op.cit., p.96
3 – Jacques CHASTENET, *Histoire de la Troisième République*, op.cit., tome 3, p.205-206
4 – Ibid., p.231
5 – Ibid., p.232
6 – Ibid., p.249-250
7 – C'est dans le cinquième *Cahier* de la cinquième série (8 décembre 1903) que Péguy a publié les *Discours pour la liberté* de Clemenceau. Ces textes ont aussi été publiés par Fasquelle sous le titre : *L'enseignement dans le droit républicain*, Paris, 1904.
8 – DUROSELLE, op.cit., p.474
9 – Gustave GEFFROY, op.cit., p.183

CHAPITRE 20
1 – L'iniquité, op.cit., p.93
2 – Ibid., p.88
3 – Ibid., p.72
4 – Ibid., p.213
5 – Ibid., p.575 à 580
6 – Ibid., p.211

7 – Ibid., p.230
8 – Ibid., p.210
9 – Georges WORMSER, op.cit., p.143
10 – *Le Bloc*, numéro 4, dimanche 17 février 1901
11 – DUROSELLE, op.cit. p.476
12 – Ibid., p.476
13 – Séance du Sénat du 17 novembre 1903
14 – *Les grands discours parlementaires de la Troisième République, de Victor Hugo à Clemenceau*, Armand Colin, 2004, p. 74 à 77
15 - Clemenceau et la justice, Paris, publications de la Sorbonne, p.87

CHAPITRE 21
1 – Jacques CHASTENET, *Histoire de la Troisième République*, tome IV, p.29
2 – Gaston MONNERVILLE, op.cit., p.282
3 – *Histoire générale de la presse française*, Paris, PUF, tome 3, p.369
4 – Discours à la Chambre des députés, le 8 mai 1891
5 – Gaston MONNERVILLE, op.cit., p.312
6 – Ibid., p.293
7 – Ibid., p.292
8 – Ibid., p.296
9 – Ibid., p.316
10 – DUROSELLE, op.cit., p.510
11 – Gaston MONNERVILLE, op.cit. p.298
12 – Ibid., p.298
13 – Ibid., p.299 et discours à la Chambre les 18 et 21 juin 1907

CHAPITRE 22
1 – Gaston MONNERVILLE, op.cit., p.336
2 – Ibid., p.318
3 – *Sur la démocratie. Neuf conférences de Clemenceau rapportées par Maurice Ségard*, Paris, Larousse, 1930, p.64-65
4 – Ibid., p.115
5 – Ibid., p.10-11

CHAPITRE 23
1 – CLEMENCEAU, *La France devant l'Allemagne*, Paris, Payot, 1916, p.23
2 – Ibid., p.23
3 – Gaston MONNERVILLE, op.cit., p.375
4 – CLEMENCEAU, *La France devant l'Allemagne*, op.cit., p.14
5 – Ibid., p.51
6 – Ibid., p.27
7 – *L'Homme libre* du 21 mai 1913
8 – Gaston MONNERVILLE, op.cit., p.369
9 – *L'Homme libre*, 25 mai 1913
10 – Ibid., 6 mars 1914
11 – Ibid., 5 juin 1914
12 - Ibid., 15 juillet 1914

CHAPITRE 24
1 – *Le Bloc*, 15 mars 1902
2 – Gaston MONNERVILLE, op.cit. p.372,373
3 - Ibid., p.374
4 – *L'Homme libre*, 15 juillet 1914

5 – Gaston MONNERVILLE, op.cit., p.389
6 – Ibid., p.390
7 – *L'Homme libre*, 28 août 1914
8 – Gaston MONNERVILLE, op.cit., p.386
9 – DUROSELLE, op.cit., p.608
10 – *L'Homme enchaîné*, 14 mai 1916
11 – DUROSELLE, op.cit. p.597
12 – *L'Homme enchaîné*, 27 novembre 1914
13 – Ibid., 27 octobre 1914

CHAPITRE 25
1 – Gaston MONNERVILLE, op.cit. p.391
2 – Jean MARTET, *Le silence de M. Clemenceau*, op.cit. p.22-24
3 – *L'Homme enchaîné* du 15 novembre 1917
4 – Gaston MONNERVILLE, op.cit., p.570
5 – CLEMENCEAU, *Discours de guerre*, Paris, Plon, 1934, p. 157 et suivantes
6 – Gaston MONNERVILLE, op.cit., p.629

CHAPITRE 26
1 – Gustave GEFFROY, op.cit., p.112
2 – *L'Homme enchaîné*, 20 octobre 1914
3 – CLEMENCEAU, *Discours de guerre*, op.cit., p.286
4 – Michel WINOCK, *Nationalisme, Antisémitisme et Fascisme en France*, Paris, Seuil, Point/histoire, 1982, p.14

CHAPITRE 27
1 – Gaston MONNERVILLE, Clemenceau, op.cit., p.640
2 – Ibid., p.639
3 – Ibid., p.641
4 – DUROSELLE, op.cit., p.773
5 – Gaston MONNERVILLE, op.cit., p.675
6 – DUROSELLE, op.cit., p.864
7 – Ibid., p.875
8 – Ibid., p.870
9 – Ibid., p.873
10 – Ibid., p.873
11 – Ibid., p.873

CHAPITRE 28
1 – Gaston MONNERVILLE, *Clemenceau*, op.cit., p.689
2 – DUROSELLE, *Clemenceau*, op.cit., p.878
3 – Gaston MONNERVILLE, op.cit., p.689
4 – DUROSELLE, op.cit., p.880
5 – Ibid., p.881
6 – Ibid., p.885
7 – Ibid., p. 888 et 892
8 – Ibid., p.883

CHAPITRE 29
1 – Georges CLEMENCEAU, *Lettres à une Amie*, 1923-1929, Paris, Gallimard, 1970, page VII à XIV
2 – Ibid., p.50
3 – Ibid., p.69

4 – Ibid., 143
5 – Ibid., p.79
6 – Ibid., p.79
7 – Ibid., p.88
8 – Ibid., p.96
9 – Ibid., p.305
10 – Ibid., p.72
11 – Ibid., p.268
12 – Ibid., p.640
13 – Ibid., p.316
14 – Ibid., p.317
15 – Ibid., p.512
16 – Ibid., p.334 et 330
17 – Général MORDACQ, *Clemenceau au soir de sa vie* (1920-1929), Paris, Plon, 1933, tome second, p.105
18 – Georges CLEMENCEAU, *Lettres à une Amies*, op.cit., p.329
19 – Georges CLEMENCEAU, *Grandeurs et Misères d'une victoire*, Paris, Plon, 1930, p.369
20 – Général MORDACQ, op.cit. p.117

CHAPITRE 30
1 – Georges CLEMENCEAU, *Grandeurs et Misères d'une victoire*, op.cit., p.226
2 – Général MORDACQ, *Clemenceau au soir de sa vie*, op.cit., p.223
3 – Raymond RECOULY, *Le Mémorial de Foch, mes entretiens avec le Maréchal*, Paris, Les Editions de France, 1929, p.170
4 – Ibid., p.180
5 – Général MORDACQ, op. cit., p.228
6 - Georges CLEMENCEAU, *Lettres à une Amie*, op.cit., p.584 et 588
7 – Général MORDACQ, op.cit., p.231
8 – Georges CLEMENCEAU, *Lettres à une Amie*, op.cit., p.615
9 – Ibid., p.618
10 – Ibid., p.617
11 – Georges CLEMENCEAU, *Grandeurs et Misères d'une victoire*, op.cit., p. I
12 – Ibid., p. II – III
13 – Ibid., p. III
14 – Ibid., p. IV
15 – Ibid., p.338 et suivantes
16 – Georges CLEMENCEAU, *Lettres à une Amie*, op.cit., p.649

CONCLUSION
1 – Jean MARTET, *Le Tigre*, Paris, Albin Michel, 1930, p.276
2 – Jean MARTET, *Le silence de M. Clemenceau*, op.cit., p.33
3 – Jacques BAINVILLE, *Lectures*, Paris Fayard, 1937, p.42
4 – DUROSELLE, op. cit., p.333
5 – Ibid., p.342

SOMMAIRE

631088 - Novembre 2015
Achevé d'imprimer par